建筑施工企业合规典型案例解析及风控指引

JIANZHU SHIGONG QIYE HEGUI
DIANXING ANLI JIEXI JI FENGKONG ZHIYIN

吴典军 代云云 汪 洋 / 著

中国法制出版社
CHINA LEGAL PUBLISHING HOUSE

图书在版编目(CIP)数据

建筑施工企业合规典型案例解析及风控指引 / 吴典军，代云云，汪洋著. —北京：中国法制出版社，2022.1

ISBN 978-7-5216-2423-6

Ⅰ. ①建… Ⅱ. ①吴… ②代… ③汪… Ⅲ. ①建筑法—案例—中国 Ⅳ. ①D922.297.5

中国版本图书馆CIP数据核字(2022)第006916号

策划编辑：舒 丹

责任编辑：王 悦　　封面设计：杨泽江

建筑施工企业合规典型案例解析及风控指引

JIANZHU SHIGONG QIYE HEGUI DIANXING ANLI JIEXI JI FENGKONG ZHIYIN

著者 / 吴典军　代云云　汪洋

经销 / 新华书店

印刷 / 三河市国英印务有限公司

开本 / 710毫米 × 1000毫米　16开　　印张 / 20　字数 / 292千

版次 / 2022年1月第1版　　2022年1月第1次印刷

中国法制出版社出版

书号 ISBN 978-7-5216-2423-6　　定价：59.00元

北京市西城区西便门西里甲16号西便门办公区

邮政编码：100053　　传真：010-63141600

网址：http://www.zgfzs.com　　**编辑部电话：010-63141831**

市场营销部电话：010-63141612　　**印务部电话：010-63141606**

（如有印装质量问题，请与本社印务部联系。）

前言

朱熹言："多闻见者学之博，阙疑殆者择之精，慎言行者守之约。"

在市场逐渐成熟、竞争不断加剧的形势下，建筑施工企业要持续发展，管理规范化、精细化是关键。本书总结近年来建筑施工领域的典型案例，同时参照相关法律法规、同行建议以及司法实践，对这些案例所涉及的法律问题予以讲解分析，以期尽可能地防范建筑施工企业从招标投标、合同订立、工程施工、竣工验收直至工程结算中的各种法律风险，总结已有经验，反思管理漏洞，进一步规范建设工程施工管理，提升管理人员的综合水平。

本书共二十七章，每一章为一个专题，每个专题分为两大部分，第一部分是建筑施工企业在该领域的典型案例，该部分分为四项内容：案情简介、法院判决、案件背景及启示、法条摘要；第二部分为风控指引，对本章涉及的核心问题进行阐述总结并提示风控要点。全书从投标保证金、中介合同、合同主体、设计合同、工程分包、劳务分包、工程质量、工期、材料价格上涨、工程款及利息支付、商业汇票、结算、建设工程合同解除、违约责任、债权债务转移、诉讼时效、电子证据、仲裁、支付令、案件执行、破产案件、建设工程优先受偿权、境外建设工程、伤亡事故、劳动合同解除、平台用工、知识产权等角度，对建筑施工企业涉及的类型化问题进行了全面系统的解析及风险应对指引。

本书最大的特点：一是与时俱进，与最新市场接轨，比如建材涨价、票据承兑、电子证据、平台用工、支付令、中介合同、知识产权，反映建筑施工企业面临的新型问题；二是重点突出，以解决问题作为聚焦点，为解决建筑施工企业面临的重点难点问题提供解决方案；三是本书是建筑施工类企业管理与专业法律知识的"交叉产物"，具有前沿性。希望本书能为大家带来新的启发。

法律是一种不断完善的实践。建筑施工企业的法律实践也永不会停止，在实践中成长，在实践中改革，在实践中创新。

限于时间和水平，书中难免存在疏漏和不足，敬请广大读者批评指正。

吴典军

2022年1月6日于武汉

目录

第一章　建设工程投标保证金返还

第一节 现金形式的投标保证金返还

案情简介

2015年5月，某建筑施工企业因参与投标，向美某园林公司支付了投标保证金80万元，约定在投标结束后，如未能中标，则由美某园林公司全额返还。投标结束后，该企业未能中标。美某园林公司擅自挪用该企业投标保证金40万元，仅返还余下40万元。

某建筑施工企业遂诉至法院，请求判决美某园林公司返还剩余投标保证金40万元。

审理中，法院认为美某园林公司的招标公告即为要约邀请，某建筑施工企业参与投标则视为发出要约，中标是美某园林公司作出的承诺。该建筑施工企业与美某园林公司的约定在性质上是一种保证合同。现某建筑施工企业未中标，美某园林公司应当按照合同约定的义务全额返还投标保证金。

法院判决

美某园林公司于判决生效之日起5日内一次性清偿某建筑施工企业40万元保证金及占用期间的利息。

案件背景及启示

（一）对招标单位的背景调查应详尽细致

本案中，美某园林公司资不抵债，资产已被多家法院轮候查封，无力履行判决文书，虽然最后在执行程序中经过执行中止、执行恢复追回了款项，但是办理案件花费的周期长，成本高。因此，在招投标过程中，建筑施工企业应当选择资信良好的公司，避免发生投标保证金无法返还的事件。

（二）合理选择支付投标保证金的方式

本案中投标保证金的支付方式是以现金直接支付至美某园林公司账户的，让美某园林公司有了挪用资金的机会。建筑施工企业在投标中应当尽量采用保函的形式。保函是由第三方承诺担保投标的一种形式，既可以规避资金被挪用的风险，也可以减少公司资金占用。

（三）知识点扩展及延伸

在招标文件中，发包方或业主方或总包方可以要求建筑施工企业缴纳履约保证金，但履约保证金的总额不得超过合同金额的10%。建筑施工企业也可以按照规定要求招标人（发包方或业主方或总包方）退还履约保证金，不按照规定退还投标保证金及银行同期存款利息的，由有关行政监督部门责令改正，可以处5万元以下的罚款；给他人造成损失的，依法承担赔偿责任。

法条摘要

《中华人民共和国民法典》

第五百七十七条 当事人一方不履行合同义务或者履行合同义务不符合约定的，应当承担继续履行、采取补救措施或者赔偿损失等违约责任。

第五百八十五条第一款 当事人可以约定一方违约时应当根据违约情况向对方支付一定数额的违约金，也可以约定因违约产生的损失赔偿额的计算方法。

《中华人民共和国招标投标法实施条例》

第二十六条 招标人在招标文件中要求投标人提交投标保证金的，投标保证金不得超过招标项目估算价的2%。投标保证金有效期应当与投标有效期一致。

依法必须进行招标的项目的境内投标单位，以现金或者支票形式提交的投标保证金应当从其基本账户转出。

招标人不得挪用投标保证金。

第五十八条 招标文件要求中标人提交履约保证金的，中标人应当按照招标文件的要求提交。履约保证金不得超过中标合同金额的10%。

第六十六条 招标人超过本条例规定的比例收取投标保证金、履约保证金或者不按照规定退还投标保证金及银行同期存款利息的，由有关行政监督部门责令改正，可以处5万元以下的罚款；给他人造成损失的，依法承担赔偿责任。

《工程建设项目施工招标投标办法》

第三十七条 招标人可以在招标文件中要求投标人提交投标保证金。投标保证金除现金外，可以是银行出具的银行保函、保兑支票、银行汇票或现金支票。

投标保证金不得超过项目估算价的百分之二，但最高不得超过八十万元人民币。

投标保证金有效期应当与投标有效期一致。

投标人应当按照招标文件要求的方式和金额，将投标保证金随投标文件提交给招标人或其委托的招标代理机构。

依法必须进行施工招标的项目的境内投标单位，以现金或者支票形式提交的投标保证金应当从其基本账户转出。

第二节 保函形式的投标保证金返还

案情简介

2017年10月，某建筑施工企业为投标需要，与丽某通投资担保有限公司（以下简称丽某通公司）达成口头投标担保协议。

2017年12月，丽某通公司委托A银行出具了50万元投标保证金的保函，期限为一年。

2018年3月，业主方某星公司向某建筑施工企业发出《中标通知书》，中标价7100万元。该建筑施工企业收到中标通知书后，经商务分析，认为如以中标金额签订合同会造成较大亏损，故在收到中标通知书后没有与某星公司签订合同。

2018年6月，业主方某星公司向A银行申请按保函兑付50万元投标保证金，A银行在查清基本事实关系后，划扣了丽某通公司资产50万元，向某星公司支付了保函金额。随后丽某通公司向某建筑施工企业提起诉讼，追偿50万元的损失。

本案中，法院认为某建筑施工企业虽未与丽某通公司签订书面《担保合同》，但丽某通公司委托A银行为该建筑施工企业出具见索即付保函属实，结合其向该建筑施工企业出具的担保手续费发票等证据，可以证实丽某通公司与该建筑施工企业之间存在担保关系。该建筑施工企业在中标后未与某星公司签订施工合同构成违约，致使某星公司向A银行申请兑付见索即付保函，将50万元支付至某星公司账户，A银行向某星公司支付资金后，至此丽某通公司作为保证人已履行了担保义务，取得了对该建筑施工企业的追偿权。

法院判决

某建筑施工企业于判决生效之日起10日内支付丽某通公司50万元及利息。

案件背景及启示

（一）对较复杂的法律关系应签订书面合同

由于某建筑施工企业与丽某通公司未签订书面担保合同，没有约定具体的违约条款及免责条款，导致双方出现争议时无可适用的合同依据。因此，对复杂的法律关系应签订书面合同。

（二）做好招投标项目成本预算风控管理

导致本案争议的基础事实是某建筑施工企业中标后未与业主方签订施工合同，从而引发一系列的追偿，如果前期该建筑施工企业能够对招投标项目成本预算进行更严格的风险管控，就可以避免低于成本竞标，避免发生盲目追求营销成果而忽视工程效益的类似事件。

（三）知识点扩展及延伸

为防范预付款保函、投标保函、履约保函法律风险，建筑施工企业对开具保函事项可以做如下要求：

1. 保函期限以一年期为准，特殊情况可选择承诺到期后将担保期顺延，同时应按比例降低押金。保函截止日期需要在合同条款中明确，不得无限次延期。

2. 保函中约定："发包人或业主方向银行索赔时，应当提供证实保函申请人已违约的书面证明。"

3. 保函中约定："发包人或业主方如因工期延误等原因要求保函担保期顺延，发包人应当配合保函申请人提供相关证明材料，经银行审核后才可对保函担保期进行顺延。"

4. 保函中约定："银行或其他担保机构对发包人提交的证明材料进行审慎调查，如未尽到调查义务造成保函申请人损失，银行应向保函申请人赔偿相应的保证金。"

5. 涉外保函中应当选择中资机构作为转开行，降低手续费。

6. 保函中不得约定见索即付、双受益人（业主方和发包人）、无固定担保期限等内容。

7. 保函的申请与签订需报审批，不得随意通过第三方开具保函。

法条摘要

《中华人民共和国民法典》

第七百条 保证人承担保证责任后，除当事人另有约定外，有权在其承担保证责任的范围内向债务人追偿，享有债权人对债务人的权利，但是不得损害债权人的利益。

第三节　风控指引：投标保证金返还把握三大要素

按照保证金构成要件以及预期的法律效果，大体可以分为担保性质的保证金、违约金性质的保证金、定金性质的保证金以及价款性质的保证金。其中，担保性质的保证金和违约金性质的保证金相对比较常见。银行承兑汇票开票保证金、信用证开证保证金、保函保证金、还款保证金、债务人提供阶段性保证的保证金都属于担保性质的保证金，是一种特殊的动产质押，用于担保主债权的实现。在建筑施工领域，一般的投标项目在投标前都会收取一定比例的保证金作为投标保证金。如果参加的投标项目多了，累积起来的投标保证金数额也不容忽视，无法顺利收回该笔费用往往会占用公司的流动资金，不利于公司的正常运转。因此，应该重视投标保证金的催收工作，以促进其及时返回公司。应对该种风险要注意把握以下三大关键要素。

一、认真做好尽职调查

对收取投标保证金的单位要尽职调查，尤其应注意对其资信、经营时间、法定代表人信用的考察。对于要求直接以电汇或者现金方式收取投标保证金的，需格外谨慎，尽量选择汇票或者递交投标保证金承诺函的形式。

二、抓紧催收投标保证金

投标保证金的催收，通常有以下四种情况。

（一）招标单位自动退回型

对于该类型的项目，投标单位无须申请，无须特殊催款，只需记录该笔投标保证金应该退回的时间和方式，按照时间节点去查询公司的退还保证金账户，以确保该保证金顺利退回。如果该保证金未按时退回，应及时与招标机构取得联系，明确该保证金的退回时间，并及时跟踪。

（二）投标单位提出申请型

该类型的项目需要投标单位按照招标文件明确的进度时间表，按时提出退还投标保证金申请，并递交相应的资料，如收到保证金的收据、退还保证金申请单等。

（三）现场领取型

该类型的项目基本都是以现金形式递交投标保证金，也是采用现金形式返回招标人。

（四）不退还型

如果仅仅递交了投标保证金承诺函，则不存在退还投标保证金的问题；如果约定投标后中标，投标保证金直接转为中标服务费，则招标方不退回投标保证金，仅仅开具收取中标服务费的收据与发票；如果约定中标后转化为履约保证金，则应开具履约保证金的收据与发票。

三、在跟踪、退还投标保证金时，需要注意五点事项

1. 对于招标方在收取投标保证金时开具的投标保证金收据需要妥善保存，并在退还投标保证金时递交给招标方，如果该收据丢失，则需要投标方开具收据丢失的证明材料。

2. 如果投标方在投标后，公司财务信息发生变更，需及时通知招标方，并将变更资料及时提交给招标方，以便在退还投标保证金时，能够保证退款路径准确无误。

3. 如果是以汇票的形式递交投标保证金，在招标方退还汇票的时候，一定要检查汇票的两联是否完好，如果丢失其中一联，则会给公司去银行办理汇票解汇带来很大的麻烦。如果招标方在收取汇票后将汇票丢失或未收到汇票，则需要招标方出具票据遗失或未收到票据的证明，并加盖公章、法人章、财务章。取得该证明后，将该证明递交当地法院，并按法院的流程办理投标保证金退还手续，整个流程通常需要3个月左右的时间。

4. 如果投标单位已经中标，招标方将投标保证金直接转换成中标服务费扣除或者转化为履约保证金保留，这种情况需要投标方及时联系招标方开具相应的收据与发票。

5. 如果已经过了退还投标保证金的时限，但招标方一直不退还投标保证金，投标方需要及时与招标方项目负责人取得联系，了解投标保证金未退回的原因以及退还的时间表，如果招标方无理由地拒绝退还投标保证金，投标方有诉诸法律的权利。

无论采用哪种方式递交投标保证金，企业的投标负责人都应该做好相应的记录，并按时跟踪投标保证金的退还，防止影响公司的正常运营。

第二章　建设工程中介合同

第一节 中介合同的效力

案情简介

2018年5月，某建筑施工企业为参加A项目招投标，事先与江某签订《居间合同》，约定江某协助某建筑施工企业参与A项目的投标工作，并促使项目顺利中标。合同签订后，某建筑施工企业应向江某支付合同造价3%的居间费用。

2018年6月，某建筑施工企业中标该项目，项目造价为5000万元。某建筑施工企业曾向江某支付居间费用20万元，后双方因余款问题产生争议。江某将某建筑施工企业诉至法院，要求某建筑施工企业支付其剩余费用130万元及利息。

本案争议的焦点是双方签订的《居间合同》是否有效。

审理中，法院认为中介合同是居间人向委托人报告订立合同的机会或者提供订立合同的媒介服务，委托人支付报酬的合同。涉案协议符合《民法典》规定的中介合同的特征，该协议为中介合同。该合同不违背法律、行政法规的禁止性规定，系双方真实意思表示，应认定为有效。

法院判决

1. 限某建筑施工企业在判决生效后15日内向江某支付中介服务费130万元。

2. 由某建筑施工企业向江某支付中介服务费利息（以130万元为基数，按照一年期贷款市场报价利率从2019年8月20日计算至实际付清之日止）。

3. 驳回江某其他诉讼请求。

案件背景及启示

（一）违反法律、行政法规强制性规定的中介合同无效

中介合同的内容明显违反相关法律、法规的强制性规定，在司法实践中会被认定为无效。例如，“姜某与浙江海某公司居间合同纠纷”［（2016）最高法民审427号］一案中，法院判决：“案涉建设工程依法属于必须招投标确定承建方的项目，居间合同的内容实质上违反了《招标投标法》的强制性规定，扰乱了建筑市场秩序，居间合

同履行行为属于串通投标的违法活动，因此合同无效。”“胜某、高某与钧某国际投资公司等居间合同纠纷”［（2014）新民一终字第91号］一案中，法院判决：“除了胜某、高某不具备居间营业资格之外，案涉居间合同还约定了确保其中标，违反了《招标投标法》的三公原则，合同无效。”

（二）中介合同风险大，应尽量避免此类操作

《民法典》与《招标投标法》均未禁止招投标活动中的中介行为，虽然招投标事务多为公开事项，但并非公开的事项就众所周知，因此，应当允许存在向他人报告招投标信息和提供订立合同的媒介服务的情形。但这一领域的中介合同的确存在违法、无效的风险，特别是当中介合同明显违反《招标投标法》规定时（如保证中标、泄露标底），被认定无效的风险较大。若中介合同被认定无效，中介报酬得不到支持，已经支付的中介费用应予返还。司法实践中也存在法院判决没收全部违法所得的案例。

法条摘要

《中华人民共和国招标投标法》

第五条 招标投标活动应当遵循公开、公平、公正和诚实信用的原则。

第五十二条 依法必须进行招标的项目的招标人向他人透露已获取招标文件的潜在投标人的名称、数量或者可能影响公平竞争的有关招标投标的其他情况的，或者泄露标底的，给予警告，可以并处一万元以上十万元以下的罚款；对单位直接负责的主管人员和其他直接责任人员依法给予处分；构成犯罪的，依法追究刑事责任。

前款所列行为影响中标结果的，中标无效。

第五十三条 投标人相互串通投标或者与招标人串通投标的，投标人以向招标人或者评标委员会成员行贿的手段谋取中标的，中标无效，处中标项目金额千分之五以上千分之十以下的罚款，对单位直接负责的主管人员和其他直接责任人员处单位罚款数额百分之五以上百分之十以下的罚款；有违法所得的，并处没收违法所得；情节严重的，取消其一年至二年内参加依法必须进行招标的项目的投标资格并予以公告，直至由工商行政管理机关吊销营业执照；构成犯罪的，依法追究刑事责任。给他人造成损失的，依法承担赔偿责任。

《中华人民共和国民法典》

第九百六十一条 中介合同是中介人向委托人报告订立合同的机会或者提供订立

合同的媒介服务，委托人支付报酬的合同。

第九百六十二条　中介人应当就有关订立合同的事项向委托人如实报告。

中介人故意隐瞒与订立合同有关的重要事项或者提供虚假情况，损害委托人利益的，不得请求支付报酬并应当承担赔偿责任。

第九百六十三条　中介人促成合同成立的，委托人应当按照约定支付报酬。对中介人的报酬没有约定或者约定不明确，依据本法第五百一十条的规定仍不能确定的，根据中介人的劳务合理确定。因中介人提供订立合同的媒介服务而促成合同成立的，由该合同的当事人平均负担中介人的报酬。

中介人促成合同成立的，中介活动的费用，由中介人负担。

第九百六十四条　中介人未促成合同成立的，不得请求支付报酬；但是，可以按照约定请求委托人支付从事中介活动支出的必要费用。

第九百六十五条　委托人在接受中介人的服务后，利用中介人提供的交易机会或者媒介服务，绕开中介人直接订立合同的，应当向中介人支付报酬。

第二节　风控指引：中介合同思考三个重要方面

招标投标过程中的中介行为，是指中介人作为独立于招标方、投标方的第三方，接受招标投标方的委托、为招标投标方提供信息促成中标，并在该过程中获利的情形。一般而言，招标投标过程中的中介合同主要包括委托事项、双方义务、中介报酬的计算方法、支付时间和支付方式等条款。实践中的纠纷主要集中于中介人请求委托人支付中介报酬的情形。

一、中介合同效力

司法实践中，就招标投标活动中介合同纠纷，法院首先会根据中介合同的内容，遵照《民法典》《招标投标法》的规定，尤其是强制性法律规定审视该中介合同的效力。一般会从如下三个方面分析。

第一，招标投标中的中介行为的具体内容。对比认定合同有效和无效的判例可以看出，有效判例中对中介行为通常的表述为“促成”中标，而在无效的案例中通常表述为“获得”中标。由此可见，虽然对于招标投标中的中介行为并不是全面禁止，但有“不允许承诺中标”的底线，而中介合同的措辞不当很容易让中介合同违法并导致无效。

第二，在《招标投标法》中明令禁止串通招投标、弄虚作假、骗取中标、贿赂等行为，这些行为作为不完全列举出的禁止性行为，是法院首先应审查的。如当事人在中介行为中明显具有上述行为的，则可判定中介合同无效。同时，公开、公平与公正的原则性规范可作为兜底性的审查原则。

第三，《民法典》对中介合同的规定大多集中于基本定义、中介人的权利义务、中介的报酬及费用等，很难直接作为裁判规则。与此同时，《民法典》第153条“违反法律，行政法规的强制性规定的民事法律行为无效”“违背公序良俗的民事法律行为无效”，第154条“行为人与相对人恶意串通，损害他人合法权益的民事法律行为无效”，经常被作为兜底条款适用，为中介合同贴上无效的标签，上述条款通常被认为是将法律的基本价值诉求导入民法，授权法官判断合同是否应发生效力。

综上所述，笔者认为民法中对合同是否有效的一般处理方法是原则上有效，例外无效。该基本理念同样适用于招标投标过程中的中介合同。原则上中介合同有效，只有出现中介合同违反相关法律法规的强制性规定，行为人与相对人恶意串通损害第三人利益，违反法律的基本原则，如公平原则、公序良俗原则等情形时，中介合同才会被认定为无效，中介人不得主张中介报酬，由此造成委托人损失的，中介人还需承担赔偿损失的法律责任。

二、中介合同报酬的认定标准

在中介合同被确认有效的前提下，判定中介合同的报酬是否合理亦是需要讨论的问题，法院认为，“中介报酬的计算标准，应当充分尊重当事人的意思自治，在该标准不违反法律规定的情况下，应当以该标准来计算应获得的中介报酬。委托人通过案涉工程能够获得多少利润，与中介报酬的计算标准无关，即便中介机构所得中介报酬的金额高于委托人所得施工利润的金额，也不能因此认定双方关于中介报酬计算标准的约定扰乱了社会经济秩序，损害了社会公共利益”。[①]基于此，法院判定中介报酬

① 参见中铁七局集团第三工程有限公司、贵阳市云岩区建筑安装工程公司第五分公司合同纠纷（2017）最高法民申4041号。

的多少一般取决于双方当事人的约定，并不会对中介人付出多少、当事人间的利益衡量作出实质性审查。

在承认当事人意思自治的基础上，有时法院也会行使自由裁量权，调整中介合同的报酬。最高人民法院基于两个理由认可了法院调整中介报酬的自由裁量权。第一，由于工程的招标投标活动必须遵守《招标投标法》第43条的规定，所以如果中介机构的作用仅仅限于报告招标信息及撮合招标投标双方相关负责人相识，那么中介机构所取得的中介报酬应当与其从事中介活动所付出的劳动相符。第二，近年来我国建筑工程施工行业属于微利行业。双方当事人在中介合同中对中介报酬的过高约定，存在利益失衡的可能。在中铁七局集团第三工程有限公司、贵阳市云岩区建筑安装工程公司第五分公司合同纠纷（2017）最高法民申4041号”一案中，法院对中介行为进行了实质性审查，对中介人在中介活动中起到的作用进行了价值性判断，再根据行业现状和通例予以调整。

综上所述，笔者认为中介合同的报酬判定标准主要有以下两个方面：其一，认可当事人的意思自治。通常情况下，法院不会越俎代庖地替当事人决定中介报酬应为多少，这属于双方当事人意思自治的范畴，双方约定即为有效。其二，在承认当事人意思自治的基础上，有时法院也会行使自由裁量权，调整中介合同的报酬。

三、签订中介合同应注意的三个重要方面

（一）不轻信中介人保证中标的承诺

招标投标活动是通过公平竞争机制求得公正的竞争结果。各投标人应当通过参与投标、公平竞争来获得招标项目，中标人应当是经过评标委员会评审后最终确认的。在定标之前，没有任何一方能够承诺一定中标，无论是谁都不能预知也不能决定谁可以中标。声称或承诺利用个人资源在招标人与投标人之间建立关系，为投标人在投标中获取优势，以“保证中标”为名义的中介服务是违反国家法律规定、违背公序良俗、干扰招投标活动的公正性、破坏市场竞争秩序的违法行为。有的中介合同中存在“保证中标”“获取其他投标人的报价”“与评标委员会成员沟通”等违反《招标投标法》规定的约定；有的中介人在中介活动中穿针引线，与招标人、投标人私下磋商，串标围标；有的委托人名为支付中介费用、劳务费、工程介绍费等，实际是在行贿或

支付回扣，以合法形式掩盖非法目的，构成虚假表示与隐藏行为，这些中介服务事项均违反法律规定。根据《民法典》第146条第1款“行为人与相对人以虚假的意思表示实施的民事法律行为无效”、第153条第2款“违背公序良俗的民事法律行为无效”及第154条“行为人与相对人恶意串通，损害他人合法权益的民事法律行为无效”的规定，上述中介合同应认定无效。

（二）签订中介合同应当谨慎，签约后应当认真履行

《民法典》在第965条规定：“委托人在接受中介人的服务后，利用中介人提供的交易机会或者媒介服务，绕开中介人直接订立合同的，应当向中介人支付报酬。”该条款明确了中介合同较为常见的纠纷，即“跳单”的处理原则。所以，投标人在中介合同签订前应进行适当的评估，确定自己是否需要中介服务、中介机构的服务能力、中介服务报酬等事项，避免后期因中介机构能力不足而绕过中介机构直接与招标人签订合同，引起劳务报酬纠纷。绕过中介机构直接与招标人沟通并订立合同并不当然成为减少或拒付中介合同劳务报酬的理由，因此而主张减少或者不支付报酬较难得到法院的支持。

（三）对于中介合同的报酬约定要谨慎

招标投标的中介合同主要以当事人的意思自治来确定中介合同的报酬，只有在约定的报酬违反相关法律法规的强制性规定、违反民法的基本原则时，法院才会介入，行使自由裁量权，以中介机构在招投标过程中的实际贡献为依据确定中介合同报酬。所以，在中介合同中将劳务报酬约定得过高或者过低都会存在一定的法律风险，报酬的计算基数应为中标金额、合同金额等可预见、能够确定的数额，不以结算金额、审计金额等无法预见的数额作为计算基数。一般建议约定在中标合同金额的1%为宜。另外，应在中介合同中明确约定，如果委托人未能中标并顺利与业主签订项目建设合同，则合作方前期为运作商务关系而投入的费用应自行承担，并将成功签约、开具符合要求的发票作为付款的前提条件，以规避潜在的法律风险和纠纷。

笔者认为，中介合同内容中的核心要点是巧妙为中介人设置工作任务完成服务清单，模糊任务完成边界，可以更好地维护建筑施工企业利益。

第三章　建设工程合同主体

第一节 合同主体责任（一）

案情简介

2017年3月15日，宋某与安某公司签订《安某公司工程施工协议书》，约定宋某为安某公司的工业园中央厨房项目工程施工。后宋某按照协议书施工完毕并交付安某公司使用，但安某公司未按照协议书约定支付全部工程款。

2018年6月12日，宋某与安某公司签订《工业园中央厨房项目工程款还款协议书》，该协议系安某公司的项目经理陈某代签。双方确认“厨房工程”的结算总价为225万余元，2018年6月17日前，安某公司应付给宋某工程款214万余元。安某公司已付工程款80万元，尚余134万余元未支付，余款及质保金11万余元在工程质保期满后7日内一次性支付完毕。

在签订还款协议书后，因宋某向安某公司购买商业混凝土25万元未支付，经双方协商，抵销25万元工程款。另2019年2月3日安某公司通过陈某向宋某支付了20万元，现尚欠工程款89万余元，质保金11万余元。

宋某多次向安某公司、陈某请求支付剩余工程款，但对方一直未支付。2019年8月5日，宋某向法院提起诉讼，请求安某公司、陈某支付未付工程款89万余元、质保金11万余元及利息，同时要求诉讼费用、保全费用由安某公司及陈某承担。

案件审理中，法院认为本案的关键证据如《安某公司工程施工协议书》、《工业园中央厨房项目工程款还款协议书》、工程款支付记录等中虽然有安某公司和“工业园中央厨房项目工程”字样，但未见安某公司盖章，文件上均是由陈某签字，且工程款支付记录也是由陈某账户转入宋某账户，无证据证明安某公司与宋某之间存在合同关系。

法院判决

1. 陈某于判决生效之日起10日内向宋某支付未付工程款89万余元、质保金11

万余元及利息。

2. 诉讼费用、保全费用由陈某承担。

案件背景及启示

（一）合同主体应当严格与盖章主体保持一致

本案中，工程本属于安某公司，但由于合同、还款协议等无安某公司盖章，付款是通过陈某个人账户转账给宋某，导致宋某只能要求陈某个人承担工程欠款责任。这种做法存在的风险：责任承担主体只能是陈某，陈某个人名下如果无财产，会造成执行困难，宋某的合法权益便无法得到保障。因此，在建设工程施工合同、采购合同等各类合同中，合同主体应当与盖章主体一致，合同主体是企业的，不应仅有个人签字。同时，若不存在债权转让或者债务转移等情况，付款主体应当与合同主体保持一致。

（二）建筑施工企业应当加强公章管理

盖章主体在合同中起着至关重要的作用。建筑施工企业公章管理混乱，随意盖章、随意使用会导致企业承担不必要的责任，甚至给企业造成重大损失。为了有效维护公司的利益，建筑施工企业应当规范企业印章管理程序，加强各类印章的管理和使用工作，明确印章使用权限，完善印章使用程序。

法条摘要

《中华人民共和国民法典》

第一百四十三条　具备下列条件的民事法律行为有效：

（一）行为人具有相应的民事行为能力；

（二）意思表示真实；

（三）不违反法律、行政法规的强制性规定，不违背公序良俗。

第二节　合同主体责任（二）

案情简介

2015年3月，鹏某房地产开发有限公司（以下简称鹏某公司）对某幕墙工程进行招标，后指定中标单位某建筑施工企业与总包单位签订专业分包合同，合同计价方式为固定单价，工程量据实结算，合同额4462万余元。该工程于2016年12月15日完成竣工验收并备案。合同履行中，业主方鹏某公司就该项目石材供应进行招标，后指定星某石材发展有限公司（以下简称星某公司）与该建筑施工企业签订石材供货合同。在工程竣工验收以后，业主方鹏某公司提出将固定单价合同改为固定总价合同，并组织了审计公司一审、二审后，得出项目专业分包结算额为4893万余元，并将结算总额分为某建筑施工企业自施部分2955万余元，石材款1938万余元，对已付款也进行了分开确认。

2019年1月，星某公司起诉某建筑施工企业，要求支付剩余货款411万余元。该建筑施工企业答辩认为该案主体不适格，星某公司虽然是与其签订的供货合同，然其为业主方鹏某公司招标确认的，前期付款的交易习惯均为星某公司向业主方鹏某公司发送付款申请，鹏某公司审核后，通知某建筑施工企业出具委托代付函，由鹏某公司支付。工程结算阶段，业主方也明确将石材款与分包合同的某建筑施工企业的自施部分分开结算。根据以上理由，某建筑施工企业请求法院以主体不适格为由驳回星某公司的诉讼请求。

法院判决

判决驳回星某公司的诉讼请求。

案件背景及启示

合同的主体有时并不一定是享有合同权利、承担合同义务的真正主体。根据《民法典》第925条的规定，受托人以自己的名义，在委托人的授权范围内与第三人订立的合同，第三人在订立合同时知道受托人与委托人之间的代理关系的，该合同直接约束委托人和第三人。在上述案例中，某建筑施工企业为受托人，星某公司为第三人，业主单位鹏某公司为委托人。尽管合同是该建筑施工企业与星某公司签订的，但根据实际的交易习惯，该合同直接约束星某公司与业主方鹏某公司，鹏某公司才是适格的被告。

法条摘要

《中华人民共和国民法典》

第九百二十五条 受托人以自己的名义，在委托人的授权范围内与第三人订立的合同，第三人在订立合同时知道受托人与委托人之间的代理关系的，该合同直接约束委托人和第三人；但是，有确切证据证明该合同只约束受托人和第三人的除外。

第九百二十六条　受托人以自己的名义与第三人订立合同时，第三人不知道受托人与委托人之间的代理关系的，受托人因第三人的原因对委托人不履行义务，受托人应当向委托人披露第三人，委托人因此可以行使受托人对第三人的权利。但是，第三人与受托人订立合同时如果知道该委托人就不会订立合同的除外。

受托人因委托人的原因对第三人不履行义务，受托人应当向第三人披露委托人，第三人因此可以选择受托人或者委托人作为相对人主张其权利，但是第三人不得变更选定的相对人。

委托人行使受托人对第三人的权利的，第三人可以向委托人主张其对受托人的抗辩。第三人选定委托人作为其相对人的，委托人可以向第三人主张其对受托人的抗辩以及受托人对第三人的抗辩。

第三节　风控指引：合同主体把控四个重要时段

建筑施工企业涉及的合同包括：建设工程施工合同，设计合同，采购合同，劳务分包合同，吊篮、脚手架等外协合同，外包合同，加工承揽合同，定作合同，劳动合同等。在生产经营中涉及各类合同主体，包括个人、企业、分支机构、项目部等多种形式。个人作为合同主体的，合同上要有个人亲笔签字；企业作为合同主体的，合同上要有企业的公章；分支机构作为合同主体的，不具有独立承担责任的能力，诉讼中应将分支机构和总公司共同作为被告起诉；项目部作为主体风险较大，在实践中有的发包人或业主方为了方便管理，会在项目开始前期单独成立一个项目部公司，项目结束后就注销。司法实践中，建筑施工企业如果在项目部注销后维权，无法证明项目部和发包方或业主方的关系，自身的权利将很难得到保护。

一、合同主体相关的法律规定

合同主体相关的法条主要包括以下两条。《民法典》第2条规定："民法调整平等主体的自然人、法人和非法人组织之间的人身关系和财产关系。”第143条规定：“具备下列条件的民事法律行为有效：（一）行为人具有相应的民事行为能力；（二）意思表示真实；（三）不违反法律、行政法规的强制性规定，不违背公序良俗。”

二、合同主体的注意事项

建筑施工企业应当注意把控四个重要时段。

（一）招投标时，做好合同主体的尽职调查

调查企业的履行能力主要从其资信能力上体现，而企业的资信能力主要体现在以下几个方面：（1）企业注册资本的多少；（2）企业银行信誉状况；（3）企业资金周转及负债情况；（4）企业的经营效益；（5）企业职工的待遇；（6）企业的生产规模等。进行考察时，要具体情况具体分析，把握实际状况，不可被表面现象所迷惑。

（二）合同签订时，盖章应与合同主体保持一致

在签订合同过程中，注意甲方、乙方、丙方等合同主体应当与最终盖章或签字的主体严格一致。如果合同主体不一致，如合同主体是企业，在签字或盖章的时候是个人，司法实践中最终会以签字或盖章的主体作为责任承担主体。

（三）付款时，注意接收款项主体

在企业管理中，按照要求合同主体应当与付款主体、发票主体保持一致，但在实际付款中，经常会存在债权债务转让或者代为支付的情况。面对这种情况，有效的操作方法应是要求付款主体出具主体变更的通知、代为支付的授权委托书、债权债务转让协议。

（四）管理时，做好企业印章管理

谈到合同主体就不得不谈到企业印章管理，企业印章是合同主体的重要外在表现形式。建筑施工企业应当加强企业印章管理，制定企业印章管理规定（示例见附件），避免因随意盖章而给建筑施工企业造成额外的损失。

附件：

印章管理规定

一、总则

1.公司印章是公司行使权利和承担责任的象征。为了保证公司印章的合法性、严肃性、权威性，维护企业形象和合法权益，杜绝违法违规行为的发生，规范公司印章的刻制、管理、使用，以及停用和作废，实现印章规范化管理，特制定本规定。

2.本规定适用于公司各类印章。

二、印章的种类

1.公司公章：公司按法定程序经工商行政管理部门注册登记后，在所在地公安部门备案，对外具有法定效力的公司正式印章。

2.法定代表人章：公司法定代表人的人名签章。

3.党委章。

4.纪委章。

5.工会章。

6.专用印章：合同专用章、财务专用章、发票专用章、财务负责人名章。

7.各建制单位印章：刻有公司各单位、部门名称的印章。

8.工程项目部印章：工程项目部行使权利的凭证。

9.设计院专用印章：施工图出图专用章、设计专用章、竣工图章。

10.个人执业印章：建造师章、造价师章。

11.公司公章钢印。

三、印章的名称及规格

1.公司公章：公司名称，红色圆形章，40mm。

2.法定代表人章：法人姓名，红色方形章，通用规格。

3.党委章：公司委员会，红色圆形章，40mm。

4.纪委章：公司纪律检查委员会，红色圆形章，40mm。

5.工会章：公司工会委员会，红色圆形章，38mm。

6.合同专用章：公司合同专用章，红色圆形章，40mm。

7.建制单位印章：公司名称+建制单位、部门名称全称，红色圆形章，38mm。

8.工程项目部印章：公司名称+工程项目部名称（以签订的工程合同名称全称为准）+“经济事项无效”或“非经济类印章”，红色圆形章，38mm；或蓝色方形章，70mm×25mm。

9.公司公章钢印：公司名称，内容、尺寸、规格与公司公章一致。

10.财务专用章、发票专用章、财务负责人名章、出图专用章、设计专用章、竣工图章、个人执业印章等按照国家和行业有关要求和标准执行。

四、印章的刻制

（一）公司各类印章的刻制申请由印章使用管理部门提出，并根据需求据实填写“刻制印章”工作流程，对印章的用途、名称、样式、使用管理部门等进行详细说明。

（二）公司所有印章统一由公司行政部受理申请、办理审批、负责刻制并备案。

（三）印章刻制审批。

1.公司公章、合同专用章、建制单位印章的刻制由总经理审批。

2.法定代表人章的刻制由法定代表人审批。

3.公司党委章的刻制由党委书记审批。

4.公司纪委章的刻制由纪委书记审批。

5.公司工会章的刻制由工会主席审批。

6.出图专用章、设计专用章、竣工图章的刻制由总工程师审批。

7.工程项目部印章的刻制由工程管理部、分管执行总经理审批。

8.财务专用章、发票专用章、财务负责人章等的刻制由总会计师审批。

9.其他印章的刻制由总经理审批。

10.个人执业印章由国家相关管理部门核发。

（四）因使用磨损需重新刻制印章的，由使用单位提出申请，完成刻制申请审批流程，并由公司行政部负责刻制，交旧领新。

（五）各类印章原则上只能刻制1枚，因工作需要刻制1枚以上的，由主管领导审核、总经理审批。其中，法定代表人章刻制1枚以上的，由法定代表人审批。

（六）各单位、部门、个人不得擅自或私自刻制公司各类印章，违反本项规定，公司将追究其法律责任，由此导致的所有法律、经济、民事损失均由当事责任人承担。

五、印章的保管

（一）印章的启用

1.印章刻制完成后，行政部应指定专人领回并向印章使用单位进行移交。印章的移交应填写《印章启用登记备案表》（见附件1），登记印章名称、刻制人、启用时间、使用保管部门、印章专管员等信息，并加盖印章留样存档，以便备查。

2.为明确启用印章的使用范围、印章专管员的权责，确保印章使用的规范性、合法性，进行印章移交的同时，应与印章使用单位、印章专管员签订《印章管理责任书》（见附件2）。

（二）印章保管

1.印章保管部门。

公司各类印章由董事长授权以下部门分别负责管理和使用：

（1）公司公章、法定代表人章、合同专用章、公司公章钢印由公司行政部负责管理和使用。

（2）合同专用章由市场部负责管理和使用。

（3）公司党委章由党建与人力资源部负责管理和使用。

（4）公司纪委章由纪检室负责管理和使用。

（5）公司工会章由工会办公室负责管理和使用。

（6）财务专用章、发票专用章、财务负责人名章由财务部负责管理和使用。

（7）出图专用章、设计专用章、竣工图章由设计院院办负责管理和使用。

（8）建制单位印章由各单位安排专人负责管理和使用。

（9）工程项目部印章由各项目部安排专人负责管理和使用。

（10）造价师章由行政部负责管理和使用。

（11）建造师章由党建与人力资源部负责管理和使用。

（12）经公司法定代表人书面授权，驻外生产经营单位临时阶段性保管公司公章、法定代表人印章，印章最终管理权归属公司行政部。

2.公司所有印章应入柜加锁，妥善保管，随用随取，用毕立即存于原处。节假日应封存印章。

3.印章专管员须切实负责，不得将印章随意放置或转交他人。保管人由于各种原因不在工作岗位时，应将印章交由本部门领导或领导指定的专人临时保管，以保证工作需要。

4.印章专管员对所保管的印章，应经常检查，及时添加专用油墨，细心保护。

5.印章专管员由于工作调整或调离公司时，应严格办理交接手续，交清所保管的印章，填写完备《印章交接单》（见附件3），登记交接日期、管理印章类目，印章交接要在第三人监督下进行，由交接双方当事人和监督人签字后备存。交接手续齐全后，方准办理岗位变动或离职手续。

6.印章一旦发现丢失及异常情况，应妥善保护现场。印章专管员应当第一时间向公司行政部电话报告，并及时上报详细书面报告，公司行政部应及时采取相关补救措施，包括但不限于追查印章下落、公告印章作废、对责任人进行处罚等。

六、印章的停用及销毁

1.公司机构撤销、重组或名称发生变化，或上级单位要求改变印章式样，原机构有关印章交回公司行政部，由行政部负责销毁。

2.已经办理完毕竣工验收、结算手续的完工工程，项目部印章应及时上交公司工程管理部，由工程管理部登记移交行政部进行封存保管或销毁。

3.印章的停用要做好停用登记工作。将通知停用的单位、时间、原因、印章名称、印章样式、处理情况等登记清楚，填写《印章停用登记表》（见附件4），归档备案。

4.印章的销毁。销毁旧印章应填写《印章销毁登记表》（见附件5），经相应领导审核同意后，由行政部门领导和印章专管员双人监销。所有要销毁的印章，都要留下印模存档，以备查阅。

七、印章的使用

（一）印章的使用范围

1.公司公章可代表公司签署任何形式的合同、协议、证明、函件、文件、介绍信等文本。其中营销投标往来标书、函件、说明等文本只能盖公司公章；有关工程的商务变更、增补、洽商应根据需要盖公司公章；工程结算书、竣工验收资料、代表公司确认应收应付款项、索赔事宜等只能盖公司公章；各类法务函件、法务文书及诉讼事宜处理只能盖公司公章；其他明确要求盖公司公章的情况下应使用公司公章。

2. 法定代表人印章在工程投标、银行预留印鉴、现金收讫和付讫、转账结算、高级管理人员人事任免文件，或其他明确要求盖法定代表人章的情况下使用。

3. 合同专用章必须是在签订经济合同时使用，不得将合同专用章用于非合同文书，合同专用章只加盖在合同文件上，盖在其他文件上不具备法律效力。公司工程项目合同、工程增补合同、物资采购合同、外协合同、分包合同、劳务合同只能盖公司合同专用章。

4. 公司党委章在以公司党委名义印发的各类通知、公告、请示、报告等常规公文，以公司党委名义出具的奖状、证书、证明等，以及党员关系转移、批复、政审函调等函件上使用。

5. 以公司工会名义印发的各类通知、公告、请示、报告等常规公文，以公司工会名义出具的奖状、证书、证明等需使用公司工会章。

6. 各建制单位印章应本着合法、有利、无风险的原则谨慎对外使用，或经法定代表人或总经理书面授权方可代表公司对外使用。

7. 工程项目部印章系非经济类印章，仅供项目部与业主、监理单位、总包单位、施工配合单位联系工作、报送资料使用。严禁签订任何经济契约，严禁出具任何性质承诺、证明、欠条，严禁开具任何形式的工程量经济结算凭证。

8. 财务专用章、发票专用章、财务负责人章只能在发票、收据、支票、汇票及财务资料报表等上使用。

9. 公司钢印：主要用于工作证、退休证、资格证、证明等证件的照片压印。钢印不能作为文件介绍信及其他票据凭证的有效标志，不能独立使用。

10. 造价师章主要用于工程项目投标、工程预结算资料。

11. 建造师章主要用于工程项目投标、建设施工备案、工程关键资料、建设管理部门备案等。

（二）印章使用审批

1.办理使用公司各类印章的事项，需由业务经办人起草“用印审批”工作流，应将用印事由、拟用印文件、用印类别等认真据实填写，经由本单位领导审核，机关业务职能部室审议，由取得相应权限的公司领导审批同意后，将工作流批转由印章专管员存档，方可用印。

2.临时、紧急情况用章时，可填写纸质版《用印审批单》（见附件6），但审批程序必须完备，经由本单位领导审核，机关业务职能部室审议，由取得相应权限的公司领导签字同意后，方可用印。用印后，业务经办人应将电子版工作流程补充审批完备。

3.公司印章由相应领导审批同意后方可使用。

（1）各单位使用公司公章、法定代表人章、合同专用章需经单位领导同意、机关职能部室审核，分管领导、执行总经理审批，报总经理或法定代表人批准后使用。

（2）公司党委章经党委书记批准后使用。

（3）公司纪委章经纪委书记批准后使用。

（4）公司工会章由工会主席批准后使用。

（5）财务专用章、发票专用章、财务负责人名章经总会计师或财务负责人批准后使用。

（6）出图专用章、设计专用章、竣工图章经总工程师批准后使用。

（7）其他建制单位印章由本单位行政领导批准后使用。

（8）工程项目部印章由项目经理批准后使用。

（9）个人执业印章由所申请事项权限领导及持证人本人批准后使用。

（三）用印要求

1.公司各类印章实行用印登记制度，印章专管员用印时必须填写《印章使用登记表》（见附件7），详细载明印章的使用时间、使用单位、使用人、用印资料内容、加盖份数、审批人、用印类别等内容，并定期归档。各单位、各部门印章专管员应于每年度6月30日、12月31日前，将该期间填写的《印章使用登记表》全部移交行政部存档。

2.用印资料与审批内容一致。印章专管员在加盖印章时要严格审查有关文件、合同、资料是否与审批内容相符，不得有涂改部分。对内容有修改的地方应经相关领导确认后加盖印章。

3.落款单位与印章一致。对加盖印章的材料，应注意落款单位必须与印章一致，严禁将各类印章部分遮盖后使用，做到用印位置恰当，字迹端正，图形清晰。

4.禁止在手写文件、内容填写不全的文件或空白的纸张、介绍信、便函、证件、授权委托书、报表、邀请函等上加盖公司印章。严禁开具各类空白证明。

5.对已盖印章的文件内容进行更改时，印章使用人应将原文件交印章专管员销毁并记录之后，重新办理加盖印章手续。

6.印章专管员只有印章加盖权，没有审批权。印章专管员不得在审核手续不完备的文本上加盖印章。如遇特殊情况，相关授权领导无法签字，需在电话通知授权领导且得到其认可的情况下盖章，并督促使用人事后补齐签字。

7.审批手续不符合规定时，印章专管员用印的，由印章专管员承担一切责任。手续齐全时，出现问题由申请用印人及审批人承担相应责任。因用章不慎造成损失，公司将追究有关人员的责任，直至法律责任。

（四）外出用印

1.印章使用时应由印章专管员在保管地盖章，禁止任何人未经批准携带印章外出。如确需带出使用时，应填写《印章外出使用审批单》经相关授权领导书面签批，并采取安全防范措施，方可外带印章。

2.公司公章、法定代表人章、合同专用章需携带外出使用的，须经法定代表人、总经理批准方可带出。

3.各类印章携带外出使用时必须明确责任人、使用时间，借用人只可将印章用于申请事由，使用完毕后应立即交回。

4.借印期间发生的与所借印章有关的一切后果由借印人承担。

八、监督考核

（一）责任体系

1.公司行政部是本规定的执行和监督归口部门，对公司所有印章的刻制、保管、使用、停用的一切行为负总责，对印章的合法、合规、安全使用负总责，对公司所有印章及对本规定的执行情况负有监督考核职责，负责对违规违法使用印章事件的调查、查处、督促整改。对本部门所保管的印章严格按照本规定要求落实各项管理监督职责。问责对象为行政部部长及有管理责任的业务负责人。

2. 各单位凡持有本规定所涉及的各类印章，都应按照本规定和要求落实各项管理工作，对本单位所持有印章的使用、管理的一切行为负责，对本单位所持有印章的合法、合规、安全使用负责。问责对象为各单位行政主管、有管理责任的党务主管及业务负责人。

3. 各印章专管员对所负责保管使用的印章，应该严格按照本规定执行、落实各项要求，明确所保管印章的名称、形式、启用时间等详细信息，对本人所保管的印章的使用、停用、管理的一切行为负有直接责任，对所保管印章的合法、合规、安全使用负有直接责任。问责对象为各印章专管员。

（二）处罚措施

1. 任何人员必须严格依照本规定要求的程序使用印章，不符合本制度规定时，不得擅自使用。

2. 各单位、责任人违反本规定要求，根据违规程度，分别给予以下处罚。

（1）擅自或私自刻制公司各类印章，对单位领导罚款10000元，对直接责任人罚款5000元。

（2）将各类印章部分遮盖后使用的，对单位领导罚款10000元，对直接责任人罚款5000元。

（3）遗失各类印章，对单位领导罚款5000—10000元，对直接责任人罚款1000—5000元。

（4）将各类印章携带外出使用，逾期不交还的，对单位领导罚款1000元/天，对直接责任人罚款500元/天。

（5）违规使用各类印章造成经济损失、各类纠纷及负面影响的，除给予相关责任人10000—20000元罚款外，还将给予行政处分，调离岗位，直至解除劳动合同。对涉事单位将收回印章管理权。违反法律的，交有关国家机关追究法律责任。

附件1：印章启用登记备案表

NO：__________

印章名称：______________________________

刻制人：________________________________

启用时间：______________________________

使用保管部门：__________________________

印章专管员：____________________________

印章留样

印章领取人：__________________

________年______月______日

附件2：印章管理责任书

为了使公司印章管理规范化、制度化，保证印章的合法性、权威性、严肃性和安全性，明确印章的加盖责任，特制定印章管理责任书如下。

一、所管理印章名称（印模附后）。

二、印章专管员必须严格遵守以下具体规定。

1.必须认真保管好印章，确保印章不因保管不善而损坏和遗失。防止他人盗用、骗用。

2.必须严格按照用印审批程序和领导审批权限用印。用印资料与审批内容一致。落款单位与印章一致。

3.印章专管员必须做到印章使用登记率100%，差错率0。

4.印章专管员只有印章加盖权，没有审批权。印章专管员不得在审核手续不完备的文本上加盖印章。无相关权限领导批准，印章专管员不得委托他人代盖印章，不得随意将印章带出保管驻地或交他人拿走使用。

5. 未经董事长或总经理书面批准，不准在手写文件、内容填写不全文件及空白的函件、信笺等纸张上施印。

6. 印章带出使用，应经相关授权领导书面签批，并采取安全防范措施。

7. 印章专管员应于每年度6月30日前、12月31日前，将该期间填写的《印章使用登记表》全部移交公司行政部存单。

8. 审批手续不符合规定时，印章专管员用印的，印章专管员承担一切责任；手续齐全时，出现问题由申请用印人及审批人承担相应责任。因用章不慎造成损失，公司将追究有关人员的责任，直至法律责任。

三、印章专管员拥有的权利

1. 在施印时有权对所印文字的内容认真审阅（投标书除外）。

2. 对不符合审批程序或超越审批权限的用印需要，有权要求用印人重新办理有关审批手续。

四、其他规定要求

工程项目部印章系非经济类印章，仅供项目部与业主、监理单位、总包单位、施工配合单位联系工作、报送资料使用。严禁签订任何经济契约，严禁出具任何性质的承诺、证明、欠条，严禁开具任何形式的工程量经济结算凭证。

五、印章专管员在施印过程中有不清楚的问题和特殊情况应及时向公司行政部提交请示。

六、本责任书一式三份，公司行政部、印章所在单位、印章专管员各执一份，签字后生效。具同等法律效力。

印　　模：

公司（盖章）：　　　　年　　月　　日

印章使用单位领导（签字）：　　　　年　　月　　日

印章专管员（签字）：　　　　年　　月　　日

附件3：印章交接单

单位（部门）名称：____________________

交接印章名称：____________________

交接日期：________年______月______日

用印注意事项说明：

1.交接人双方的行为均应遵守公司《印章管理规定》之要求。

2.调岗/离职人员应当将其管理本印章期间的全部用印备案资料一并移交给继任印章专管员，并书面确认除前述印章资料外，再无其他用印情况；若有遗漏用印情况且导致公司遭受经济损失的，无论公司何时发现，印章专管人均对前述损失承担全部责任。

3.其他说明事项：____________________

4.印章留样：

留样

5.本印章自________年______月______日起，经印章授权人签字确认后，其保管责任和用印责任均由印章接收人__________负责。

移交人：______________　　　　接收人：______________

________年______月______日　　　　________年______月______日

印章授权人签字确认：__________　　　　________年______月______日

第四章　建设工程设计合同

第一节　设计招投标

案情简介

2020年8月，东某公司通过网络公开发标，工程项目为《中原某项目一、二号院项目门窗、百叶、栏杆、幕墙二次深化设计》，招标价格为总工程不超过40万元，未显示以面积作为计价方式，并限定投标时间为3天。某建筑施工企业（下设设计院）投标并就工程面积提出询问，东某公司通过网络答复并将工程项目规划设计图纸等资料通过网络公布。

投标答疑阶段，某建筑施工企业提出门窗、幕墙存疑问题，要求东某公司提供门窗、百叶、栏杆、幕墙等大概面积情况，东某公司未作答复，只透露拦标价为40万元，并要求某建筑施工企业立即进行投标。

某建筑施工企业中标后，2020年10月23日，东某公司、某建筑施工企业签订《中原某项目一、二号院项目门窗、百叶、栏杆、幕墙二次深化设计服务合同》，合同约定总价为37万元，未约定以工程面积作为计价方式。

合同履行过程中，某建筑施工企业以工程面积远超预期，合同价格远低于以面积计价方式所得的工程款为由，提出增加工程费用，双方协商未果。

2021年3月，某建筑施工企业向法院提起诉讼，以东某公司在招投标过程中存在欺诈为由要求东某公司：一、撤销《中原某项目一、二号院项目门窗、百叶、栏杆、幕墙二次深化设计服务合同》；二、补偿某建筑施工企业设计成本108万余元；三、诉讼费用由东某公司承担。

法院认为，东某公司发标文件明确约定计价方式为总包价，某建筑施工企业就面积提出疑问后，东某公司也将工程规划资料予以公布；双方签订正式合同的过程中仍以总报价确定工程价格，故某建筑施工企业认为东某公司隐瞒建筑面积构成欺诈的意见，证据不足，法院不予采信。某建筑施工企业要求撤销合同，理由不足，法院不予支持。

法院判决

1. 驳回某建筑施工企业的诉讼请求。

2. 案件受理费减半收取，由某建筑施工企业负担。

案件背景及启示

（一）投标前，谨慎、细致、认真考察投标项目

某建筑施工企业是一个集设计、加工、制作、施工于一体的建筑施工企业，包括设计阶段的投标和施工阶段的投标，在项目招标投标过程中，要经过招标、投标、询标、答疑、评标多个阶段。通常，招标单位会设定一定的时间期限，有的招标单位设置的期限时间紧、任务重，但不能因为如此就盲目急着投标，尤其是总价包干且无变更条款的项目，没有经过谨慎、细致的核算和考量，应慎重选择投标。

（二）投标过程中发现问题，做好应对措施，及时止损

如果经过谨慎、细致的核算和考量后在实际设计、施工过程中仍然发现存在与预期情况不相符的情况，应提前咨询企业法务工作人员或者仔细研究双方签订的合同，按照合同要求，寻找最有效的解决措施。

法条摘要

《中华人民共和国民法典》

第一百四十八条 一方以欺诈手段，使对方在违背真实意思的情况下实施的民事法律行为，受欺诈方有权请求人民法院或者仲裁机构予以撤销。

第一百五十七条 民事法律行为无效、被撤销或者确定不发生效力后，行为人因该行为取得的财产，应当予以返还；不能返还或者没有必要返还的，应当折价补偿。有过错的一方应当赔偿对方由此所受到的损失；各方都有过错的，应当各自承担相应的责任。法律另有规定的，依照其规定。

《中华人民共和国招标投标法》

第二十三条 招标人对已发出的招标文件进行必要的澄清或者修改的，应当在招标文件要求提交投标文件截止时间至少十五日前，以书面形式通知所有招标文件收受人。该澄清或者修改的内容为招标文件的组成部分。

第二十四条 招标人应当确定投标人编制投标文件所需要的合理时间；但是，依法必须进行招标的项目，自招标文件开始发出之日起至投标人提交投标文件截止之日止，最短不得少于二十日。

第二节　风控指引：设计合同勿踩两大模糊陷阱

在实践中，建筑工程设计合同发生的纠纷一般很少，所涉及的金额相对工程款而言较小。设计合同纠纷主要集中在两个方面：一是设计招投标阶段不告知或隐瞒真实体量导致的纠纷；二是不按照约定支付设计费而产生的纠纷。这里面主要涉及两大模糊陷阱。

一、招投标真实体量模糊

正如前文招投标案例所述，业主方设定的投标时间仅为3天，且设定了拦标价，在时间紧、任务重的情况下，某建筑施工企业来不及仔细核定需要设计的真实体量，就按照拦标价进行了投标并中标，后在实际操作过程中，该建筑施工企业发现设计体量远远超过了投标时预估的体量，且业主方不按照合同要求支付设计费。业主方不告知设计的真实体量，存在欺诈之嫌，从而导致纠纷。但是在司法实践中，这种欺诈很难证明，最终该建筑施工企业无法按照所设计的实际体量索要设计费，只能按照合同中约定的合同价款索要设计费。该建筑施工企业为此次“招投标真实体量模糊”付出了代价。因此，在设计合同投标中，为了避开陷阱，应做到以下两点。

（一）全面掌握基础资料，做好预算工作

业主方提供的基础资料是设计的依据。建设工程设计合同的设计方不是仅画一个图就算了事，它必须在设计前了解工程所在地的地质、水文、环境等状况，要听取建设方的设计理念和要求，要索取有关批文，要参加工地服务、设计修改、竣工验收和质量事故处理。同时，规划管理部门给出的规划设计要求、用地红线及周边市政管网、地质勘探报告、气象资料以及前期阶段设计资料等也是开展设计的重要依据。基础资料的深度必须满足设计需求，比如，某承包方承接了一个工程项目的施工图设计，业主方提供了另一家公司所做的设计方案。由于方案设计深度不够，承包方在开展施工图设计之前还需了解工程所在地基本情况，对方案进行深化，增加了很多工作量，业主方却转移了由于前期工作疏漏、审定不严造成的损失。承包方即使通过谈判，得到一些补偿，也不如签订合同时增加这项内容更合适。对工程设计范围的面积也要计算清楚，如果盲目签订包干价的设计合同，等到合同履行过程中才发现面积明显超出估计，为时已晚。

（二）审核设计单位是否具有相应的资质

根据《建设工程勘察设计资质管理规定》（原建设部令第160号）的规定，只有取得工程设计资质证书的企业，才可以从事资质许可范围相应等级的建设工程设计业务，从事项目管理和相关的技术与管理服务。

对于设计分包合同，除设计单位自身的资质外，既要审核发包人的主体资格，又要审核该承包人是否有相应设计资质、所承包项目是否允许分包及对分包的限制。同时还需关注发包人的资信状况，应当自本合同直接面对的发包人开始向上逐级审核主体资格，防止授权链条断裂，导致企业陷入合同无效的境地。

二、图纸交付与认可约定模糊

设计合同常见的另一种纠纷是因设计合同而引起的纠纷。设计图纸交付后，业主方不按约定支付工程款，建筑施工企业如果是设计方，可以向法院起诉要求业主方支付设计费。司法实践中，图纸交付与认可时间是能否获得法院支持的关键。因此，为避开陷阱，应做到以下两点。

（一）交付图纸与认可图纸的约定要具体清晰

设计合同通常会约定交付图纸的时间节点，甲方收到图纸后通常还有审核修改工作，直至定稿。图纸还有效果图、施工蓝图、深化图等之分。甲方支付相应款项对应每一个时间节点，许多设计方因为对“交付”“认可”的时间节点约定得十分模糊而在合同履行过程中产生分歧。对此，设计合同要对图纸的“交付”和“认可”约定明确，包括：怎样交付，交付的是哪种图，由谁交付，交付给谁，由谁认可，采取何种形式认可，可在合同的背面制作图纸交付单和审核认可单。

（二）防范合同执行过程中的设计变更问题

在合同执行过程中，难免会出现设计变更情况，一般由施工单位或建设单位提出变更申请，设计单位发出变更。如果施工过程中由于施工单位的原因需要变更，如某些建筑材料较难采购或某些部位较难施工等，应由施工单位用技术联系单的形式报建设单位，由建设单位向设计单位提出修改意见，经设计单位同意修改后方可施工。

为防范设计变更对项目工期的影响，应在工程设计合同签订前充分考虑到施工过程中可能存在的设计变更签认问题，提前明确责任，尽量避免约定不明的情况，以保证自身利益。

第五章　建设工程分包

第一节 项目分包

案情简介

某建筑施工企业与悦某公司签订《分包合同》，约定悦某公司承担某项目施工。施工过程中，某建筑施工企业与悦某公司、通某石材厂签订三方协议，约定由通某石材厂向某建筑施工企业供应石材。

因通某石材厂供货质量不达标，最终实际供货单位为昌某石材厂。供货期间，悦某公司多次出具委托书，委托某建筑施工企业向通某石材厂付款，通某石材厂亦多次出具委托书，委托某建筑施工企业将上述款项付给昌某石材厂。

因货款问题产生纠纷后，通某石材厂将某建筑施工企业和悦某公司诉至法院，请求某建筑施工企业支付石材货款及加工费300万余元及利息13万元；悦某公司向其支付加工费48万元。

本案中的法律关系涉及层层分包，争议焦点在于某建筑施工企业与通某石材厂是否存在买卖合同法律关系。通某石材厂主张，在某建筑施工企业与悦某公司签订的三方协议中，某建筑施工企业是实际使用方，货款应由某建筑施工企业承担。但三方协议并非买卖合同，协议中三方也约定了不同的结算方式，结合某建筑施工企业付款均是由悦某公司出具委托书，委托某建筑施工企业付给通某石材厂。因此，某建筑施工企业并非通某石材厂的合同相对方，通某石材厂要求某建筑施工企业支付货款没有法律依据。法院判决某建筑施工企业仅支付协议中明确由某建筑施工企业承担的加工费10万元。通某石材厂与某建筑施工企业的诉讼案结案后，昌某石材厂就未开具委托付款函的货物又另行起诉某建筑施工企业，虽双方未签订买卖合同，但法院仍然认定双方之间存在买卖关系，判决某建筑施工企业承担剩余货款的付款责任。

关系图：

某建筑施工企业 —（劳务+材料分包）→ 悦某公司 —（供应商）→ 通某石材厂 —（部分供货）→ 昌某石材厂

法院判决

1. 某建筑施工企业于判决生效之日起立即支付通某石材厂加工费10万元及利息。

2. 悦某公司于判决生效之日起立即支付通某石材厂加工费15万元。

案件背景及启示

（一）加强买卖合同管理，做到合同、送货单、结算相呼应

通某石材厂诉某建筑施工企业与悦某公司支付货款一案，之所以判决某建筑施工企业无须支付货款，是因为有明确的三方协议，三方之间付款主体和接收主体明确，且某建筑施工企业与悦某公司、通某石材厂与悦某公司结算方式明显不同，每次代付委托手续清楚明确。昌某石材厂诉某建筑施工企业支付货款一案，之所以判决某建筑施工企业应支付货款，是因为双方虽无书面协议，但货物确实由某建筑施工企业接收（送货单上有某建筑施工企业项目人员签字），且诉讼所涉及货物不在通某石材厂的诉讼中。

（二）应开具代付货款委托书

对于“大包”出去的项目，不要直接与分包商下游的厂商发生太多经济联系，如果需要代付货款，一定要让分包单位开具对应金额的委托书后再付款。

法条摘要

《中华人民共和国民法典》

第一百六十五条　委托代理授权采用书面形式的，授权委托书应当载明代理人的姓名或者名称、代理事项、权限和期限，并由被代理人签名或者盖章。

第六百二十五条　依照法律、行政法规的规定或者按照当事人的约定，标的物在有效使用年限届满后应予回收的，出卖人负有自行或者委托第三人对标的物予以回收的义务。

第六百二十六条　买受人应当按照约定的数额和支付方式支付价款。对价款的数额和支付方式没有约定或者约定不明确的，适用本法第五百一十条、第五百一十一条第二项和第五项的规定。

第六百二十七条　买受人应当按照约定的地点支付价款。对支付地点没有约定或者约定不明确，依据本法第五百一十条的规定仍不能确定的，买受人应当在出卖人的营业地支付；但是，约定支付价款以交付标的物或者交付提取标的物单证为条件的，在交付标的物或者交付提取标的物单证的所在地支付。

第六百二十八条 买受人应当按照约定的时间支付价款。对支付时间没有约定或者约定不明确，依据本法第五百一十条的规定仍不能确定的，买受人应当在收到标的物或者提取标的物单证的同时支付。

第二节 措施分包

案情简介

2008年至2009年，某机场航站楼项目施工过程中，某建筑施工企业将工程中的脚手架搭建工作分包给了龙某建筑工程有限公司（以下简称龙某公司）。该分包的实际施工人为陈某。其与龙某公司约定：某建筑施工企业支付的分包工程款由龙某公司提取一部分税点和管理费用后，其余大部分款项由陈某提取。

2008年10月，陈某与银某刚经营部签订了脚手架组件的钢管租赁合同。当时因某建筑施工企业项目部公章管理不善，陈某在其与银某刚经营部的合同上加盖了该建筑施工企业项目部章。

截至2012年1月，某建筑施工企业向龙某公司付清了脚手架搭建分包的全部款项327万余元，包括脚手架搭建过程中涉及的组件租赁费、人工费等费用。相关款项后由陈某全部提取。

2012年年底，银某刚经营部持盖有某建筑施工企业项目部章的合同向法院提起诉讼，要求某建筑施工企业支付剩余钢管租赁费26万余元，某建筑施工企业答辩认为自己与其并不存在实际的租赁关系。

案件中，某建筑施工企业与龙某公司仅为建筑工程合同分包关系，但由于陈某在与银某刚经营部签订脚手架组件的钢管租赁合同时加盖了某建筑施工企业项目部印章，使得某建筑施工企业被卷入该租赁合同纠纷。经过审理，法院支持了银某刚经营部的诉讼请求。

关系图：

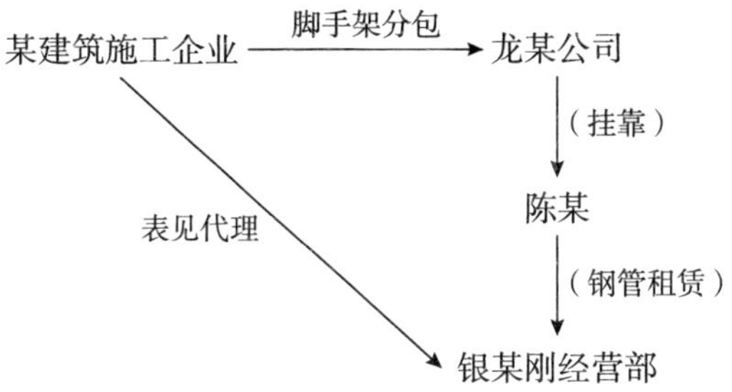

法院判决

某建筑施工企业于判决生效之日起立即支付银某刚经营部剩余钢管租赁费26万余元。

案件背景及启示

（一）挂靠注意资金管控

主体责任风险：由于合同本身违反建筑法律规定，出现问题时法院将认定合同无效，被挂靠单位合同权利不受法律保护，大包公司抽逃资金后，对于下游厂商而言，被挂靠单位为法律上的债务人。

（二）提供质量安全保证金担保

质量安全风险：挂靠与转包单位的工作人员，法律上认可为被挂靠单位人员，出现伤亡事故，依照劳动法与侵权法，被挂靠单位为法律上的损害赔偿人。

（三）注意挂靠单位用章风险

建筑施工企业作为被挂靠单位时，应严格用印管理，避免出现被表见代理的情况。

法条摘要

《中华人民共和国民法典》

第一百七十二条　行为人没有代理权、超越代理权或者代理权终止后，仍然实施代理行为，相对人有理由相信行为人有代理权的，代理行为有效。

第三节　材料+劳务分包

案情简介

经某园林公司同意，某建筑施工企业与某建设总局公司签订了《专业分包合同》，约定由某建筑施工企业承担欧洲小镇A标段外立面装修及园建、亮化施工。后某建筑施工企业将该工程分包给浩某公司施工。

后欧洲小镇项目竣工验收并投入使用，但浩某公司一直未与其下属的施工队办理结算。某园林公司组织某建筑施工企业、浩某公司与各相关施工队负责人开会共同协商，最终形成《会议纪要》，明确某建筑施工企业在工程完成结算审计并具备回款条件时代为支付施工队欠款。最终，因该工程未完成结算审计，浩某公司及某建筑施工企业均未支付相应款项。随后施工队负责人徐某、谢某向法院起诉，要求判决浩某公司、某建筑施工企业、某园林公司、某建设总局公司连带支付拖欠的劳务分包款，并提交了相关派工单、材料汇总清单、人工费用清单、承诺书等相关证据。

基于合同相对性，徐某、谢某等只能要求浩某公司办理结算并支付欠款，而无权突破合同相对性起诉要求某建筑施工企业及某园林公司等承担连带责任，故某建筑施工企业以被告主体不适格为由抗辩。但本案对某建筑施工企业而言存在一定风险，根据《最高人民法院关于审理建设工程施工合同纠纷案件适用法律问题的解释（一）》第43条的规定，法院可能会在查明某建筑施工企业欠付浩某公司的工程款数额后，判决某建筑施工企业在欠付范围内承担责任，但此时应当具备两个条件：一是查明浩某公司拖欠劳务工人工资的具体数额，二是查明某建筑施工企业欠付浩某公司工程款的具体数额。

关系图：

某建筑施工企业 —劳务分包→ 浩某公司（劳务公司）————→ 劳务队（徐某、谢某等）

法院判决

浩某公司于判决生效之日起10日内支付劳务欠款200万余元，某建筑施工企业在欠付浩某劳务工程款范围内承担连带责任。

案件背景及启示

（一）大包项目尽量避免与大包单位的下游单位直接对接

对于大包项目，建筑施工企业应当加强对大包单位及项目工程的监管，尽量避免与大包单位的下游单位直接对接。

（二）加强内控管理，完善内部审批

涉案《会议纪要》主要内容系增加某建筑施工企业付款义务，项目负责人参与协调会议并签署书面文件，按照《民法典》关于代理规则的规定，该代理行为对外有效，但其对内未经上报审批即签署对公司不利的文件，表明建筑施工企业的内控管理有待进一步完善和加强。

法条摘要

《中华人民共和国民法典》

第一百七十二条　行为人没有代理权、超越代理权或者代理权终止后，仍然实施代理行为，相对人有理由相信行为人有代理权的，代理行为有效。

第八百零七条　发包人未按照约定支付价款的，承包人可以催告发包人在合理期限内支付价款。发包人逾期不支付的，除根据建设工程的性质不宜折价、拍卖外，承包人可以与发包人协议将该工程折价，也可以请求人民法院将该工程依法拍卖。建设工程的价款就该工程折价或者拍卖的价款优先受偿。

《最高人民法院关于审理建设工程施工合同纠纷案件适用法律问题的解释（一）》

第四十三条　实际施工人以转包人、违法分包人为被告起诉的，人民法院应当依法受理。

实际施工人以发包人为被告主张权利的，人民法院应当追加转包人或者违法分包人为本案第三人，在查明发包人欠付转包人或者违法分包人建设工程价款的数额后，判决发包人在欠付建设工程价款范围内对实际施工人承担责任。

第四节　风控指引：工程分包做好两大风险规避

司法实践中，对表见代理制度在建筑领域案件审理中的应用存在界限不清的问题，搞清楚这个问题是十分必要的。因为在建筑领域案件中有权代理与无权代理之间界限本来就不是十分清晰，如果不分清界限，实践中在适用表见代理制度处理案件时，就十分容易出现错误适用的问题，使案件的处理不能取得较好的社会效果。

那么，建筑领域中有权代理与无权代理的边界在哪儿呢？从目前建筑领域的现实情况看，任何一个建设项目一般都有一个项目经理或项目负责人或实际施工人等，为行文方便，笔者不区分这几个称呼，统称为项目经理。

项目经理操作一个工程项目，一般情况下，都是在与有建筑资质的企业签订了工程内部承包合同后进行工程管理的，其管理权来自建筑企业的授权委托。负责工程项目管理的项目经理享有的权利有六项：其一，可以根据工程现场的实际情况，对经济进行适当的调整和科学的分配。其二，可以对施工队伍进行挑选，选择资质较好、施工质量高的作业队伍。其三，可以对工程现场的施工活动进行适当的调配，如机械、材料、资金以及人员等。其四，在企业法定代表人的授权下，可以和工程项目的分包单位签订相关合同。其五，根据工程项目的特征、现场情况、质量要求、设计规范等，选择合适的管理班子。其六，在企业法定代表人的授权下，可以行使工程管理的其他权力。

这六项权利都属于工程项目范围以内的管理权，不包括项目以外的其他权利。项目经理在项目管理过程中的行为一般都是经过建筑企业授权的，其代理行为应是有权代理，这一点是不存在争议的。

实践中，项目经理在管理工程项目过程中，难免会与项目以外的材料供应商、设备供应商等项目以外的市场主体进行交往或交易，如果说这与工程项目一点关系都没有，不符合实际情况，因此，《建筑施工企业项目经理资质管理办法》第8条第2项规定，项目经理在行使工程项目管理权时，处理一般性外部事务是可以的，但如果要以企业法定代表人的代表身份处理与所承担的工程项目有关的外部关系，受委托签署有关合同时，与本企业法定代表人签订项目承包合同，并在企业法定代表人授权人范围内行使管理权。

近年来，建筑领域发生的案件绝大部分是因项目经理在没有企业授权的情况下，对外签订相关合同引发的。在此情况下，项目经理的行为属于无权代理行为。如果该代理行为需要建筑施工企业承担责任，建筑施工企业就需要审查项目经理的行为是否构成表见代理，如果是，就要适用表见代理制度处理案件。

一、风险规避之一：表见代理的认定以及风险规避

（一）表见代理的认定

表见代理主要分为以下六种情形。

第一，被代理人需要了解行为人的代理行为，即行为人在代替被代理人签订合同时，被代理人需要知道行为人的代理行为，且不提出反对意见。例如，被代理人把具有代理自己法律效力的合同书、公章以及介绍信等给予行为人，表示被代理人了解行为人的代理行为情况。同时，如果相对人把合同交与被代理人后，由于被代理人个人的原因（如未对合同内容进行阅读或者阅读不仔细，漏掉部分合同条款），没有对合同提出反对意见，则表明被代理人行为符合“应当知道”的要求，按照行为人具有代理权处理。

第二，被代理人明确了解行为人会代替自己进行合同签订，然而在行为人和其他人签订合同时并没有提出反对意见。

第三，被代理人曾经信任行为人，并且作出允许行为人代理自己签订合同的表示，这就表明被代理人对行为人的行为、合同签订表示相信。例如，被代理人曾采用书面公开的方式或在公共场合声明的方式，表明行为人的代理权受到被代理人允许，但是被代理人并没有真正授予行为人代理权。

第四，被代理人将可以证明具备代理权的证件、证书等交给行为人，但是并不能通过证件、证书内容判断合同条款是否在代理权允许范围内。

第五，行为人以前是被代理人的代理人，在和相对人签订合同阶段，可以为相对人提供证明自己具有代理权的介绍信，让相对人相信行为人具有代理权。

第六，行为人以前是被代理人的代理人，在和相对人签订合同阶段，可以为相对人提供被代理人的公章，让相对人相信行为人具有代理权。

这里需要强调的是，第六种情形指的是行为人曾经是代理人并且与相对人发生过订立合同行为，并且签订合同时，合同上加盖有被代理人的公章。如果这个行为人再一次以原被代理人的名义与该相对人签订合同，那么，行为人的代理行为就构成表见代理。

（二）表见代理风险规避

建筑领域在应用表见代理的过程中存在一定风险，需要采取以下措施进行规避。

第一，健全法治管理系统，创建法治管理责任小组，组员包括企业主管领导、法律顾问，由专业的法律人员对表见代理的风险进行识别，提升建筑施工企业的风险防范水平。

第二，提高所有人员的法律意识。建筑合同纠纷发生的主要原因之一，就是法律意识淡薄，缺乏专业的法律知识。因此，建筑施工企业必须注重全员法律意识培养，在签订合同时对所有合同条款的合法性、合理性等进行检查，最大限度降低合同纠纷案件发生的概率。

第三，强化公章、委托书、证照的管理，建筑施工企业需要由专人对所有证书、文件等进行科学管理，创建管理台账，对管理台账人员的责任进行明确，一旦出现公章、委托书、证照丢失的情况，需要第一时间报警，并追究相关负责人的责任。

第四，对代理机构、代理人的权限进行科学的限定并做好公示，防止出现代理机构和代理人超过代理权限代理被代理人签订合同的情况。

二、风险规避之二：挂靠、转包、分包认定及风险规避

（一）施工挂靠、转包、分包的区别

挂靠是指单位或个人借用其他建筑施工企业名义承揽工程项目的行为。实践中，一些有资质的建筑施工企业从纯经济利益的角度出发，会将自己的建筑资质和营业执照有偿提供给其他单位或个人承接工程，并收取管理费用。

转包是指在工程建设中，承包单位不履行承包合同规定的职责，将所承包的工程一并转包给其他单位，对工程不承担任何经济、技术、管理责任的行为。转包表现为将承接的工程不负任何责任地分包、转让出去的行为，肢解分包在法律上视为转包。

分包是指工程总承包单位将所承包建设工程的一部分依法分包给具有相应资质的承包单位完成，该承包人不退出承包关系，其与分包人就分包人完成的工作成果向建设单位承担连带责任。

挂靠、转包、分包的区别主要有以下几点：一是挂靠、转包（大包）一定违法，分包不一定违法；二是违法分包主要表现为：分包未经发包人同意，分包给不具备相应资质条件的单位，主体分包等；三是有没有参与投标是挂靠和转包的核心区别，参与投标的是挂靠，没有参与投标的是转包。

无论是挂靠、转包还是分包，在出现质量纠纷、工伤侵权、拖欠工程款时，挂靠人与被挂靠人，实际施工人与发包人，均对债权人承担连带责任。

就建筑施工企业而言，目前的挂靠、转包形式主要包括以下两种：一是以联合主体方式，与挂靠、大包公司签订《联合经营合同》，内部约定双方的权利义务，对外

仍以该建筑施工企业为唯一法律主体；二是将大包项目肢解分项，通过材料采购分包与劳务分包，将工程实际转包给一家或多家公司（参见本节附件中的示例《劳务分包合同》《工程材料委托采购协议》）。第二种情形实质是以分代转，名为分包，实为转包。

（二）挂靠、转包、违法分包的不利后果

第一，行政处罚。2019年1月，住房和城乡建设部印发《建筑工程施工发包与承包违法行为认定查处管理办法》，其中第3条第2款规定："县级以上地方人民政府住房和城乡建设主管部门在其职责范围内具体负责本行政区域内建筑工程施工发包与承包违法行为的认定查处工作。"

第二，法院公示与罚没。在审理建筑工程合同案件中如发现挂靠、转包、违法分包现象，法院可下达法律意见书给当地住房与建设保障局或建委相关部门，由其对违法分包的单位进行处罚。处罚量级可见《建设工程质量管理条例》第62条第1款："违反本条例规定，承包单位将承包的工程转包或者违法分包的，责令改正，没收违法所得，对勘察、设计单位处合同约定的勘察费、设计费25%以上50%以下的罚款；对施工单位处工程合同价款0.5%以上1%以下的罚款；可以责令停业整顿，降低资质等级；情节严重的，吊销资质证书。"

实际上，法院在审理建设工程合同案件中极少主动行使该权利，一般只是判决合同无效而不采取处罚措施。

第三，业主与总包公司在结算中扣除相应款项并依据合同收取违约金。

（三）建筑施工企业面临的两大风险

一是主体责任风险。由于合同本身违反建筑法规定，出现问题时相关单位将认定合同无效，建筑施工企业合同权利不受法律保护，大包公司抽逃资金后，对于下游厂商而言，建筑施工企业为其法律上的债务人。

二是质量安全风险。挂靠与转包单位的工作人员，法律上认可为建筑施工企业的人员，出现伤亡事故，依照劳动法与侵权法，建筑施工企业为法律上的损害赔偿人。

因此，为规避挂靠、转包、违法分包可能造成的主体责任风险、质量安全风险，建筑施工企业应做到以下两点：一是控制工程资金流向，二是要求下游单位提供质量安全保证金担保。

附件1：

劳务分包合同

甲方：

开户行：

账号：

地址：

电话/传真：

乙方：

开户行：

账号：

地址：

电话/传真：

签约时间：　　　年　　月　　日

依照《中华人民共和国民法典》《中华人民共和国建筑法》及其他有关法律法规，遵循平等、自愿、公平和诚实信用的原则，就××工程的劳务分包事宜订立本合同，以资共同遵守。

一、工程概况

1.工程名称：______________

2.工程地点：______________

3.工程内容：1–1、1–2、2–1、2–2、3–1楼栋及其过楼、码头牌坊楼栋外立面装饰、建筑亮化等。

4.劳务分包形式：采用包质量、包安全、包工期、包文明施工的劳务费，总价暂定为1500万元（大写：壹仟伍佰万元整）。

劳务费包含（以在括号内打“√”为准）：

（√）工人工资及加班报酬。

（√）生活费（包含伙食费、水电费、暖气费、物业管理费、停车费等）。

（√）住宿费（包括房租、水电费、暖气费、物业管理费、停车费等）。

（√）交通费（包括长途、短途、市内交通等）。

（√）小型工具、非工程实体消耗低值易耗品。

（√）仓库的建设及搬移，活动架的安装、移位及脚手架跳板翻转。

（√）劳保（包括安全帽、安全带、安全绳、照明用具、高低床、床上用品、衣鞋、手套、雨具、防暑降温等）。

（√）板块试制、调整、修改、赶工、误工、完工交付所需配套辅助工作等所有费用。

（√）证照（包括政府部门、业主、总包、监理及甲方要求提供或办理的各类证照和证件）。

（√）总包配合费（在施工现场需使用总承包方提供的水电、道路、脚手架、垂直运输机械等产生的费用）和现场管理费等。

乙方在签订本合同前对本工程施工图纸、技术要求、验收标准、工程情况、周边环境等情况均已详细研究。

二、分包工作期限（工期）

1.开工日期：以现场具备施工条件，承包人发出开工申请，发包人下达开工令为准。

工程的工期为8个月，即施工工期为自2014年11月1日起至2015年6月30日止。

2.由于乙方自身的原因造成超过合同工期完工的，每超过1日，甲方按3000元/日给予罚款，罚款最高限额为合同价款的2%。

三、劳务报酬及支付方式

1.合同签订生效后，乙方必须向甲方交付本合同价款的____%计__________元（大写：______________________________）作为工程风险抵押，在工程竣工验收合格后一个月内一次性无息退还。

2.进度款支付与业主支付批次及进度一致，进度款额度按业主审计认可的工程量为依据计算，在工程业主的工程款支付到甲方账户后，甲方于十个工作日之内支付给乙方（付款前须提供经甲方审核、乙方工人签收的工资表）。各项工序所占劳务承包总量比例如下：

（1）1-1、1-2、2-1、2-2、3-1楼栋及其过楼占70%。

（2）码头牌坊楼栋外立面装饰占15%。

（3）建筑亮化占15%。

3. 结算价款的5%作为本工程的质保金。无质量问题，甲方在质保期满后十个工作日内退还（质保金不计付利息）。

四、工程量的确认

1. 本工程劳务总价为暂定，结算以施工方与业主确认的结算金额为准。

2. 甲方根据乙方每周申报的工作量予以核定。

3. 因乙方自身原因导致的工程变更和由此导致甲方的直接损失由乙方承担，工期不予顺延。

4. 合同外项目的增补、变更，乙方应在方案确定后七日内向甲方报告，经过工程业主审定后，报甲方备案存档，如业主对变更增补不予认可，增加的费用由乙方承担。

五、质量标准和质保期

1. 工程质量应达到甲方与工程发包人签订的工程总（分）包合同有关质量条款的约定，应达到国家现行《建筑安装工程施工及验收规范》《建筑装饰装修工程质量验收规范》等国家标准和行业标准，应符合设计图纸、甲方企业标准、工艺规范要求。本工程质量必须一次性通过甲方、业主和监理的竣工验收，达到合格标准，并保证达到××评奖标准。

2. 乙方必须自觉服从甲方、本工程的业主及工程监理机构的监督管理，根据甲方要求如实填写有关质量记录等相关资料。乙方施工质量若达不到上述合格标准，必须无偿修复，直至质量合格，同时承担由此给甲方造成的工期和经济损失。

3. 乙方应配现场质量管理员一名，负责对员工进行质量培训及对施工质量进行检查，乙方应接受甲方代表和监理、总包工程管理人员的管理、监督，各道工序完工后，乙方必须立即报请甲方检查验收，并最终通过总包和监理验收。

4. 隐蔽工程必须经甲方现场代表和工程监理验收签字后，方可进行下一道工序施工。

5. 乙方在施工中出现质量问题，应立即报告甲方现场代表，工程、工序验收时被发现存在质量问题的，应按甲方核准的处理方案或监理的要求整改或返工，费用由乙方自行承担。

6. 乙方施工达不到上述标准，必须无偿修复，直至达到上述标准，同时承担因此给甲方造成的工期和经济损失。

7. 本工程质保期为两年，质量保修期从甲方承建的整体工程竣工验收合格之日起计算。保修期内，乙方应免费承担由于自身质量问题发生的维修费用（含人工、材料、措施费等），应在接到甲方通知后48小时内派人到现场维修，乙方逾期不处理，甲方可自行安排人员排故，所发生的一切费用从乙方质保金中按双倍扣除。

六、甲方的义务

1. 甲方指派××为现场代表人，现场代表人负责对乙方的施工质量、工期进度、安全管理、现场文明施工等方面进行全面的监督和管理，如甲方管理人员发现现场存在上述各方面的管理问题，将对乙方进行口头通知或以书面形式发出整改通知单，乙方在接到甲方通知后需在24小时内作出响应并及时整改，如乙方在接到甲方通知后拒不执行或借故拖延时间，甲方将对乙方按3000元/次进行处罚。乙方每月向甲方申请的工程进度款需由甲方现场代表审核签字后方可支付。

2. 负责统一制定各项管理目标，对工程施工进行控制、监督、检查和验收。

3. 按合同约定，向劳务分包人支付劳动报酬。

4. 负责与发包人、监理、设计及有关部门联系，协调现场工作关系。

5. 由甲方提供材料时，甲方应保证材料及时供应。

6. 核实工作量，作为付款的凭据。

7. 对乙方施工作业人员实行管理，建立施工人员档案。

8. 甲方对乙方不合格的机械设备有权勒令退场。在施工过程中发现乙方使用不合格的机械设备时，甲方有权采取下发整改通知单、没收不合格机械设备或经济处罚等措施。

七、乙方的义务

1. 乙方指派××为现场负责人，该负责人必须长驻施工现场。未经甲方同意，乙方不得擅自更换现场负责人。如乙方负责人离开现场超过24小时，需向甲方代表报告，未向甲方代表报告擅离现场的，甲方将按5000元/次处罚。

2. 乙方应按甲方要求对不服从现场管理、有残疾或不适合在工地工作的施工人员进行清退。

3. 编制施工进度、人员进场、设备及材料进场计划和用水及用电计划等施工必备文件报送甲方审核。

4. 接收并保管所有材料，包括所有材料的卸车、转运、保管及保护（现场）。在施工过程中材料因丢失、浪费出现短缺，乙方应提出补充清单，对于补充的材料费用，甲方将从乙方的工程款予以扣除。无论工程材料是由甲方提供还是乙方自购，均不解除乙方所负的工程质量责任。乙方应对工程材料和设备按规范进行检验，并拒绝不合格材料用于本工程。乙方不能将不合格材料用于本工程，否则由此造成的一切责任和费用均由乙方承担。

5. 乙方应严格按照甲方下发的设计图纸、工艺流程施工，未经甲方书面同意擅自更改施工方案或施工工艺的，须承担因此给甲方造成的工期和经济损失。

6. 精心组织施工，保证工期，确保工程质量达到约定的标准；确保施工安全；承担由于自身责任造成的质量整改、返工、工期拖延、安全事故、现场脏乱等各种损失和罚款。

7. 乙方必须按时足额向施工人员发放工资，并将施工人员的工资签收单交甲方备案，工资签收单作为甲方支付劳务报酬的依据，因劳动用工产生的一切纠纷由乙方自行承担。

8. 按时提交资料，配合甲方办理交工验收。

9. 做好施工场地周围建筑物、构筑物、地下管线和已完工部分的成品保护工作，因乙方责任发生损坏，乙方自行承担由此引起的一切经济损失及各种罚款。

10. 乙方从签订本合同之日起即视为承诺其具有承担该分包工程应具有的一切资质和资格。因乙方自身不具有相应资质和资格而导致的一切后果，均由其自行承担，并赔偿甲方因此遭受的工期和经济损失。

11. 乙方人员必须服从甲方管理人员指挥，统一着装，遵守工地一切规章制度；必须按照甲方的要求，保证工程有足够的劳动力确保施工工期，不得消极怠工、停工及罢工。

12. 乙方必须协助甲方，为了方便施工和通过验收，积极对总包、监理进行协调工作。

13. 乙方必须具备满足质监站等相关部门检查所需的特殊作业人员上岗证（电工证、焊工证等）。

14. 如甲方资金暂时不能按期支付，自合同约定的支付时间之日起30天内，承包方不得因此而停工、怠工。

15. 乙方应承担甲方对业主所尽的责任和义务，并提供资质原件和复印件。

16. 乙方应按要求配齐质量、安全（持证）、施工、资料等管理人员，并报甲方备案，未经甲方同意不得随意更换。

17. 乙方还需协助甲方完成竣工决算和城建资料审查备案工作，上述所有工作的完成和资料的收集、整理及协助报备的费用均由乙方承担。如因乙方原因未能按时完成合格竣工资料及竣工图的移交，从合同款项中扣除相应违约金，按2000元/日计。如乙方无能力完成上述工作，甲方有权另外安排其他人员完成，所需费用按实际发生费用的1.5倍从乙方承包费中扣除。

八、材料交接和保管

1. 由甲方提供的材料，乙方应指定专人领取并办理交接手续，签收材料交接单。

2. 乙方签署材料交接单后，材料毁损和灭失的风险由乙方承担。

九、安全施工与事故处理

1. 乙方应遵守工程建设安全生产有关管理规定，由于乙方安全措施不力造成的事故责任和因此而发生的一切费用（含经济损失、赔偿、各种罚款等），由乙方承担并负责处理。乙方必须自觉服从甲方、本工程的业主及工程监理机构的监督管理，根据甲方要求如实填写有关安全生产记录等相关资料。

2. 乙方应配现场安全管理员一名，负责对员工进行安全培训教育及对施工作业安全进行检查。乙方管理不到位的，对因其自身原因造成的伤亡及其他安全事故承担全部责任。

3. 乙方应文明施工，维护公司形象并按照甲方要求统一着装，服装由乙方提供，费用由乙方自行承担。

4. 乙方在施工现场使用的安全、消防保护用品由乙方按照甲方要求自行配备，费用由乙方承担。

5. 乙方特种作业人员应持证上岗，应严格遵守各种工种的安全操作规程。

十、验收和结算

1. 乙方完成全部施工，应向甲方提交完工报告，通知甲方验收。

2. 乙方应积极配合甲方工程竣工备案验收，做到工程中间验收手续与工程进度同步进行，及时制作并保管工程质保、安全等资料。如因乙方原因导致甲方竣工验收备案拖延，乙方应当赔偿甲方因此受到的损失。

十一、违约责任

1. 当发生下列情况之一时，甲方应承担违约责任：

（1）未向乙方支付劳务报酬。

（2）甲方不履行或不按约定履行合同义务的其他情况。

2. 当发生下列情况之一时，乙方应承担违约责任：

（1）因自身原因延期交工造成业主向甲方罚款，罚款及损失全部由乙方承担。

（2）施工质量不符合本合同约定的质量标准造成业主向甲方罚款，罚款及损失全部由乙方承担。

（3）乙方不履行或不按约定履行合同的其他义务应赔偿甲方遭受的全部经济损失。

十二、合同解除

当出现下述情况时，甲方有权解除合同：

1. 双方协商一致解除合同。

2. 发生重大安全、质量事故。

3. 乙方不服从业主、监理、总包单位和甲方的管理。

4. 乙方存在粗制滥造、偷工减料、弄虚作假等行为，将导致重大质量安全隐患及影响甲方声誉。

5. 因乙方原因严重影响工期，导致工期延误达30日以上。

6. 乙方因其他法律纠纷或行政违法行为等受到有关司法、行政部门处理，导致本合同无法正常履行。

7. 乙方未能执行本合同第7条第1款、第2款、第10款、第12款的约定。

8. 因不可抗力导致合同无法履行的。

甲方有权书面通知乙方解除合同，书面通知自送达承包人之日起生效。乙方应立即停工，清理现场，保管好甲方的材料及机器设备并撤出施工人员。因乙方原因导致甲方材料、设备损坏或其他损失的，乙方应负责赔偿。

乙方不得无故停工或中途退场，否则，甲方有权要求乙方承担由此造成的相应损失。

1. 如因工人的退场结算问题，造成工程停工、闹事等，一切责任、损失由乙方负责，每发生一次罚款10000—50000元。

2. 无论何种原因导致乙方工人中途退场，造成工程无法正常进行，乙方都应于3日内无条件全部退场。对已完工作内容，甲方于30日内按已完成工程量的80%扣除相应罚款（如质量和安全罚款、违约金等）后结算支付。若乙方3日内未退者，按每日10000—50000元赔偿甲方损失，此费用从结算款中扣除。

十三、争议

双方因履行合同发生争议，向甲方所在地人民法院起诉。

十四、不可抗力

不可抗力事件发生后，乙方应立即通知甲方，并在力所能及的条件下迅速采取措施，尽力减少损失。

十五、本合同自双方签字盖章后生效，一式四份，双方各执二份

甲方:（公章）	乙方:（公章）
代表人:	代表人:
时间:	时间:

附件2:

工程材料委托采购协议

甲方（委托方）: ××公司

乙方（受托方）: ××公司

甲、乙双方因工程项目的施工需要，本着平等、自愿、公开、诚信经营、互惠合作的原则，甲方委托乙方进行工程施工所需材料的采购、保管等一切与本工程施工所用材料有关的工作。乙方已充分明确材料所使用的范围及数量，并确认在此范围内承担计算中所出现的偏差，在此基础上，经甲、乙双方充分协商，共同达成如下协议，双方共同遵照执行。

第一条　总则

一、工程名称：________________

二、工程地点：________________

三、工程范围及工程量：1-1、1-2、2-1、2-2、3-1楼栋及其过楼、码头牌坊楼栋外立面装饰、建筑亮化等。

四、采购内容及范围

1.按照本工程施工图纸要求，完成本协议工程施工所需材料的采购及相关工作。

2.委托采购的主要内容详见附件。

3.委托采购清单未含，但在施工过程中，甲方所承接的××工程必须使用的材料，视为乙方采购内容。

采购总价：本协议合同金额暂定为人民币______________。

以上费用包括：

1.完成上述工程范围及内容中所需材料费用和与其相关的人工、采购、包装、运输、装卸、管理、质检（自检、复检等）、安全、环保措施、保险、税费、规费、利润、缺陷修复、临时设施与临时工程及本协议一切明示或暗示的风险、责任和义务的费用。

2.材料费用包括本工程所需材料的价款、周转材料租金、运杂费、加工费、检测试验费、损耗费、场地费、仓储费、工地保管费和搬运费等一切费用。

3.总价已包含甲方负责组织供应的材料价款。乙方结算材料款时，甲方按实际情况计算甲供材料款及其他代付款，并在乙方应得结算款中扣回。

乙方在明确综合单价时已经考虑合同履行过程中的价格风险，在本合同执行期间，无论国际国内市场材料价格如何变化，本合同约定的固定综合单价均不作任何调整。

五、履约保证金和预付款

1.本协议签订前，乙方须向甲方开具________万元的履约保函。如果合同延期，将续开履约保函。甲方承接的本工程项目竣工验收后，甲方扣除乙方违约罚金（如果有）后，此履约保函失效。

2.预付款：本协议工程预付款为________万元，分________期在乙方材料款中扣回（工程完成50%前扣完）。

第二条 工期及材料供应计划

一、本协议工程的工期为8个月，即施工工期为自2014年11月1日起至2015年6月30日止。乙方必须按照甲方及业主总体进度要求保质保量保安全地完成所有工程材料的计划及组织供应工作。

二、在本协议签订后、正式开工前，乙方需在甲方的总体计划的指导下，编制本协议工程的所有材料供应计划，由双方签字认可。

三、根据业主的要求或在本协议签订后发生工程变更，工程施工进度发生变化的，需对材料供应计划做适当调整，对此乙方应理解和接受，重新编制材料采购计划并严格按调整后的供应计划执行和采购。

四、乙方材料供应工作进度应满足甲方施工进度的要求，进度滞后时，甲方有权要求乙方进行整改、增加投入，费用由乙方自理。乙方拒不执行或整改不力，仍达不到甲方或本工程业主的施工进度要求时，甲方有权终止本协议，并要求乙方立即退场，由此造成的一切经济损失和责任由乙方承担。

五、由于乙方自身的原因，材料供应计划不合理或未按材料供应计划履行义务，造成超过合同工期的，甲方按3000元/日给予罚款，罚款最高限额为结算总价的2%。乙方承担因此增加的工程费用及业主罚款、索赔。

第三条 质量

一、乙方供应的材料必须符合国家和地方相关的现行有关标准和规范，以及本工程业主的有关要求，按照有关要求提供相应的质量证书（如材质报告、出厂合格证、检测检验报告等），按甲方、业主和监理要求进行检验并承担相应费用。经甲方报监理、业主批准同意后方可用于工程上。

二、乙方必须自觉服从甲方、本工程的业主及工程监理机构的监督，根据甲方要求如实填写有关材料的原始记录等相关资料。

三、若业主、监理或甲方质检工程师发现供应材料质量不符合施工规范或存在质量隐患、缺陷，乙方不得隐瞒及自行处理，必须立即报告甲方，并按业主、监理工程师和甲方质检工程师的意见进行处理，直到验收合格为止。

四、由于乙方负责采购供应的材料问题或乙方对于甲供材料管理不善等原因导致的工程质量事故、缺陷责任，或因乙方不能按质、按量、按期供应材料造成的逾期交付问题和返工费用、罚款等经济损失，均由乙方承担，并由乙方承担因此给甲方造成的损失。

五、本协议质保金比例为材料总价款的5%。

六、质保金的退还不等于减少和取消乙方的责任，即使质保金全部退还后，出现乙方原因引起的质量问题，发包人仍保留依法继续追究乙方相应责任的权利。

第四条　结算与支付

一、因经工程业主或总包方认可的设计变更等导致材料发生变化或暂定价材料进行重新认价，材料总价款可相应进行调整，凡涉及变更增补部分的，乙方有义务配合甲方与业主积极办理变更增补洽商，经业主审定后，报甲方备案存档，如业主对洽商不予认可，增加的费用由乙方承担，因乙方原因导致材料价款增加的，增加的费用由乙方承担。

二、乙方应积极协助甲方向工程业主或总包催款，在工程业主或总包方的相应款项支付到甲方账户后，乙方向甲方提出书面的请款申请，并提供相应合法的材料发票，甲方于10个工作日之内按照甲方收到业主款项的比例付款，扣除甲供材料款、代付费用、罚款等一切应扣费用后办理划款手续。不足部分由乙方负责筹集资金确保材料款支付。材料款优先满足甲供材料的足额支付。乙方必须提供合法有效的成本票据给甲方进行成本账务处理，办理转移支付手续，规避甲方税务风险。

三、完工结算

1.在本协议工程全部完工并经监理、业主竣工验收合格后，待甲方与业主或总包结算并审计确认，再与乙方进行最终结算。

2.除非本协议另有约定，否则与本协议工程范围内施工任务有关的任何分项工程细目，即使未列入结算细目中，也是本协议工程的附属义务，其费用已包含在有关结算细目单价中，不再另行结算和支付。

四、完工支付

1.进行工程完工结算和完工支付前，乙方必须出具与本协议工程有关的最终债权债务关系账单，并申明甲、乙双方已结清和已支付合同规定的全部款项，双方合同义务（质保期义务和责任除外）执行完毕，乙方再无任何索偿要求，且乙方就本协议工程与任何第三方发生的相关经济往来和债务已全部清理完毕，与甲方无关，并签署备忘录。

2. 在业主或总包及时足额支付工程款的前提下，甲方将根据本协议工程完工结算单，核实应扣、应返等各种费用，验证本书面协议，经甲、乙双方签字确认无误后支付应付剩余款项。

3. 5%质保金的支付：在甲方与工程业主或总包约定的工程保修期间届满，乙方已履行或已要求材料供应商履行相应的质量保证、保修义务，且工程业主或总包全额向甲方支付了工程质保金后，甲方向乙方支付该部分费用。因乙方未履行质量保证、保修义务，导致工程业主或总包扣除了相应的质保金的，甲方应扣除上述相应费用。

第五条　双方责任

一、甲方责任

1. 甲方有权随时根据施工实际变化情况、乙方的材料供应情况和材料质量情况对项目材料供应范围做出调整，乙方必须服从。调整材料供应范围后，本协议其他条款仍按约定执行。

2. 负责提供本协议工程范围内乙方所需的设计图纸和其他相关技术资料，并负责技术交底。

3. 负责协助乙方取得材料加工、保管等施工所需临时用地，费用由乙方承担。

4. 负责对乙方材料采购、运输、保管等的安全、质量、进度工作实施指导、检查、监控。

5. 负责对业主、监理的一切事务并及时传达贯彻业主和监理的施工指令及会议精神。

6. 负责及时组织办理对已完工程进行验收及有关变更签证手续。

7. 甲方应按约定及时将采购费用支付给乙方。

8. 甲方应根据乙方需求，提供相应产品的合格供应商名录及产品的指导价格。

二、乙方责任

1. 乙方确认已充分了解了甲方与业主签订的施工合同及所有文件中对有关材料的相关约定并保证遵守。

2. 服从甲方的统一指挥与管理，按照工程进度计划和甲方的指令保证委托采购材料的供应，满足工程项目施工需要，并接受甲方、业主、监理或总包的指导、监督和检查。

3. 所有采购材料（包括甲方供应的材料）的验收和管理工作由乙方负责，并应妥善保管所有采购货物，若造成损坏、丢失，均由乙方承担责任及损失。

材料的进场、堆放应服从甲方驻场代表的安排，不得随意堆放，未经许可不得擅自动用其他单位的任何材料。

4. 负责本工程所采购材料的进一步加工处理，费用包含在本合同中。

5. 负责指定具备专业技术的有经验的专职人员在甲方监管下负责本协议工程范围内的各类原材料试验、对外送检试验工作并承担相应费用，负责积极配合好甲方试验人员做好材料抽检试验工作。

6. 乙方不得采用无牌无证或证件不齐的社会车辆从事本协议工程有关运输工作，否则，由此引起的一切责任和损失由乙方自行承担。

7. 乙方确保采购供应材料的来源合法，并足额和及时对供应商进行支付，保证甲方免受第三方的起诉和追债，否则，一切损失由乙方承担。

8. 乙方材料合同签订后需拿到甲方处备份，工程所需材料需封样提交甲方认可。

9. 乙方严格按照甲方与业主签订的施工合同及技术图纸中对材料的要求进行采购。除甲方同意外，乙方不得随意变更材料的规格、品质、品牌。

10. 乙方采购进展情况应及时通报甲方，并提交全部的采购合同及副本一份，便于甲方监督管理。

11. 未经甲方同意，乙方不得擅自外购或外销由甲方供应的材料，一经发现按外购或外销金额的两倍予以处罚。

12. 乙方与材料供应商之间的任何债权债务关系与甲方无关。

13. 甲、乙双方约定：________________（法人委托书附后）（身份证号：________________）为乙方代表，负责处理与甲方的一切经济往来事宜。

第六条　合同终止

一、在施工中发生以下情况时，甲方有权终止本协议，乙方不得拒绝，并立即退场。

1. 乙方没有履行本项目关于人员、材料的强制性要求，又不接受甲方管理规定。

2. 乙方因自身原因连续两个月不能完成甲方的计划任务或达不到业主的总体进度要求。

3. 乙方在材料采购过程中因自身原因发生重大质量、安全事故。

4. 乙方拒不服从业主、监理和甲方人员的指挥，对工程施工和项目部或甲方集团公司形象造成了严重损害。

5. 乙方已不具备继续履行协议的能力。

6. 乙方将本协议工程转包或再分包。

7. 乙方利用甲方合同在社会上进行诈骗及其他不法行为。

二、乙方因以上原因退场时，或未经甲方同意，乙方单方面退场时，将承担合同额20%的违约金，并应当赔偿甲方因此产生的所有损失。

第七条　附则

一、甲、乙双方的其他约定。

1.……

2.……

二、本协议未尽事宜，双方可另行协商并签订补充协议，补充协议与本协议具有同等法律效力。本合同附件是本合同不可分割的组成部分，与本合同具有同等效力。

三、甲、乙双方在履行本合同时发生争议，可自行协商解决。协商不成，可向甲方所在地法院提起诉讼。

四、本协议自甲、乙双方法定代表或其授权的代理人签字盖章，乙方支付履约保证金后生效。

五、本合同一式四份，甲方执三份，乙方执一份。

甲方（盖章）：	乙方（盖章）：
授权代理人：	授权代理人：
电话号码：	电话号码：
开户银行：	开户银行：
账号：	账号：

第六章　建设工程劳务分包

第一节　包工头式劳务分包

案情简介

2013年10月，某建筑施工企业与黄某签订《建筑装饰工程施工劳务承包合同》，将某建筑施工企业承包的某室内装修工程中的劳务施工（包括劳务和材料）分包给黄某。

2014年7月，李某与黄某口头约定，由李某向该工程提供建筑材料。后李某多次提供建筑材料，货款共计7万余元。

2015年6月，工程完工后，某建筑施工企业与黄某签订结算书，并按照合同约定向黄某支付了全部款项。后黄某携带工程款潜逃，李某向黄某索要材料款未果。

2016年3月，李某向法院起诉，请求法院判决黄某支付材料款7万余元，某建筑施工企业承担连带责任，诉讼费用由黄某及某建筑施工企业承担。

审理中，法院认为该案系买卖合同纠纷，争议焦点在于案涉买卖合同的付款义务主体如何确定。法院认为，黄某个人无施工资质，某建筑施工企业与黄某签订分包合同违反了《最高人民法院关于审理建设工程施工合同纠纷案件适用法律问题的解释（一）》，且某建筑施工企业是涉案工程的实际受益者，应对该工程所发生的债务以及违法分包行为造成的后果承担责任。

法院判决

1. 某建筑施工企业于判决生效之日起10日内支付李某材料款7万余元。

2. 诉讼费用由某建筑施工企业承担。

案件背景及启示

（一）劳务分包合同主体、形式应当合法

合法的工程劳务分包主体是有资质的建筑劳务公司。承包人将工程分包给无施工资质的个人，劳务分包合同无效。工程劳务分包形式有两种：一种是建筑施工企业将劳务单独分包；另一种是建筑施工企业将劳务和材料一起分包。第一种劳务分包形式是合法的，第二种劳务分包形式在工程管理实践中较为常见，但合法性目前尚有争议。

（二）建筑施工企业应代付工人工资

劳务分包的工程款支付应当采用由建筑劳务公司委托建筑施工企业代付的方式，即由某建筑施工企业直接将工资支付至劳务工人个人账户。目前，市场上较多建筑劳务公司是“空壳”公司，为了避免建筑劳务公司的法定代表人或包工头将工程款据为己有或携款潜逃，无法及时支付劳务工人工资，影响工程施工进度和建筑施工企业形象，采取委托支付方式能够保障劳务工人工资按时发放。

（三）加强对建筑劳务公司的管控

建筑施工企业应要求建筑劳务公司事先预留劳务工人工资支付保证金，减少建筑劳务公司不按要求支付劳务工人工资的风险。

法条摘要

《最高人民法院关于审理建设工程施工合同纠纷案件适用法律问题的解释（一）》

第一条第一款 建设工程施工合同具有下列情形之一的，应当依据民法典第一百五十三条第一款的规定，认定无效：

（一）承包人未取得建筑业企业资质或者超越资质等级的；

（二）没有资质的实际施工人借用有资质的建筑施工企业名义的；

（三）建设工程必须进行招标而未招标或者中标无效的。

第二节 劳务公司式劳务分包

案情简介

紫某公司为某建筑施工企业京某二期项目劳务分包单位。工程劳务施工部分完工后，紫某公司退场，其法定代表人江某签字确认了工程量清单，确认其已完成产值为142万元。

紫某公司收到某建筑施工企业给付的进度款后，未按时足额将工资支付给劳务人员。为保障项目现场顺利开展施工，某建筑施工企业代紫某公司支付了工人的工资共计201万元。

某建筑施工企业向紫某公司累计超付工程款59万元。为维护自身合法权益，某建筑施工企业向法院起诉紫某公司，请求紫某公司支付超付工程款59万元，诉讼费由紫某公司承担。

法院判决

1. 紫某公司于判决生效之日起10日内支付某建筑施工企业超付工程款59万元。

2. 诉讼费用由紫某公司承担。

案件背景及启示

（一）应加强对劳务分包队伍的管理

建筑施工企业应当严把劳务分包队伍进入门槛，选择有相应资质和实力的劳务分包企业，在合同条款中明确不得再转包工程；明确相应违约责任；建立淘汰机制，定期进行考核，对于考核不合格的劳务队伍及时清退；将优秀的分包队伍作为优质资源储备，对于发生过严重问题的单位一律不予录用。

（二）解决劳务分包超预算问题可收取专项履约保证金、开设农民工工资专用账户

1. 对于劳务分包单位收取专项履约保证金，待合同结束后无息返还。劳务分包单位需保证合同有效期内不会出现拖欠农民工工资、工人上访、拖欠工程价款及材料款、合同纠纷及较大安全事故等对建筑施工企业造成不良影响的事件，否则建筑施工企业有权视情况严重程度进行违约索赔，直接从履约保证金中扣除相应款项。同时，劳务分包单位应履行妥善处理此类事件的义务，并承担由此造成的其他损失。

2. 开设农民工工资专用账户，专项用于支付农民工工资。建筑施工企业可以要求劳务分包单位进行劳动用工实名制管理，配备劳资专管员，对劳动用工实施监督管理，建立劳务用工管理台账，按建筑施工企业要求定期汇报施工现场用工、考勤、工资支付等情况，及时编制农民工工资支付表并向建筑施工企业报送。经批准后，建筑

施工企业通过农民工工资专用账户将工资直接支付到农民工本人的银行账户，并向劳务分包单位提供代发工资凭证，从而做到按时足额发放农民工工资。

法条摘要

《中华人民共和国民法典》

第九百八十五条 得利人没有法律根据取得不当利益的，受损失的人可以请求得利人返还取得的利益，但是有下列情形之一的除外：

（一）为履行道德义务进行的给付；

（二）债务到期之前的清偿；

（三）明知无给付义务而进行的债务清偿。

第三节 风控指引：劳务分包采取五点管理措施

劳务分包公司因成本问题退出或者施工队长抽逃资金跑路，农民工施工队维权的，建筑施工企业势必陷入纠纷。农民工维权一般有两种手段，一种是非法律手段，如罢工静坐、阻扰施工；另一种是行政手段，如向劳动监察部门、信访局、建委等举报、上访。

使用非法律手段的，出于维持正常生产秩序的需要，建设施工企业一般先行代付，再行扣减劳务公司工程款，之后发起民事诉讼向劳务公司追偿。此时，劳务公司要么失联，要么是“空壳公司”无财产可供执行。若以敲诈勒索罪、寻衅滋事罪向公安机关报案又常常证据不足。最终，代付的劳务成本只能不了了之。

采取行政手段的，劳动监察部门介入调查、沟通协调后，在没有结算的情况下，依然是处罚劳务公司，责令建筑施工企业先行代付，以保障农民工的利益，不先行代付会受到行政处罚，一旦受到行政处罚，则建筑施工企业就会面临进入政府网络公示系统，影响投标资格审查。

不管采用哪种手段，最终都是建筑施工企业付钱。

一、劳务用工管理现状

（一）卖方市场、秩序混乱

目前劳务市场处于卖方市场，且市场秩序较为混乱，没有统一政策管理规定。建筑施工企业通过各种渠道（主要是通过熟人介绍及在第三方平台发布招标广告）接洽施工队长，由施工队长自行组建施工队并以其自己的劳务公司或其挂靠的劳务公司名义与建筑施工企业签署《劳务分包合同》。

（二）空壳挂靠

因劳务公司多为被挂靠单位或空壳公司，不参与实际施工，实际施工过程中建筑施工企业项目部管理人员直接与施工队长对接并对施工队的施工情况进行监督和管理。因工人数量较多且流动性很大，项目管理人员难以对每个工人的工作内容及工资进行考核确认，只能由施工队长在每月进度汇报时提交工人考勤情况，但缺少工人工资明细。

（三）结算方式不一致易导致矛盾

建筑施工企业对劳务公司的一般结算方式为按施工范围整体承包；劳务公司和农民工的结算方式为按天计费，项目部按照施工队每月完成的产值（由项目管理人员和施工队长书面确认）向劳务公司支付进度款，项目部支付进度款后，再由劳务公司扣除管理费、税费后向工人支付工资，由于工人工资标准并不报建筑施工企业项目部备案或审批，故项目部对劳务公司具体人员情况、工人工资等信息缺乏了解。如因施工队长对工人管理不善导致工期进度、工程质量等方面的问题，项目部依据合同约定及现场情况在与劳务公司的结算款中扣除相应的违约金、质保金等款项。

（四）诉求途径引发安全稳定问题

大多数情况下，项目部按照合同约定在完成产值范围内向劳务公司支付工程款，施工队长在扣除相应税费、管理费及其自身利润后能够按时、足额向工人发放工资，但若施工队长经核算后无利润可取甚至亏损，就有可能会拖欠工人工资，甚至携款跑路。工人未能及时、足额拿到工资便会向当地执法部门、监察部门、业主单位、总包单位、政府办公室等部门上访、投诉，若最终不能顺利协调劳务公司或劳务队长及时支付劳务工资，有关部门及业主、总包单位为稳定工地秩序、解决纠纷，便会向建筑施工企业施压，要求建筑施工企业先行垫付，后向劳务公司追偿。但由于法律程序时间成本较高，且部分劳务公司没有偿还能力，即便建筑施工企业最终胜诉，垫付的工资亦有可能无法回款，使得公司资金管理风险加大，给公司项目管理、生产经营造成困难，影响公司声誉。

（五）价值取向

政府劳动监察部门对农民工讨薪事件的处理态度是以关怀弱势群体为主旨，即使认为建设单位（发包方或业主方）有理，也会要求建筑施工企业先行支付农民工工资，再行民事诉讼向劳务公司追款。对此建筑施工企业只能先与劳动监察部门协商，必要时提起行政复议、行政诉讼，以后再提起民事诉讼。

二、垫付劳务工资的理论基础及现实依据

《民法典》第465条规定："依法成立的合同，受法律保护。依法成立的合同，仅对当事人具有法律约束力，但是法律另有规定的除外。"本条即为合同相对性原理。因《劳务分包合同》系由建筑施工企业与劳务公司签订，而实际履约过程中由施工队长代表劳务公司向建筑施工企业履约，劳务工人非合同主体，原则上无权要求建筑施工企业支付劳务工资。

2020年5月1日开始施行的《保障农民工工资支付条例》第26条规定："施工总承包单位应当按照有关规定开设农民工工资专用账户，专项用于支付该工程建设项目农民工工资。开设、使用农民工工资专用账户有关资料应当由施工总承包单位妥善保存备查。"第30条规定："分包单位对所招用农民工的实名制管理和工资支付负直接责任。施工总承包单位对分包单位劳动用工和工资发放等情况进行监督。分包单位拖欠农民工工资的，由施工总承包单位先行清偿，再依法进行追偿。工程建设项目转包，拖欠农民工工资的，由施工总承包单位先行清偿，再依法进行追偿。"

《最高人民法院关于审理建设工程施工合同纠纷案件适用法律问题的解释（一）》第43条规定："实际施工人以转包人、违法分包人为被告起诉的，人民法院应当依法受理。实际施工人以发包人为被告主张权利的，人民法院应当追加转包人或者违法分包人为本案第三人，在查明发包人欠付转包人或者违法分包人建设工程价款的数额后，判决发包人在欠付建设工程价款范围内对实际施工人承担责任。"

基于此，劳务公司拖欠劳务工资的，理论上应当先由总包单位清偿，然后再依法追偿。

三、加强劳务用工管理的几点措施

（一）做好劳务用工主体的尽职调查工作

第一，建筑施工企业要积极拓展用工渠道，同时做好尽职调查，加强对拟选用劳务公司（挂靠单位）、劳务队长（挂靠人）的主体信息及其履约资质和履约能力的审查，确保其有能力偿还债务。第二，应尽可能对拟合作劳务公司、劳务队长在签约之前收取一定金额的履约保证金（或由其协调第三方担保机构出具有效保函），合同中分包单位需保证合同有效期内不会拖欠劳务工资、材料款，否则建筑施工企业有权视情况严重程度进行违约索赔，于履约保证金中扣除相应赔偿款，且分包单位仍需履行妥善处理此类事件的义务，并承担由此造成的其他附加损失，以此加强对资金管控及垫付工资的风险控制。第三，有关职能部门之间应当加强信息沟通和交流，完善对劳务公司、施工单位等的评价体系，对于优秀的分包队伍，作为优质资源储备，建立“黑名单”制度，杜绝与被“拉黑”的单位合作。

（二）加强施工过程管理

第一，项目部应当于施工过程中加强对施工队长及各个劳务工人的直接管理，尤其要及时汇总并保存进场工人的考勤记录、工资计算标准、工作完成量、劳务工资支付表等书面文件资料，建立并持续更新用工管理台账。第二，项目部应当尽可能地优化施工管理，保障施工质量，提升工人工作积极性及工作效率，避免因管理不善导致效率低下，影响工期及产值。第三，项目部应当视当地政策规定积极协调政府部门或总承包单位设立农民工工资专用账户，以规避建筑施工企业后续垫资风险。

（三）妥善处理劳资纠纷

项目部应当积极维护与业主、总包单位、当地执法机关及公安机关等有关方面的友好关系，一旦项目工地出现上访讨薪事件，应立即妥善处理。第一，项目部应当及时出面协调劳务公司支付相应工资，同时积极与执法部门、业主、总包等单位做好沟通，取得有关单位的理解和支持，避免各方矛盾升级。第二，若劳务公司无力支付工资，即便迫于执法部门或上游单位压力需要垫付工资的，也必须与劳务公司签署书面委托代付协议，与施工队长及各工人签署书面结算确认书，明确最终由劳务公司及施工队长连带承担超付责任。第三，若有初步证据表明工人讨要工资数额与实际拖欠数额差距较大的，项目部可以其涉嫌寻衅滋事、敲诈勒索为由向当地公安机关报案，争取刑事立案。

（四）完善过程解约机制

施工过程中发生类似纠纷，为不耽误项目工期并保证施工质量，确需解除劳务合同并更换新合作方的，应当做到以下三点：第一，项目部应当及时根据现场实际情况并与各有关单位沟通，合理制订替补预案，及时寻找替补单位，以避免工期损失扩大。第二，项目部应当及时确定原劳务公司产值及其应当承担的违约金、赔偿款数额并为其办理退场手续。第三，办理退场手续前应当按照劳务分包合同中关于解约、退场条款的约定向劳务公司发送书面解约函件，解约函件中应当详细说明其违约情况、实际损失及应当承担的违约金、赔偿款明细并附件佐证。同时，应当保留相关证据，如快递记录、聊天记录、电邮发送记录等作为后续诉讼证据。

（五）积极配合诉诸法律

第一，项目部应当及时收集整理并汇总相关文件以向业主、总包单位争取资金支持。第二，若建筑施工企业实际损失（包括垫付工资及劳务公司违约金、损害赔偿金等）未超出劳务公司已完成但未支付的产值，则需在与劳务公司办理最终结算时予以扣除并保留质保金。第三，若实际损失已超出劳务公司已完成但未支付的产值，应得到对方书面确认后再付款，之后及时函告对方尽快返还超付款项，同时积极收集证据材料，为通过法律手段追款做准备。

第七章　建设工程质量

第一节 包工包料质量担保责任

案情简介

2008年10月，总包方某马公司与某建筑施工企业签订《方某酒店幕墙工程承包合同》，约定采用包工包料的方式承包。项目竣工验收投入使用后，自2010年5月酒店开业至2012年10月，业主方明某置业公司发现酒店出现玻璃脱胶开花、自爆现象的房间116间，约占全部336间客房的35%。同时统计出玻璃脱胶开花千余处，存在严重安全隐患。业主方遂起诉至法院，要求某建筑施工企业对酒店外幕墙进行重做或承担重做费用1204万余元，同时赔偿营业损失750万元，并要求总包方某马公司承担连带责任。

案件中，法院认为某建筑施工企业与某马公司之间为建设工程合同关系，本案争议焦点为酒店玻璃有无质量问题，质量问题是否由某建筑施工企业承担责任，总包方是否承担连带责任。在诉讼中，经第三方检测机构出具的检测报告认为，某建筑施工企业使用的玻璃存在质量问题，不符合国家标准。因此，法院判决某建筑施工企业需承担重做费用946万余元及营业损失720万元。

法院判决

1. 某建筑施工企业于判决生效之日起15日内支付重做费用946万余元。

2. 某建筑施工企业于判决生效之日起15日内赔偿明某置业公司营业损失720万元。

3. 驳回某建筑施工企业其他诉讼请求。

案件背景及启示

（一）包工包料的建设工程施工合同，总包方对建筑施工企业的工程质量不承担连带责任

本案中，工程分包性质为专业分包，总包方只负责收取少量管理费，其职责主要

是进行管理和配合，且工程的质量问题也并非总包方在工程的管理或配合上存在瑕疵和过错导致，因此，总包方对案涉工程质量问题不承担连带责任。

（二）建筑施工企业应承担质量担保责任

某建筑施工企业以包工包料的方式承接工程，是材料采购合同的直接主体，应对工程中所使用的材料质量负责。材料品牌系业主方或总包方指定，不能成为其向总包方推卸质量担保责任的理由。

法条摘要

《中华人民共和国民法典》

第八百零二条　因承包人的原因致使建设工程在合理使用期限内造成人身损害和财产损失的，承包人应当承担赔偿责任。

第二节　工程质量缺陷与保修责任

案情简介

2009年9月，业主方四某房地产开发公司以招投标的形式确定某建筑施工企业为佳某广场外幕墙及钢结构工程承包人，并且约定工程结算完成后，支付结算总价的95%，剩余5%作为质保金，在缺陷保修期满30个工作日后支付，缺陷责任期为自竣工之日起24个月。后四某房地产开发公司分别于2012年7月、2012年8月委托某市建设工程质量检测中心对工程质量进行检测，两次检测均合格。2012年11月，某市建设工程质量监督站出具装饰装修工程质量竣工验收检查意见通知单，同意佳某广场外幕墙及钢结构装饰装修工程的最终验收，四某房地产开发公司于2014年5月19日返还质保金104万元。

2017年，四某房地产开发公司认为本案工程主龙骨尺寸不符合设计标准，遂委托中国某科学研究院有限公司对上述幕墙工程进行鉴定，后又委托西某幕墙装饰有限公司对上述幕墙工程进行拆除重做，同时起诉某建筑施工企业支付改造费用及龙骨材料差价，并要求监理公司承担连带赔偿责任。

一审法院认为："原告四某房地产开发公司委托质检中心对幕墙进行使用功能检

测鉴定，其中复合板幕墙隐蔽工程（含横竖龙骨尺寸）检测记载为同单层铝板，并未记载横竖龙骨具体尺寸，原告四某房地产开发公司在明知铝塑板幕墙横、竖龙骨尺寸无具体检测意见的情况下，仍完成全部工程验收并返还质保金，表明原告四某房地产开发公司、被告某建筑施工企业对工程款及幕墙使用功能等争议已达成一致，工程结算不存在无效或者可变更、可撤销事由，本院对支付改造费用及龙骨材料差价不予支持。对于原告主张赔偿南立面幕墙改造费用的诉讼请求，案涉工程已进行相关鉴定，但根据相关法律规定，在建筑物的合理使用寿命内，因建筑工程质量不合格受到损害的，有权向责任者要求赔偿。原告依据幕墙改造事由及费用要求赔偿，提交的证据不能证明系因案涉工程质量不合格产生的费用，本院不予支持。”业主方四某房地产开发公司提出上诉。

二审法院认为：“案涉工程已经在2011年7月竣工验收交付使用，工程质保期已过，且原告四某房地产开发公司没有证据证明其提供的工程质量问题属于主体结构质量问题，亦没有证据证明该质量问题系被告施工所致，故对原告公司主张被告、监理公司承担赔偿责任，本院不予支持。”

法院判决

1. 驳回原告四某房地产开发公司全部诉讼请求。

2. 由四某房地产开发公司承担一审、二审诉讼费。

案件背景及启示

（一）面临质量问题应进行责任考量

质量问题、工期问题永远都是悬在建筑施工企业头上的两把利剑，也一直都是施工企业的痛点。面临质量问题，应进行如下三种责任考量。

1. 一般质量责任是指保修期内的责任，保修期在《建设工程质量管理条例》中有明确规定，幕墙工程属于装修工程，保修期为2年，超过保修期应为有偿维修。

2. 主体结构的质量责任期间一般较长，幕墙工程一般为25年。本案中，原告四某房地产开发公司所述的质量问题未对主体结构造成影响，且质保期已过多年，因此某建筑施工企业不应当承担相应的责任。

3. 如果施工情况与竣工图纸不一致，整改和重做是建筑施工企业应尽的义务，不履行相应义务的，建筑施工企业应当承担违约责任，该违约责任不受质量保修期限制。

（二）知识点扩展及延伸

在建设工程施工合同中，经常会约定要求所建工程获得相关奖项，这里的奖项包括三大类：国优、省优、市优。下面列举三大类中比较有代表性的奖项。

国优：

中国建筑工程装饰奖

国家优质工程奖

中国建设工程鲁班奖

省优：

长城杯：北京市建设工程质量最高荣誉奖

白玉兰奖：上海市建设工程质量最高荣誉奖

海河杯：天津市建设工程质量最高荣誉奖

扬子杯：江苏省建设工程质量最高荣誉奖

黄山杯：安徽省建设工程质量最高荣誉奖

钱江杯：浙江省建设工程质量最高荣誉奖

杜鹃花奖：江西省建设工程质量最高荣誉奖

楚天杯：湖北省建设工程质量最高荣誉奖

芙蓉奖：湖南省建设工程质量最高荣誉奖

黄果树杯：贵州省建设工程质量最高荣誉奖

闽江杯：福建省建设工程质量最高荣誉奖

绿岛杯：海南省建设工程质量最高荣誉奖

市优：

黄鹤奖：武汉市优质工程奖

金陵杯：南京市优质工程奖

琥珀杯：合肥市优质工程奖

在最终评审过程中，没有获得合同中约定的奖项，如果有证据证明是建筑施工企业的原因导致无法获得奖项的，建筑施工企业应当承担相应的违约责任；如果没有证据证明是建筑施工企业的原因导致无法获得奖项的，建筑施工企业无须承担责任。

在笔者所处理的案件中，曾有一起案件涉及建设工程质量问题，合同中的第6.1条约定："工程质量标准：优。所有产品应达到国家规定相关环保要求。"

对方提出未获得此奖项是工程质量未达标，向法院申请工程质量鉴定，但未获得法院支持。笔者认为，合同中对获得奖项或者"工程质量优"的约定是为工程锦上添花，使其达到更高的品质和影响力，未获得上述奖项并不代表工程质量就不符合标准，获得了奖项也不代表工程质量就合格，这是两码事，不能混为一谈。

法条摘要

《中华人民共和国民法典》

第五百一十一条 当事人就有关合同内容约定不明确，依据前条规定仍不能确定的，适用下列规定：

（一）质量要求不明确的，按照强制性国家标准履行；没有强制性国家标准的，按照推荐性国家标准履行；没有推荐性国家标准的，按照行业标准履行；没有国家标准、行业标准的，按照通常标准或者符合合同目的的特定标准履行。

……

《中华人民共和国建筑法》

第六十条第一款 建筑物在合理使用寿命内，必须确保地基基础工程和主体结构的质量。

第八十条 在建筑物的合理使用寿命内，因建筑工程质量不合格受到损害的，有权向责任者要求赔偿。

《最高人民法院关于审理建设工程施工合同纠纷案件适用法律问题的解释（一）》

第十三条 发包人具有下列情形之一，造成建设工程质量缺陷，应当承担过错责任：

（一）提供的设计有缺陷；

（二）提供或者指定购买的建筑材料、建筑构配件、设备不符合强制性标准；

（三）直接指定分包人分包专业工程。

承包人有过错的，也应当承担相应的过错责任。

第三节　材料供应商质量责任

案情简介

2016年8月，舒某建材公司与某建筑施工企业签订《铝单板供货合同》。2017年11月，供货完毕。

2017年7月，业主方泽某房产有限公司发现铝单板存在严重的色差问题，遂向某建筑施工企业发函罚款70万元，声明要在结算时予以扣除，并要求拆除、更换有质量问题的铝板，预估拆换费用40万元。某建筑施工企业与下游供应商舒某建材公司就此事交涉无果。

2018年5月，舒某建材公司向法院起诉，请求某建筑施工企业支付欠款142万元及利息。某建筑施工企业提起反诉，要求舒某建材公司支付因铝单板色差造成的损失70万元，承担因铝单板色差导致拆除、安装的必要费用。

本案的争议焦点在于对铝单板材料质量问题的认定和举证。某建筑施工企业的反诉请求即建立在认定舒某建材公司供货材料质量有问题的事实上，舒某建材公司作为缺陷产品的销售者，应对缺陷产品质量问题承担责任，某建筑施工企业作为缺陷产品的受害者，可以要求其进行赔偿。该案经过专业质量鉴定后形成判决。

法院判决

1. 某建筑施工企业于判决生效之日起7日内支付货款142万余元。
2. 舒某公司赔偿某建筑施工企业违约金40万元。

案件背景及启示

（一）建筑施工企业与业主方的结算文件可作为向下游追偿的依据

业主方往往会因材料质量问题对建筑施工企业进行罚款，建筑施工企业应在与业主方的结算文件中明确材料种类、品牌、下游供应商及金额，以作为建筑施工企业向下游供应商进行追偿时的确凿依据。

（二）做好质量相关资料的审查和保存工作

质量纠纷案件的难点之一在于举证难，因此签订材料采购合同应明确质量标准及罚则；对材料验收要严格；要保存好封样产品；发现质量问题时应当拍照保存，必要时进行录像；及时退货、发函，并保留函件、邮寄底单，做好留底工作。

法条摘要

《中华人民共和国民法典》

第一千二百零二条 因产品存在缺陷造成他人损害的，生产者应当承担侵权责任。

《中华人民共和国产品质量法》

第四十二条 由于销售者的过错使产品存在缺陷，造成人身、他人财产损害的，销售者应当承担赔偿责任。

销售者不能指明缺陷产品的生产者也不能指明缺陷产品的供货者的，销售者应当承担赔偿责任。

第四十三条 因产品存在缺陷造成人身、他人财产损害的，受害人可以向产品的生产者要求赔偿，也可以向产品的销售者要求赔偿。属于产品的生产者的责任，产品的销售者赔偿的，产品的销售者有权向产品的生产者追偿。属于产品的销售者的责任，产品的生产者赔偿的，产品的生产者有权向产品的销售者追偿。

第四节 风控指引：工程质量走好三个核心步骤

建筑工程的质量问题各种各样，无法列举穷尽。对建筑施工企业来说，工程质量存在缺陷，建设工程就很难通过竣工验收，也无法要求业主支付工程款。对业主来说，工程质量缺陷直接影响建设工程的安全和使用。同时，因质量问题提起的索赔诉讼，不仅难以采证，而且难以确定损失的具体数额。所以，质量索赔一直是工程诉讼的难点。对于业主方在竣工验收以后提出的工程质量问题，建筑施工企业在处理上应走好三个核心步骤。

一、判断业主方提出的质量问题属于哪种类型

建筑施工企业要先判断业主方提出的质量问题是属于影响结构安全的质量问题，还是一般性的质量问题。

二、根据质量问题的类型判断是否超出了保修年限，是否属于建筑施工企业的维修义务

《建设工程质量管理条例》第40条规定："在正常使用条件下，建设工程的最低保修期限为：（一）基础设施工程、房屋建筑的地基基础工程和主体结构工程，为设计文件规定的该工程的合理使用年限；（二）屋面防水工程、有防水要求的卫生间、房间和外墙面的防渗漏，为5年；（三）供热与供冷系统，为2个采暖期、供冷期；（四）电气管线、给排水管道、设备安装和装修工程，为2年。其他项目的保修期限由发包方与承包方约定。建设工程的保修期，自竣工验收合格之日起计算。"

根据现行国家标准GB 50068-2018《建筑结构可靠性设计统一标准》的有关规定，玻璃幕墙的结构构件一般属于易于替换的机构构件，其设计使用年限一般可取为不低于25年。JGJ 102-2003《玻璃幕墙工程技术规范》第5.1.6条指出，除预埋件之外，其余幕墙构件的安全等级一般不会超过二级，设计使用年限一般考虑为25年。由此可知，玻璃幕墙的主体结构工程的合理使用年限为25年。

幕墙工程属于装修工程，不影响主体结构的一般质量问题的保修期为2年，从竣工验收之日起算；防水问题的保修期为5年；影响结构安全的质量问题保修期为25年。

根据保修年限可判断是否属于建筑施工企业的保修范围。

三、判断质量问题是否涉及安装问题，是否与设计图纸相符合

需要注意的是：如果实际施工与设计图纸不符合，则施工方应承担违约责任，该违约责任不受保修期的限制。

根据以上三个核心步骤可基本判断出建筑施工企业是否存在保修义务。

那么，对于建设工程的质量问题，发包人（业主方）可以追究哪些主体的责任？

因建设工程质量发生争议，发包人（业主方）可以根据建设工程施工合同以总承包人、分包人和实际施工人为共同被告提起诉讼，但具体选择谁作为被告由发包人自由决定。另外，如果监理存在过错，发包人（业主方）也可以根据监理合同追究监理的法律责任。承担质量责任的主体可向引起质量问题的下游供应商追偿。

第八章　建设工程工期

第一节　工期签证

案情简介

2010年10月，某建筑施工企业与正某大厦公司（以下简称正某公司）签订《正某财富广场幕墙工程承包合同》。合同约定工期总日历天数为182天，合同价款为3930万余元。

2013年6月，该工程完成竣工验收。2014年3月，某建筑施工企业向正某公司提交结算书，结算价4355万余元。截至2014年8月，正某公司仅支付某建筑施工企业工程款共计3050万余元。

2015年5月，某建筑施工企业向人民法院提起诉讼，请求正某公司支付工程欠款及利息1600万余元，诉讼费用、保全费用由正某公司承担。

2015年6月，正某公司向法院提起反诉，请求某建筑施工企业支付延误工期违约金900万余元。

法院认为，某建筑施工企业和正某公司为建设工程施工合同关系，按照合同约定，某建筑施工企业应当在合同约定期限182天内完工交付给正某公司，该公司也应当按照合同约定在期限内向某建筑施工企业支付工程款，如违约则应当承担违约金及其利息。对于正某公司的反诉请求，法院认为，某建筑施工企业缺乏证据证明其是严格按照合同中工期约定进行施工的，构成工期违约。经过计算，违约金共计900万余元。

法院判决

1. 某建筑施工企业于判决生效之日起10日内一次性支付正某公司工期违约金700万元。

2. 诉讼费用、保全费用由某建筑施工企业承担。

案件背景及启示

（一）在建设工程施工合同中，工期约定应明确、详细

一般情况下，实际工期与合同约定不符为常态，业主方或总包方也会利用自己的优势地位在合同中约定工期延误的罚则（每天3000元至5万元不等）。建筑施工企业要将工期的延长认定为工期顺延而非工期延误，仅仅依靠工期签证是不行的。为了避免工期违约给建筑施工企业造成损失，建筑施工企业在签订建设工程施工合同之时，应当对工期问题可能出现的情形做出明确、详细的约定。

（二）工期相关的每一个要素都应落实记录

在实践中出现工期延长时，建筑施工企业应当落实记录并及时函告业主方与总包方。一切非建筑施工企业原因造成的工期延长，须保留书面记录并交给相关负责人员签字，这样才能在发生争议时有效应对工期违约的问题。

（三）尽量避免未结算工程诉讼

没有结算的工程进入诉讼程序后，业主方或总包方如提出工期索赔诉讼，属于法院审理的范围，通常证据充足的情形下会得到法院支持。但如双方已办理结算，工期索赔一般很难得到法院支持。因此，未结算的工程应尽量避免诉讼。

法条摘要

《最高人民法院关于审理建设工程施工合同纠纷案件适用法律问题的解释（一）》

第八条 当事人对建设工程开工日期有争议的，人民法院应当分别按照以下情形予以认定：

（一）开工日期为发包人或者监理人发出的开工通知载明的开工日期；开工通知发出后，尚不具备开工条件的，以开工条件具备的时间为开工日期；因承包人原因导致开工时间推迟的，以开工通知载明的时间为开工日期。

（二）承包人经发包人同意已经实际进场施工的，以实际进场施工时间为开工日期。

（三）发包人或者监理人未发出开工通知，亦无相关证据证明实际开工日期的，应当综合考虑开工报告、合同、施工许可证、竣工验收报告或者竣工验收备案表等载明的时间，并结合是否具备开工条件的事实，认定开工日期。

第十条第一款 当事人约定顺延工期应当经发包人或者监理人签证等方式确认，承包人虽未取得工期顺延的确认，但能够证明在合同约定的期限内向发包人或者监理人申请过工期顺延且顺延事由符合合同约定，承包人以此为由主张工期顺延的，人民法院应予支持。

第二节 工期顺延

案情简介

2010年11月，海某公司、江某第二建筑公司与某建筑施工企业签订《施工合同》，约定由某建筑施工企业承包海某广场外幕墙装饰工程。

2011年6月，海某公司与某建筑施工企业签订补充协议书，约定增加屋面增补深化设计图纸所示的工程内容。施工过程中，业主方海某公司、总包方江某第二建筑公司与某建筑施工企业因设备材料的供应、施工条件、工期等问题多次产生分歧。

2013年5月，该工程取得竣工验收单。海某公司以幕墙工程零星工程事项尚未安装完成为由一直不予办理结算。

2015年3月，某建筑施工企业起诉海某公司，要求支付工程款1800万余元及利息280万余元，停工、窝工以及各类损失200万余元，违约金535万余元。海某公司向一审法院反诉，请求某建筑施工企业赔偿其工期延误违约金1765万余元。

本案的争议焦点为延长的工期是否构成违约。

第一，关于案涉幕墙工程的开工时间问题。二审法院认为，根据案涉《施工合同》的约定，案涉幕墙工程的“开工时间为2011年8月20日（具体开工时间以开工令为准），竣工时间为2012年5月2日，合同工期总日历天数256天”。2011年11月29日，案涉工程监理向某建筑施工企业发出监理工程师联系函，将案涉幕墙工程的开工时间确定为2011年11月10日，该联系函于2011年11月29日送达某建筑施工企业。某建筑施工企业在当天的回复及次日的会议纪要中提出，目前硬隔离的拆除结束后方可进行，所以无法测量放线；但当时某建筑施工企业未主张塔吊未移交影响其开工，并且在塔吊于2012年8月7日移交前，2012年2月29日某建筑施工企业已开始安装幕墙板块。可见塔吊未移交并不是某建筑施工企业推迟开工的合理抗辩。某建筑施工企业上诉认为应以“钢结构完工并移交塔吊之次日，即2012年8月8日”为开工时间的理由，缺乏依据，不能成立。至于硬隔离，合同没有明确海某公司或江某第二建筑公司搭设硬隔离作为某建筑施工企业开工的条件，某建筑施工企业在本案诉讼中也未举证证明搭设硬隔离是安全专项施工方案内容或者是施工技术规范要求的施工条件。故某建筑施工企业以硬隔离作为推迟开工的理由也不成立。一审法院认为，以2011年11月29日某建筑施工企业收到开工通知的日期作为开工日期并无不当。

第二，关于应该给予的工期天数问题。二审法院认为，关于本案涉及的幕墙工程工期应为256天。原审法院考虑到案涉幕墙工程存在设计变更增加工程量、海某公司迟延支付工程款及2012年6月8日因高考停工一天等影响案涉工程施工进度的情形，已酌情将案涉幕墙工程工期顺延至407天，并无不当。某建筑施工企业在上诉中仍以工程款支付迟延、设计变更等影响工期为由要求顺延工期，本院二审不予支持。

第三，关于案涉幕墙工程逾期竣工时间的问题。二审法院认为，考虑到某建筑施工企业存在上述应当合理顺延工期的事由，某建筑施工企业应于2013年1月8日竣工。根据案涉工程的单位工程竣工验收证明书记载，海某广场04#主楼的竣工日期为2013年5月30日，因此某建筑施工企业的案涉工程实际逾期142天。

第四，关于某建筑施工企业逾期竣工的违约金计算标准如何确定的问题。二审法院认为，虽然根据案涉《施工合同》的约定，“工程总工期拖延在20天以内的，每拖延一天/日历天，某建筑施工企业向海某公司支付违约金2万元/日历天。工期拖延超过20天的，从第21天开始，某建筑施工企业每天/日历天向海某公司支付违约金5万元。由于某建筑施工企业原因造成工期拖延的，由此引起的一切损失由某建筑施工企业承担”，但考虑到案涉幕墙工程存在设计变更、工程款支付迟延等因素而导致工期延误，因此，原审法院将逾期竣工违约金的标准酌定为1万元/日历天，具有一定的合理性，并无不当。海某公司上诉认为某建筑施工企业应当按照《施工合同》约定的标准支付违约金，本院不予支持。

法院判决

1. 海某公司于判决生效之日起15日内支付某建筑施工企业工程款1340万余元

及利息。

2. 某建筑施工企业于判决生效之日起15日内支付海某公司工期违约金142万元。

3. 驳回某建筑施工企业其他诉讼请求。

4. 驳回海某公司其他反诉请求。

案件背景及启示

（一）妥善保存与工期相关的文件

由于建筑工程需要预先订购材料，工程款支付延迟会间接造成材料供应不及时，进而影响工期，所以对于施工过程中工程款的申请支付、实际支付日期、所对应的工程进度要细致记录，及时反馈并保存好记录文件；监理机构的监理日志应认真保存，因为在对工期延误原因及天数、误工损失进行鉴定时，监理日志是重要的参考依据。工程例会所记录的内容务必慎重对待，妥善保存，因为上面有业主方、总包方、监理机构等各方的发言与签字，常常反映了整个施工过程的重要时点及有关问题。

（二）及时主动与法院沟通

司法实践中，法院可根据合同约定、工程实际开工及竣工时间、工程有无顺延工期的合理事由以及应予顺延工期的天数等，酌定延长工期的时间，还可以酌定调整逾期竣工违约金的标准，所以在处理案件过程中，建筑施工企业应及时主动与法院沟通，陈述案情，据理力争。

（三）提出顺延工期的合理理由

业主方、总包方延期付款可以作为建筑施工企业顺延工期的合法理由。

法条摘要

《最高人民法院关于审理建设工程施工合同纠纷案件适用法律问题的解释（一）》

第十条第一款　当事人约定顺延工期应当经发包人或者监理人签证等方式确认，承包人虽未取得工期顺延的确认，但能够证明在合同约定的期限内向发包人或者监理人申请过工期顺延且顺延事由符合合同约定，承包人以此为由主张工期顺延的，人民法院应予支持。

第三节 风控指引：工期风险固定两个重要日期

工期对建设工程施工合同当事人的利益影响很大，通常对建设方来说，工期延误会影响其对建设工程的使用和收益；对建筑施工企业而言，工期逾期通常会导致其被建设方索赔。这里对工期问题的四个要点进行简述。

一、第一个重要日期：开工日期问题

开工日期是指发包人和承包方在协议书中约定的，承包方开始施工的绝对或者相对的日期。实践中开工日期存在协议书约定的开工日期、开工报告上明确的开工日期、施工许可证上注明的开工日期、承包人实际的开工日期四种情形。其中，“承包人实际的开工日期”即开工申请书或进度计划书注明的开工日期。在实践中，承包方实际开工日期一般会早于施工合同或开工报告中记载的日期。为了尽快施工，承包方在施工准备完成后一般会提交开工申请，经发包人或者监理方的工程师等颁发书面开工令，工程开始实施。那么，在开工报告和施工合同中约定的开工日期存在冲突的情形下当如何处理呢?

一般应以开工报告上明确的开工日期为准。因为出具开工报告一般均是在施工合同签订之后进行，若二者关于工期的记载存在差异，应视为发包人和承包方通过开工报告的形式对合同中约定的日期进行了实质性的变更。但必须指出的是，根据《建设工程施工合同》(GF-1999-0201)通用条款第11.1条规定，承包人应按照协议书约定的开工日期开工。故承包方为了避免承担延期开工的不利后果，应在协议中注明，开工时间以开工报告为准，并及时请求监理签发开工报告。

实际开工日期与其他方式确定的开工日期存在矛盾该如何认定?

实践中，基于施工合同双方达成的合意，如开工纪要等，实际开工日期早于合同书、开工报告、施工许可证上记载的日期，则实际开工日期可视为双方在开工日期变更上达成的一致意见，应作为工程开工日期。从定义上说，开工包含两种情形，如果是新建工程，应是开始进行基础桩施工或者土方开挖时；如果是扩改建和原有房屋装饰装修工程，应是开始拆改实施时。因此，施工组进场、工地修建围墙均不能视为开工。如果是协议双方对开工有其他一致的合意，并通过开工会议纪要，开工、竣工

文件等形式明确，可不必局限于上述两种情形。从承包方利益考虑，为了规避自身风险，尽量减少因工期延误导致的责任，在和发包方签订施工合同时，可参考《建设工程施工合同》（GF-1999-0201）通用条款和专用条款中第8.1条的规定来详细列明彼此的权利义务，绝不要为了图省事而全部写成条件已具备，这会带来非常大的风险。同时，承包方应在合同中写明发包人办理并取得施工许可证作为开工的必备条件，此举可大幅减少因为工期延误带来的风险和损失。

另外，关于开工日期问题应从利益平衡角度，综合全案基本事实区分不同情况进行综合认定。以施工合同约定及施工许可证记载的日期为基准，结合工程的客观实际情况，以最接近开工实际情况的日期作为开工日期。

实践中，若发包人未按合同约定提供开工条件，承包方顺延开工日期不构成违约；若因承包方原因未按时开工导致不能在约定的工程工期内竣工，承包方应承担迟延履行的违约责任；若因不能归责于承包方或发包人的外部原因导致工期顺延，双方都无须承担迟延履行的违约责任。

二、第二个重要日期：竣工日期问题

《最高人民法院关于审理建设工程施工合同纠纷案件适用法律问题的解释（一）》第9条规定："当事人对建设工程实际竣工日期有争议的，人民法院应当分别按照以下情形予以认定：（一）建设工程经竣工验收合格的，以竣工验收合格之日为竣工日期；（二）承包人已经提交竣工验收报告，发包人拖延验收的，以承包人提交验收报告之日为竣工日期；（三）建设工程未经竣工验收，发包人擅自使用的，以转移占有建设工程之日为竣工日期。"

从上述规定可知，竣工日期一般以竣工验收合格为前提，而不是以完工为前提，因此竣工日期不等同于完工日期。《最高人民法院关于审理建设工程施工合同纠纷案件适用法律问题的解释（一）》第14条规定的三种情形均是围绕竣工验收合格做文章的，第一种情形是正常情形；第二种情形是解决承包方已经提交验收报告，而发包人拖延验收，导致无法认定是否验收合格的问题，为了惩罚发包人拖延验收的行为，把承包方提交验收报告之日视为竣工日期；第三种情形是发包人没有对建设工程进行验收就径行使用建设工程，推定发包人认可该建设工程，其擅自使用行为视为竣工验收合格，故以该建设工程被转移占有之日为竣工日期。

三、工期调整问题

工期一旦被明确约定，没有出现法定情形，譬如设计图变更、工程量增加等情形，一般不予调整。但人民法院在审理建设工程施工合同纠纷中发现工期不合理时，可予以适当调整。合理工期是建设行政主管部门根据建筑市场实际情况制定，以当地建设行政主管部门指定的定额工期为基础确定的工期。定额工期是指在一定的生产条件下，完成某个单位或群体工程平均所需要的天数。人民法院从案件具体情况出发，同时参照当地建设行政主管部门发布的定额工期及相关行业指导意见，科学确定合理工期的范围，对施工合同约定的工期明显低于合理工期的，可适当予以调整。

四、工期索赔问题

实践中，发包人（业主方）不按照合同约定的时间和要求提供原材料、设备、场地、资金、技术和施工设计图的情形时有发生。按照法律规定，除工期可以顺延外，发包人（业主方）还应赔偿承包方因此造成的停工窝工损失、机械费、措施费等。这里面就涉及施工合同纠纷中非常重要的工期索赔问题。施工单位提出工期索赔，一般有两种目的，其一是免去自己因工期顺延需承担的责任，其二是主张赔偿因工期顺延导致己方受到的损失。当然，工期延误并非全由发包方原因导致，也有可能归因于承包方。承包方应对发包人（业主方）导致工期延误的违约行为进行证据固定，如《会议纪要》《确认函》《工作联系函》等。承包方应努力建立和发包人（业主方）之间的签收制度。所谓签收制度，即发包人（业主方）发出变更指令后，承包方应及时就变更指令要求发包方书面签字确认，形成常态。另外，承包方向发包人（业主方）提出工期顺延的申请，一定要明确要求顺延的具体天数。实践中，承包方因为工期顺延申请中没有载明顺延天数而得不到法院支持，由此承担巨额逾期竣工违约金的案例并不鲜见。

第九章　建设工程材料价格上涨

第一节 材料价格上涨形势下的总价包干及单价固定合同

案情简介

2020年4月，某建筑施工企业中标松山太湖某幕墙工程。中标后，某建筑施工企业立即着手进行前期准备，并于7月进行土建预埋，同时跟进材料封样工作。为配合总包方三某公司对玻璃、铝板、型材等进行颜色选样、封样确认，需进行幕墙视觉样板制作，某建筑施工企业于10月催促三某公司确认样板位置，并根据现场实际作业面对裙楼局部测量放线，11月底土建完成拆除裙楼外脚手架，某建筑施工企业在外立面放通线以及进出控制线。

2020年11月，收到业主方样板位置确认函件后，某建筑施工企业积极组织材料下单采购等准备工作，此时玻璃、型材等几大主材价格已开始持续走高，截至2021年3月，对比2020年4月的投标定价，玻璃价格涨幅已高达80%，胶价格涨幅75%，型材价格涨幅40%。某建筑施工企业顶着材料价格大幅上涨的压力，完成了视觉样板制作。

关于材料价格调差事宜，某建筑施工企业积极与三某公司协商，并于2021年1月第一次发函，将相关材料涨价信息统计表一并提交总包方；2021年3月再次发函。双方协商未果。

2021年4月，某建筑施工企业将总包方三某公司诉至法院，请求解除合同。

本案焦点是：双方签订的合同为总价包干合同，合同中未见价格调整相关约定，材料价格大幅上涨，给某建筑施工企业造成重大损失，在此情况下，其是否有权申请业主单位调价。

法院认为，本案应根据情势变更原则和主管部门的相关规定，对于价格涨幅超过5%的部分，应由某建筑施工企业自行承担。合同签订后，材料市场价格确实因政策或市场环境的变化存在上涨的情况，但某建筑施工企业作为专业、理性的建筑工程施工企业，是在仔细研究了招标文件的全部内容并综合考虑相应的商业风险和成本变动后才向总包方三某公司投标，理应将建筑材料的市场环境以及价格变化纳入其是否投标以及如何投标应考虑的商业风险因素中。《最高人民法院关于适用〈中华人民共和国合同法〉若干问题的解释（二）》[①]第26条系对合同法上情势变更原则所做的规定，该条强调的客观情况是当事人在订立合同时无法预见的、非不可抗力造成的非商业风险，继续履行将会对一方明显不公平或不能实现合同目的。本案中，建筑材料价格上涨属于某建筑施工企业在投标和签订合同时应合理预见的商业风险。

法院判决

解除双方之间的合同，按照合同约定各自承担相应的责任。

案件背景及启示

（一）在投标文件及合同中明确材料价格上涨的应对措施

在总价包干或者固定单价的合同中约定因材料价格上涨要求业主方或者总包方进行调价的内容，没有合同约定作为依据，主张通过情势变更原则进行适当调整，在司法实践中一般不予支持。因此，为了规避材料涨价给自身造成损失，建筑施工企业应当在投标文件及合同中约定材料价格上涨的应对措施。

（二）停工协商可以作为应对材料价格上涨的解决办法之一

当建设工程施工合同中未约定材料价格上涨的应对措施时，在建筑施工企业对项目的投入较少的情况下，停工协商可以作为应对材料价格上涨的解决办法之一。

法条摘要

《中华人民共和国民法典》

第五百三十三条　合同成立后，合同的基础条件发生了当事人在订立合同时无法预见的、不属于商业风险的重大变化，继续履行合同对于当事人一方明显不公平的，受不利影响的当事人可以与对方重新协商；在合理期限内协商不成的，当事人可以请求人民法院或者仲裁机构变更或者解除合同。

人民法院或者仲裁机构应当结合案件的实际情况，根据公平原则变更或者解除合同。

GB 50500-2013《建设工程工程量清单计价规范》

9.8.1　合同履行期间，因人工、材料、工程设备、机械台班价格波动影响合同价

① 该司法解释已失效，相关规定已被《民法典》第533条吸收。

款时，应根据合同约定，按本规范附录A的方法之一调整合同价款。

9.8.2 承包人采购材料和工程设备的，应在合同中约定主要材料、工程设备价格变化的范围或幅度；当没有约定，且材料、工程设备单价变化超过5%时，超过部分的价格应按照本规范附录A的方法计算调整材料、工程设备费。

《湖北省住房和城乡建设厅关于建设工程材料价格风险管控的指导意见》

第五条 施工合同中约定不调整材料价格或约定承包人承担无限材料价格风险的，合同履行期间，当主要材料价格的涨跌幅过大，继续履行合同对合同一方显失公平的，发承包双方应本着实事求是和公平公正的原则，协商签订主要材料价格调整的补充协议。

《北京市住房和城乡建设委员会印发〈关于加强建设工程施工合同中人工、材料等市场价格风险防范与控制的指导意见〉的通知》（京建发〔2021〕270号）

三、合同对风险范围和幅度没有约定或约定不明的，或者合同有约定但采用固定价包干的，以及合同成立后合同的基础条件发生了发承包双方在订立合同时无法预见的、不属于商业风险的重大变化，继续履行合同对于发承包双方一方明显不公平的，发承包双方可根据《中华人民共和国民法典》的相关规定和实际情况，本着诚信、公平的原则，参考以下原则签订补充协议，合理分担风险。

（一）风险幅度和范围

按照风险共担、合理分担原则，人工风险幅度不得超过±5%，材料、工程设备、施工机械台班等风险幅度一般不超过±5%。

下列材料，应当列入风险范围：

1.钢材（包括钢筋、钢板、型钢、镀锌钢管、焊接钢管、无缝钢管等）、水泥及预拌混凝土、装配式预制构件。

2.铝合金型材、铝单板、玻璃、门窗、电线电缆、沥青及沥青混凝土等单项材料费占签约合同价1%（含）以上的材料。

……

《关于加强建设工程施工合同中人工、材料等市场价格风险防范与控制的指导意见》

六、自本意见发布之日起，已签订工程施工合同但尚未结算的工程项目，合同中对合同价格调整办法和人工、材料、机械等市场价格变化风险范围和幅度等内容有明确约定的，按照合同约定执行；合同中没有约定或约定不明确的，发包人、承包人可以结合工程实际情况，参照本意见协商签订补充协议进行调整。

《上海市城乡建设和交通委员会关于贯彻执行建设工程工程量清单计价规范（GB50500-2008）若干意见的通知》

四、工程合同价款的约定和调整

（八）若施工期内人工、材料、机械市场价格发生波动，应按合同约定调整工程价款。合同没有约定或约定不明确的，可结合工程实际情况，协商订立补充合同；或以投标价或合同约定的价格月份对应造价管理机构发布的价格为基准，与施工期造价管理机构每月发布的价格相比（加权平均法或算术平均法），人工价格的变化幅度原则上大于±3%（含3%，下同），钢材价格的变化幅度原则上大于±5%，除人工、钢材以外工程所涉及并在合同中有约定的其他主要材料、机械价格的变化原则上大于±8%，应调整其超过幅度部分（指与工程造价管理机构价格变化幅度的差额）要素价格。调整后的要素价格差额只计税金。

第二节　风控指引：材料价格上涨应对三个紧要环节

2020年下半年以来，建筑施工领域原材料涨价趋势明显，造成施工成本大幅上涨，对于在2020年中标、2021年大干快上、施工合同中无主材调价条款的项目效益冲击较大，相关工程项目面临成本管控的巨大压力。

一、协商调价的法律法规政策依据

《民法典》第533条规定：“合同成立后，合同的基础条件发生了当事人在订立合同时无法预见的、不属于商业风险的重大变化，继续履行合同对于当事人一方明显不公平的，受不利影响的当事人可以与对方重新协商；在合理期限内协商不成的，当事人可以请求人民法院或者仲裁机构变更或者解除合同。人民法院或者仲裁机构应当结合案件的实际情况，根据公平原则变更或者解除合同。”

住房和城乡建设部发布的《建设工程工程量清单计价规范》第9.8.1条规定：“合同履行期间，因人工、材料、工程设备、机械台班价格波动影响合同价款时，应根据合同约定，按本规范附录A的方法之一调整合同价款。”第9.8.2条规定：“承包人采购材料和工程设备的，应在合同中约定主要材料、工程设备价格变化的范围或幅度；当没有约定，且材料、工程设备单价变化超过5%时，超过部分的价格应按照本规范附录A的方法计算调整材料、工程设备费。”

湖北省住房和城乡建设厅发布的《关于建设工程材料价格风险管控的指导意见》第5条规定：“施工合同中约定不调整材料价格或约定承包人承担无限材料价格风险的，合同履行期间，当主要材料价格的涨跌幅过大，继续履行合同对合同一方显失公平的，发承包双方应本着实事求是和公平公正的原则，协商签订主要材料价格调整的补充协议。”

《北京市住房和城乡建设委员会印发〈关于加强建设工程施工合同中人工、材料等市场价格风险防范与控制的指导意见〉的通知》(京建发〔2021〕270号)第3条规定：“合同对风险范围和幅度没有约定或约定不明的，或者合同有约定但采用固定价包干的，以及合同成立后合同的基础条件发生了发承包双方在订立合同时无法预见的、不属于商业风险的重大变化，继续履行合同对于发承包双方一方明显不公平的，发承包双方可根据《中华人民共和国民法典》的相关规定和实际情况，本着诚信、公平的原则，参考以下原则签订补充协议，合理分担风险……”

《上海市城乡建设和交通委员会关于贯彻执行建设工程工程量清单计价规范(GB50500-2008)若干意见的通知》第4条第8款规定：“若施工期内人工、材料、机械市场价格发生波动，应按合同约定调整工程价款。合同没有约定或约定不明确的，可结合工程实际情况，协商订立补充合同；或以投标价或合同约定的价格月份对应造价管理机构发布的价格为基准，与施工期造价管理机构每月发布的价格相比(加权平均法或算数平均法)，人工价格的变化幅度原则上大于±3%(含3%，下同)，钢材价格的变化幅度原则上大于±5%，除人工、钢材以外工程所涉及并在合同中有约定的其他主要材料、机械价格的变化原则上大于±8%，应调整其超过幅度部分(指与工程造价管理机构价格变化幅度的差额)要素价格。调整后的要素价格差额只计税金。”

各地建筑业主管部门的此类规定为建筑材料价格涨幅过大的情况处理提供了政策依据。这些规定基本上都明确了在应对材料价格大幅上涨时，双方合同有约定的从其约定；约定不合理的，可以协商变更；没有约定的，双方可以协商签订补充协议。

建筑施工企业应关注相关部门针对建筑业材料价格涨幅发布的指导性文件等，及时主动地做好应对策略，避免继续履行造成的损失扩大。

二、协商调价的环节与注意事项

为应对材料价格大幅上涨的情况，建议建筑施工企业按照以下三个环节开展协商工作。

（一）及时审查建设工程施工合同及其他文件中的相关约定

合同中如果对此情况的处理程序、期限、方式方法有约定，应首先根据约定处理；约定不合理的，协商变更条款处理；没有约定的，要求签订补充协议。审查的文件除合同外，还应包括增补协议、工程会议纪要、双方函件、工程签证以及其他相关文件。

（二）积极协商，寻求解决方案，签订变更协议或补充协议

一是运用好法律法规政策依据，二是以友好的态度有理有节地开展协商工作，尽量促成双赢的局面。即便对方解除合同重新寻找合作方，也必将面临建材价格大幅上涨导致的成本增加问题。

（三）协商不成时，收集材料，形成完整、清晰的证据链

根据《民法典》第533条的规定，发生此种情况又协商不成时，当事人可向法院或仲裁机构请求变更或解除合同。此为最后的救济途径，建筑施工企业应谨慎采纳，但仍应做好准备，以应对协商不成时的应诉工作。

三、应对调价的证据材料准备

为了应对协商不成时可能发生的两难局面，结合《民法典》第533条的适用条件，根据司法实践中法院对该类纠纷的审查要点：合同的签订时间、主张或抗辩事由的发生及持续时长、义务人是否已尽到了通知及证明义务、义务人是否采取了减损替代措施、是否存在其他原因导致履行障碍，充分综合考虑当事人所处的客观环境、主观过错等情况，应注意收集以下材料：

1. 主合同、材料采购合同、采购清单、价格变更的证据材料，以证明合同赖以

存在的客观情况发生了重大变化。

2. 材料涨价后工程预算的前后变化，继续履行合同工程预算的前后对比，包括关于此项工程的各种数据变化，包括成本、预算、利润、材料占比、毛利率等，以证明重大变化发生后，继续履行合同对一方当事人明显不公平。

3. 履行通知义务的证据，与对方就此项进行协商的记录文件，同时注意履行通知义务（见附件）。

4. 对材料涨价的原因进行说明的证据。关于材料涨价的原因，尽量收集国家政策、不可抗力等非市场因素的原因证据，不拘泥于形式，可以是报纸杂志的报道，也可以是建筑业内人士在网站上发表的时评文章等。

四、笔者对材料大幅涨价应对的个人观点

从法理学角度来说，上位法的法律效力高于下位法。总价包干是合同中的约定，受《民法典》保护；协调调价依据涉及的部门规章或者政策性指导意见的效力都要低于《民法典》，因此应当优先适用法律的规定。但笔者认为，合同履行过程中的材料市场价上涨，若为调价解释为情势变更，仍有不太妥帖之处，然而目前在没有合同约定和法律规则的情况下，情势变更确实也是唯一可以试着适用的法律原则。

此外，笔者认为，材料大幅涨价，协商可能性大。因为若业主方或总包方重新招标，一来工期无法满足要求，二来发包价格会上涨，权衡利弊，业主方一般不会与他人重新签订合同。因此建议应对材料价格上涨问题时，建筑施工企业不要主动提起诉讼，而要力争协商解决，将合同解除权给总包方或者业主方。

附件：

关于某项目要求调价的函

__________公司：

感谢贵司长期以来对某建筑施工企业的关心和支持。目前，某项目__________

（阐述项目情况：已签约未施工的阐述材料订购及生产情况、施工中的阐述材料进场情况等）。

近期，建材价格大幅上涨，形势之严峻已远超双方订立合同时的预见和商业风险的范畴。住房和城乡建设部发布的《建设工程工程量清单计价规范》第9.8.1条规定："合同履行期间，因人工、材料、工程设备、机械台班价格波动影响合同价款时，应根据合同约定，按本规范附录A的方法之一调整合同价款。"第9.8.2条规定："承包人采购材料和工程设备的，应在合同中约定主要材料、工程设备价格变化的范围或幅度；当没有约定，且材料、工程设备单价变化超过5%时，超过部分的价格应按照本规范附录A的方法计算调整材料、工程设备费。"

同时，各地建筑业主管部门针对材料大幅涨价导致建设工程施工合同履行困难的局面，都出台过相应政策。湖北省住房和城乡建设厅发布的《关于建设工程材料价格风险管控的指导意见》第5条规定："施工合同中约定不调整材料价格或约定承包人承担无限材料价格风险的，合同履行期间，当主要材料价格的涨跌幅过大，继续履行合同对合同一方显失公平的，发承包双方应本着实事求是和公平公正的原则，协商签订主要材料价格调整的补充协议。"（此处以湖北省为例，其他地方有发布的政策文件的，按当地规定适用。）

截止到______年____月____日，材料涨价的主要情况如下：

1.玻璃原材料部分。

平板白玻璃原材料从_______年_____月（投标时间）至_______年_____月，价格上涨__________元/吨，已上涨______%，玻璃价格整体上涨______%。

2.型材铝板（铝锭）部分。

______年____月（投标时间）铝锭价为________元/吨，截止到______年____月，铝锭价已涨到________元/吨，整体上涨________%，为配合现场施工进度要求，某建筑施工企业在____月底（当期铝锭价为________元/吨）顶着巨大资金压力，下发第______批型材订单，约________吨，当时涨幅已经高达______%。

3.钢材黑材部分。

______年____月（投标时间）钢材黑材价为____________元/吨，截止到______年____月，已涨到________元/吨，上涨幅度高达______%。

4. 密封材料部分。

______年____月（投标时间）密封胶价为________元/支，截止到______年____月，已涨到________元/支，上涨幅度高达______%。

……

有鉴于此，某建筑施工企业已收到多个材料供应商的涨价函件，若以上问题不予解决，将给某建筑施工企业带来诸多债务纠纷，并影响项目后期的正常运转。某建筑施工企业现请求贵司参考国家规范，调查市场的实际情况，调整相关材料价格。本项目调整费用________万元（详见项目调价表）。望贵司及时予以解决，请于收到此函件后5日内予以回复！

顺颂商祺！

某建筑施工企业

______年____月____日

第十章　建设工程款及利息支付

第一节 工程欠款之利息

案情简介

2011年3月21日，北某良泰置业投资有限公司（甲方、建设单位）与某建筑施工企业（乙方、施工单位）签订的《N地财富中心外立面幕墙装饰工程施工合同》约定，某建筑施工企业承包北某良泰置业投资有限公司位于N地财富中心B区（二标段）幕墙工程，工程承包范围为B区内所有外立面幕墙装饰工程及建筑外保温，其中包括玻璃幕墙、金属幕墙、铝合金窗等外立面幕墙装饰工程的深化设计及施工；承包方式为包工、包料、包工期、包质量、包维修；合同暂定价2212万元。合同第7条约定了进度款的支付：进场付合同价的15%；铝型材全部进场付合同价的20%；玻璃全部进场付合同价的10%；铝材全部进场付合同价的10%；全部完毕付合同价的20%；验收合格后，甲方支付至审定结算价款的95%；工程竣工验收通过满两年后，30日内结清余款。甲方委派军某为工程甲方代表，行使甲方委托的全部职责和权利；工程验收通过之日起，乙方将提供两年保修期限。

2018年11月14日，双方签署工程结算单记载：B区外立面幕墙装饰工程报送金额2566万余元，审计核定金额2479万余元。

据N地财富中心工程《二标段幕墙工程完工部位及质量完成确认单》记载，施工范围B1楼及B2楼幕墙工程，施工周期为2011年至2014年。已完工情况说明：已根据合同清单完成合同内部施工内容；已根据过程中洽商变更完成全部施工内容；已根据某地资料验收规范递交竣工验收资料；已提交本工程竣工图纸；已组织各单位对本工程二标段幕墙工程进行验收并通过。北某良泰置业投资有限公司员工吴某、曹某等三人在确认单上签字。确认单未载明时间，庭审中双方当事人也均未明确签署时间。

北某良泰置业投资有限公司已向某建筑施工企业付款1816万余元。

法院审理后认为，双方签订的工程施工合同及补充协议系当事人真实意思表示，不违反法律禁止性规定，合法有效。合同双方当事人均应按照合同约定履行己方义务。

本案争议焦点为：一、北某良泰置业投资有限公司支付工程款义务的履行期是否届满；二、质保期内的维修事项是否直接扣减质保金；三、逾期付款利息计算。

关于逾期付款利息计算问题：（1）关于95%合同价款的逾期利息问题。合同约定，工程验收合格付至合同价的85%，竣工结算价款审定之日起30日内，支付至审定结算价款的95%。北某良泰置业投资有限公司应于2018年12月13日前付至合同价2212万元的95%，即2101.4万元，该结算欠款284万元。逾期付款利息为以284万元为基数，按照中国人民银行同期同类贷款利率计算自2018年12月14日至2019年8月19日的利息，按照全国银行间同业拆借中心公布的贷款市场报价利率计算自2019年8月20日至原告主张的起诉之日（2020年9月4日）的利息。（2）关于合同第7条工程尾款的利息问题。尾款应于判决判令支付之日起履行，法院对某建筑施工企业主张的尾款利息不予支持。

法院判决

1. 北某良泰置业投资有限公司于判决生效之日起30日内支付某建筑施工企业工程款662万余元。

2. 北某良泰置业投资有限公司于判决生效之日起30日内赔偿某建筑施工企业逾期付款利息（以284万元为基数，按照中国人民银行同期同类贷款利率计算自2018年12月14日至2019年8月19日的利息，按照全国银行间同业拆借中心公布的贷款市场报价利率计算自2019年8月20日至2020年9月4日的利息）。

3. 驳回原告其他诉讼请求。

4. 案件受理费由北某良泰置业投资有限公司负担。

案件背景及启示

（一）合同双方对欠付工程款是否支付利息没有约定的，建筑施工企业的利息主张会得到支持

建设工程施工合同欠款的利息是法定的。因此，如果当事人双方在建筑施工合同中没有约定工程款利息，但建筑施工企业在起诉时要求支付欠付工程款的利息，会得到法院的支持。

（二）请求支付工程款利息后主张违约责任的处理

《最高人民法院关于审理建设工程施工合同纠纷案件适用法律问题的解释（一）》第26条规定："当事人对欠付工程价款利息计付标准有约定的，按照约定处理。没有约定的，按照同期同类贷款利率或者同期贷款市场报价利率计息。"如果当事人在施工合同中已经约定逾期支付工程款要按照未付款逾期贷款利率支付违约金，那么应该按照合同的约定支付违约金。如果发包人已经按照合同约定承担了违约金，此时不应按照上述条款再主张工程款的利息。如果合同约定违约方在承担利息之外还应赔偿损失或承担其他违约责任，则应当从其约定。

（三）利息起算一看约定，二看交付时间，三看提交竣工结算文件时间

关于利息的起算日，《最高人民法院关于审理建设工程施工合同纠纷案件适用法律问题的解释（一）》第27条规定："利息从应付工程价款之日开始计付。当事人对付款时间没有约定或者约定不明的，下列时间视为应付款时间：（一）建设工程已实际交付的，为交付之日；（二）建设工程没有交付的，为提交竣工结算文件之日；（三）建设工程未交付，工程价款也未结算的，为当事人起诉之日。"也就是说，如果当事人之间对付款时间有约定的，那么利息的起算日应该以约定的付款日为准。在没有约定或者约定不明的情况下，先看工程是否已经交付，如果已经交付就应该为交付日。如果没有交付，则应为提交竣工结算文件之日。

法条摘要

《中华人民共和国民法典》

第五百七十七条 当事人一方不履行合同义务或者履行合同义务不符合约定的，应当承担继续履行、采取补救措施或者赔偿损失等违约责任。

《最高人民法院关于审理建设工程施工合同纠纷案件适用法律问题的解释（一）》

第二十六条 当事人对欠付工程价款利息计付标准有约定的，按照约定处理。没有约定的，按照同期同类贷款利率或者同期贷款市场报价利率计息。

第二十七条 利息从应付工程价款之日开始计付。当事人对付款时间没有约定或者约定不明的，下列时间视为应付款时间：

（一）建设工程已实际交付的，为交付之日；

（二）建设工程没有交付的，为提交竣工结算文件之日；

（三）建设工程未交付，工程价款也未结算的，为当事人起诉之日。

《中华人民共和国民事诉讼法》

第二百六十条 被执行人未按判决、裁定和其他法律文书指定的期间履行给付金钱义务的，应当加倍支付迟延履行期间的债务利息。被执行人未按判决、裁定和其他法律文书指定的期间履行其他义务的，应当支付迟延履行金。

《最高人民法院关于适用〈中华人民共和国民事诉讼法〉的解释》

第三百二十条 一审宣判时或者判决书、裁定书送达时，当事人口头表示上诉的，人民法院应告知其必须在法定上诉期间内递交上诉状。未在法定上诉期间内递交上诉状的，视为未提起上诉。虽递交上诉状，但未在指定的期限内交纳上诉费的，按自动撤回上诉处理。

第二节 工程欠款之违约金

案情简介

2003年8月26日，Z市W路改扩建工程现场指挥部（以下简称指挥部）发出《中标通知书》，确定某建筑施工企业为Z市W路（南段）改扩建第三合同段工程的中标单位，中标价为4516万元。《中标通知书》备注："本工程为工程量清单招标，包干方式为单价包干，最终结算以实际发生工程量为准。"2003年9月6日，指挥部与某建筑施工企业就Z市W路南段改扩建第三合同段签订《建设工程施工合同》，合同第一部分"协议书"约定了工程名称及承包范围、开工日期、竣工日期，合同工期总日历天数为487天，合同价款5296万余元。合同第三部分"专用条款"第35条约定："本合同通用条款第33.3款约定发包人违约应承担的责任：执行本合同通用条款。"合同附件3《工程质量保修书》约定："质量保修期为工程竣工之日起一年；工程质量保修金为施工合同价款的5%，发包人在质量保修期满后14天内，将剩余保修金和利息返还承包人。"合同签订后，某建筑施工企业即对上述工程进行施工。Z市W路改扩建工程2006年3月底基本完工，2006年4月21日初步验收合格，2006年5月通车。

2009年8月，因工程款欠款、结算、质量等纠纷，某建筑施工企业起诉指挥部。

审理中，某建筑施工企业提交《工程造价鉴定申请书》，申请对案涉工程造价进行鉴定。法院将某建筑施工企业要求指挥部支付工程款及利息，并承担违约责任的诉讼请求是否成立的问题认定为争议焦点之一。

关于工程款的金额问题。法院认可造价鉴定结果，确认本案工程价款为7938万元，扣减指挥部已经支付的工程款7779万余元（含指挥部为某建筑施工企业代扣代缴的税款），被告应向某建筑施工企业支付工程尾款158万余元。

关于利息。法院认为，合同“专用条款”第26条约定：“余款待工程完工验收及结算审计完成后一个月内，扣除保修金一次付清。”虽然《竣工决算评审报告》于2009年5月27日就已出具，其中也载明将评审结果通知了施工方，但因指挥部无证据证实其将评审报告送达了某建筑施工企业，且某建筑施工企业不存在拒收工程款的情形，故根据《最高人民法院关于审理建设工程施工合同纠纷案件适用法律问题的解释（一）》第27条“利息从应付工程价款之日开始计付”的规定，指挥部应按照约定自2009年6月27日起向原告支付工程尾款的利息。利息计算的标准因双方未作约定，根据上述司法解释第26条“当事人对欠付工程价款利息计付标准有约定的，按照约定处理。没有约定的，按照同期同类贷款利率或者同期贷款市场报价利率计息”的规定，本案工程尾款的利息按照中国人民银行同期同类贷款利率计算。

关于某建筑施工企业要求指挥部除支付工程款及利息外，还应承担违约责任的请求。法院认为，首先，某建筑施工企业未明确指挥部应承担什么样的违约责任；其次，除认为指挥部欠付工程款外，某建筑施工企业未就指挥部存在什么样的违约行为进行说明和举证；再次，由于某建筑施工企业对案涉工程价款评审结果一直存有异议，导致双方对工程结算价款一直有争议，某建筑施工企业也未举证证实其依照审定价向指挥部申请支付工程款遭到拒绝，其要求指挥部承担违约责任无依据；最后，本案已判决指挥部向某建筑施工企业支付工程欠款利息，《建设工程施工合同》除约定计算工程欠款利息外，对违约责任无其他特别具体约定，故对这一请求应予驳回。

法院判决

对于某建筑施工企业要求指挥部支付违约金的请求不予支持，判决按照同期中国人民银行同类贷款利率支付利息。

案件背景及启示

（一）工程款利息有约定的从其约定，无约定的按中国人民银行发布的同期同类贷款利率计算

司法实践中起诉支付建设工程款的案件，关于工程款利息的问题，一般遵照以下原则进行判决：第一，建设工程施工合同无效，关于逾期支付工程款利息的约定也无效，则按照中国人民银行发布的同期同类贷款利率计息。第二，合同有效，对逾期付款利息有约定的，从其约定。合同对逾期付款利息计算标准没有约定时，按照中国人民银行发布的同期同类贷款利率计息；建设施工合同有效，约定的逾期付款利息过高时，法院可酌情调整。

（二）逾期付款，不能同时申请违约金及利息

逾期付款既申请违约金又请求利息的，一般情况下法院不会同时支持。

法条摘要

《最高人民法院关于审理建设工程施工合同纠纷案件适用法律问题的解释（一）》

第二十六条　当事人对欠付工程价款利息计付标准有约定的，按照约定处理。没有约定的，按照同期同类贷款利率或者同期贷款市场报价利率计息。

《中华人民共和国民法典》

第七百九十七条　发包人在不妨碍承包人正常作业的情况下，可以随时对作业进度、质量进行检查。

第七百九十八条　隐蔽工程在隐蔽以前，承包人应当通知发包人检查。发包人没有及时检查的，承包人可以顺延工程日期，并有权请求赔偿停工、窝工等损失。

第三节　工程款支付

案情简介

2018年10月，忠某公司起诉某建筑施工企业支付铝型材货款150万元，债权依据为该建筑施工企业于2017年12月出具的一份付款计划书。该付款计划书记载：某建筑施工企业承诺的付款方式为现金转账50万元与银行汇票100万元，在2018年2月、

5月、9月分次支付，并载明“支付后双方权利义务结清”，由该企业员工签字及公司盖章。某建筑施工企业答辩称其出具付款计划书以后，发现双方对铝型材的面积计算方式有误，导致双方的结算额差异近百万元，该建筑施工企业与江州忠某公司协商无果才未付款。审理中，某建筑施工企业聘请第三方专业机构对结算的差异原因、面积计算方式进行了审计并提交了报告，法院认为即使计算差异属实，该付款计划书也已经具有了双方结算的效力。

法院判决

某建筑施工企业按照付款计划书规定支付忠某公司货款150万元及利息。

案件背景及启示

双方确认的付款计划书、对账函、业务审计函等文书，只要有具体金额的描述，实际上就相当于对债权进行了确认，都可以作为债权的依据，甚至可以替代双方合同中关于结算的约定。笔者认为，法官在审理债权案件时，倾向于只要有对方确认的依据则以此判决，这样可以化繁为简，简化审理，这种做法在情理上或有不妥之处，但在法理上却是无可指摘的。各建筑施工企业则要高度注意出具付款承诺函、对账函的风险。

法条摘要

《中华人民共和国民法典》

第四百六十五条 依法成立的合同，受法律保护。

依法成立的合同，仅对当事人具有法律约束力，但是法律另有规定的除外。

第五百零九条 当事人应当按照约定全面履行自己的义务。

当事人应当遵循诚信原则，根据合同的性质、目的和交易习惯履行通知、协助、保密等义务。

当事人在履行合同过程中，应当避免浪费资源、污染环境和破坏生态。

第五百一十条 合同生效后，当事人就质量、价款或者报酬、履行地点等内容没有约定或者约定不明确的，可以协议补充；不能达成补充协议的，按照合同相关条款或者交易习惯确定。

第四节　风控指引：工程款及利息支付掌握八个核心要点

一个工程付款条件不好，无疑会给施工企业带来很大的风险，为防范这一风险，施工企业应从工程合同的签订开始到工程施工过程中每个环节层层把关，对付款风险进行规避。

例如，某合同造价2100万元，工期为7个月，付款方式为“当月25日报验，监理审核合格后，下月25日付款，工程完工验收合格后支付至80%，结算完成后付至95%，留5%质保金”。该工程完工后，业主以验收时工程局部质量有缺陷为由，欠付900万元，要求乙方先解决质量方面的缺陷，再作款项支付。也就是说有约42.9%的工程款因局部质量问题，被甲方扣押、滞付，这对乙方而言资金风险是巨大的。如果工程完工前能收到80%的工程款，无疑减轻了乙方的压力和风险，因此“完工”是款项回收的一个重要节点，施工企业应把大部分款项回收放在完工之前。

一、工程款付款六个核心要点

（一）签订合同时，付款条件要规避风险

合同中的付款条款要设有对施工方有利、对甲方有效的违约处罚。如某工程在工程款支付条款中规定：“若甲方延迟付款，超过应付款日期一个月以上按银行同期利率支付欠付款利息，超过两个月以上按银行同期利率的两倍支付欠付款利息。”把甲方不按期付款的责任处罚定为“支付利息”，这样的违约处罚对施工方益处甚微，而且正因这一条，使甲方逃脱了按《民法典》中规定的甲方不按期付款应受的处罚。因该付款违约处罚对甲方而言较轻，使得甲方可以肆无忌惮地违约，而施工方按合同约定在法律上追究甲方违约却没什么效果。因此签订合同时，付款条件一定要严密，如按进度付款应明确上报日期、审批期限、付款期限，特别要注意规定当甲方拖欠工程款时，除支付拖欠款利息外，还应承担的违约责任，违约责任对甲方要有力度、有约束力，不能太轻。

（二）报验量的风险要仔细测算

如对于上述案例的报验付款条件，我们可以做这样的测算来判断付款风险大小。

工期	7个月							
	第1月	第2月	第3月	第4月	第5月	第6月	第7月	第8月
报验日期		2.25	3.25	4.25	5.25	6.25	7.25	8.25
甲方正常付款日期			3.25	4.25	5.25	6.25	7.25	8.25

假设，每月报验工作量均等，每月平均应报验：［2100万元×（1-20%）］/7个月=240万元。

在甲方付款信用较好的情况下，乙方在8月25日前能收到的款项为：240万元×5次=1200万元；其余的900万元，按合同约定要到8月25日后才能收到。但是由于届时工程已完工，业主付款速度一定会趋缓，如果业主在质量等方面有意为难，则对施工单位而言风险是很大的。本案有900万元滞付，为总额的42.9%，如果再加上前5次付款稍有拖欠或额度不足，损失会更大。对这类付款方式，施工方要尽量转移风险，在施工过程中要寻找时机，突破这种约定，如在即将完工时采用少量施工部位甩项不施工的方式，迫使甲方在完工前支付款项。

（三）可利用施工组织计划规避付款风险

对于有些付款条件含糊（如按形象进度付款或按进度付款）或付款条件较差的合同，在施工过程中可以利用报施工组织计划的机会与甲方（或监理）重新约定。施工组织计划经甲方（或监理）确认后，成为合同的有效组成部分，施工单位可以利用这次机会，同时纳入报验、款项支付计划，改变合同中对己方不利的条款，使条款对己方既有利又合法。

（四）变更内容价款回收

对在施工过程中产生变更增补的项目，应及时要求甲方付款，尽量不要把变更价款和进度款混在一起，更不能把变更款放在完工或结算时再回收。

（五）注重担保和抵押

对没有预付款的工程应尽量要求甲方提供担保（如银行保函），对垫资项目一定要甲方提供银行担保或固定资产抵押。

（六）谨慎签订付款承诺函

在工程款付款方面，双方往往会协商签订一个付款承诺函，进行分期付款，缓解建筑施工企业的资金压力。在双方账目清晰、无争议的情况下，建筑施工企业可以选择出具付款承诺函（见附件）。

二、工程款欠款利息两个核心要点

（一）支付工程价款及欠付工程价款利息是发包人的法定和合同义务

《民法典》第788条规定："建设工程合同是承包人进行工程建设，发包人支付价款的合同。建设工程合同包括工程勘查、设计、施工合同。"第795条规定："施工合同的内容一般包括工程范围、建设工期、中间交工工程的开工和竣工时间、工程质量、工程造价、技术资料交付时间、材料和设备供应责任、拨款和结算、竣工验收、质量保修范围和质量保证期、相互协作等条款。"第803条规定："发包人未按照约定的时间和要求提供原材料、设备、场地、资金、技术资料的，承包人可以顺延工程日期，并有权要求赔偿停工、窝工等损失。"《建筑法》第18条第2款规定："发包单位应当按照合同的约定，及时拨付工程款项。"依照上述法律规定，支付工程款是发包人的法定义务与合同义务，不履行义务时，应承担法律规定的民事责任。

（二）如无约定应按照银行同期贷款利率计算利息

《最高人民法院关于审理建设工程施工合同纠纷案件适用法律问题的解释（一）》第26条规定："当事人对欠付工程价款利息计付标准有约定的，按照约定处理。没有约定的，按照同期同类贷款利率或者同期贷款市场报价利率计息。"本条是关于计付欠付工程款利息支付标准的规定。发包人欠付承包人工程价款时就应当向债权人支付利息，这是民法债的一般原则。建设施工合同约定了支付工程款的条件，当条件成就时，被告没有支付工程款，即没有履行相应的合同义务，因此其应承担支付利息的民事责任。本案中因双方无约定，则利息的计付标准应当是国家法律规定的基准利率，即按照中国人民银行发布的同期同类贷款利率或同期贷款市场报价利率计息。起算时间应为应当支付工程款而未支付之日。

附件：

关于规范对外付款函件的通知

各单位：

目前，公司为保持供应链系统正常有序运转而需要向部分供应商出具有关付款函件。鉴于此类函件关系公司资金支付及市场信誉，为切实保障公司资金有效安排，维护公司信誉，现就规范对外付款函件（包括但不限于《付款承诺函》）有关事宜通知如下。

一、审慎出具付款函件

各单位应当对准备出具有关付款文件的事宜作全面审查，对外出具付款函件必须同时满足下列条件：

（1）双方已经办理结算或阶段性结算确认；

（2）付款期限届满；

（3）供应商书面要求。

生产经营单位最终出具付款函件前还应当会同物资、财务、商务等有关人员复核账目，确认欠款属实，支付无任何异议。

二、严格按流程报批实施

各生产经营单位确需对外出具付款函件的，应当拟函（具体模板详见附件）形成阅批件并严格按照制度规定及流程报批后实施。对于在本单位资金支付计划内的付款函件，应当报财务部备案；对于在本单位资金支付计划外的付款函件，应当报由商务部、法务部、财务部会签并报公司领导审批同意后实施。

三、加强付款过程监督

生产经营单位对外出具付款函件后应当按照函件内容及时付款。

附件：关于支付某项目货款事宜的函

致______________公司：

贵我双方就某项目签订了《______________合同》，经双方友好协商，我司对现阶段货款支付安排如下。

一、具体付款安排：

1.________年______月______日前向贵司支付人民币__________________元（大写：__________________元整）。

2.________年______月______日前向贵司支付人民币__________________元（大写：__________________元整）。

3.________年______月______日前向贵司支付人民币__________________元（大写：__________________元整）。

4.________年______月______日前向贵司支付人民币__________________元（大写：__________________元整）。

备注：由于客观因素（如内部支付流程审批延迟、银行转账操作事由等）导致逾期10日内付款的，视为按照本条所述付款期限付款。

二、在货款支付过程中发现贵司有其他瑕疵履约行为（包括但不限于货物存在质量问题、逾期交货或未开具阶段性等额有效增值税发票等），我司有权暂停付款且不承担任何逾期付款的责任。

三、我司按本函支付款项的行为，不视为对贵司逾期交货及货物质量瑕疵的认可，是否存在质量问题及逾期交货问题应以实际情况为准。

四、望请贵司收到本函后7日内书面回函确认，如贵司逾期确认或不确认，均视为贵司对本函内容的未予认可。

顺颂商祺！

__________公司

______年____月____日

第十一章　建设工程商业汇票

第一节 承兑人拒付

案情简介

2018年1月2日，泰某德公司收到光某进出口公司背书转让的金额为50万元的电子银行承兑汇票一张。出票人为宝某盛华公司、收款人为宝某国际公司，承兑人为宝某财务公司。出票日期为2017年11月21日，汇票到期日为2018年11月21日。出票当日承兑人宝某财务公司办理了承兑，承诺汇票到期无条件付款。案涉汇票可转让，并经宝某国际公司、妃某公司、丹某公司、煤某工贸公司、延某民营公司、某建筑施工企业、南某玻璃有限公司、光某进出口贸易公司连续背书转至泰某德公司。

泰某德公司2018年8月8日将该票据背书转让至诺某公司。因宝某财务公司自票据到期后一直未向最后的持票人诺某公司付款，诺某公司于2018年12月17日向泰某德公司追索，泰某德公司于2018年12月21日向诺某公司清偿了票据款。泰某德公司的票据状态为非拒付追索待清偿。

随后，泰某德公司起诉至银川中院，请求该票据的八家前手共同支付票面金额50万元人民币及利息，并承担诉讼费用。

本案争议焦点为泰某德公司能否行使追索权。

审理中，法院认为票据权力分为付款请求权和追索权。付款请求权是指票据持票人向票据主债务人或者其他付款义务人请求按照票据记载的金额付款的一种票据权利。追索权是指票据到期不获付款或期前不获承兑或有其他法定原因时，持票人在依法履行了保存手续以后，向其签收请求偿还票据金额、利息及其他法定款项的一种票据权利。泰某德公司所持汇票信息完整、背书连续，享有票据追索权。汇票的出票人、背书人、承兑人和保证人对持票人承担连带责任，且持票人可以不按汇票债务人的先后顺序，对其中任何一人、数人或者全体行使追索权。持票人行使再追索权，可以请求被追索人支付下列金额和费用：

一、已清偿的全部金额；二、前项金额自清偿日起至再追索清偿日止，按照中国人民银行规定的利率计算利息；三、发出通知书的费用。

行使再追索权的被追索人获得清偿时，应当交出汇票和有关证明，并出具所收到利息和费用的收据。故泰某德公司作为合法持票人，其主张票据款本金和利息的诉请，应予支持。

法院判决

1. 宝某国际公司、妃某公司、丹某公司、煤某工贸公司、延某民营公司、某建筑施工企业、南某玻璃有限公司、光某进出口贸易公司于判决生效后10日内向泰某德公司支付银行承兑汇票金额50万元及利息。

2. 案件受理费由宝某国际公司、妃某公司、丹某公司、煤某工贸公司、延某民营公司、某建筑施工企业、南某玻璃有限公司、光某进出口贸易公司负担。

案件背景及启示

（一）票据无法承兑时可以通过发函、诉讼方式行使票据权利

随着市场经济的发展，票据在建筑施工领域作为付款方式普遍存在。票据不同于现金付款的方式，需要一定期限才能完成承兑。因此经常发生票据承兑期满无法承兑的情形，给建筑施工企业资金周转带来困难，建筑施工企业可以通过发函、诉讼的方式来行使票据权利。

（二）票据应作为付款方式的次要选择

票据承兑有风险，能选择现金支付的，应尽量选择现金支付。在选择票据作为支付方式时，应当约定到期无法完成承兑的明确的违约责任，避免到期无法完成承兑，保护企业的合法权益。

（三）知识点扩展及延伸

增值税税率调整后，已约定的合同价款如何变更？

国家会根据政策需要对增值税税率进行调整，税率调整后已签订的合同单价需结合合同条款进行变更。

当合同约定“当国家法定增值税税率发生变更时，双方含税价格不予调整”，此时应按照含税价不变的标准，对不含税单价予以调整，即不含税单价=含税单价/（1+调整后税率）。

当合同约定“当国家法定增值税税率发生变更时，双方不含税单价不变，含税价按照新税率进行变更”，此时应按照不含税价不变的标准，对含税单价予以调整，即含税单价=不含税单价×（1+调整后税率）。

当合同未对价格变更进行约定时，根据税法的相关规定，增值税是对商品生产、流通、劳务服务中多个环节的新增价值或商品的附加值征收的一种流转税、价外税，最终由消费者负担。因此，此时增值税率发生变化后，应该以不含税价格不变，对含税单价予以调整，即变更后的含税价=原合同价/（1+调整前税率）×（1+调整后税率）。

法条摘要

《中华人民共和国票据法》

第四条　票据出票人制作票据，应当按照法定条件在票据上签章，并按照所记载的事项承担票据责任。

持票人行使票据权利，应当按照法定程序在票据上签章，并出示票据。

其他票据债务人在票据上签章的，按照票据所记载的事项承担票据责任。

本法所称票据权利，是指持票人向票据债务人请求支付票据金额的权利，包括付款请求权和追索权。

本法所称票据责任，是指票据债务人向持票人支付票据金额的义务。

第十七条　票据权利在下列期限内不行使而消灭：

（一）持票人对票据的出票人和承兑人的权利，自票据到期日起二年。见票即付的汇票、本票，自出票日起二年；

（二）持票人对支票出票人的权利，自出票日起六个月；

（三）持票人对前手的追索权，自被拒绝承兑或者被拒绝付款之日起六个月；

（四）持票人对前手的再追索权，自清偿日或者被提起诉讼之日起三个月。

票据的出票日、到期日由票据当事人依法确定。

第六十一条　汇票到期被拒绝付款的，持票人可以对背书人、出票人以及汇票的其他债务人行使追索权。

汇票到期日前，有下列情形之一的，持票人也可以行使追索权：

（一）汇票被拒绝承兑的；

（二）承兑人或者付款人死亡、逃匿的；

（三）承兑人或者付款人被依法宣告破产的或者因违法被责令终止业务活动的。

第六十二条 持票人行使追索权时，应当提供被拒绝承兑或者被拒绝付款的有关证明。

持票人提示承兑或者提示付款被拒绝的，承兑人或者付款人必须出具拒绝证明，或者出具退票理由书。未出具拒绝证明或者退票理由书的，应当承担由此产生的民事责任。

第六十八条 汇票的出票人、背书人、承兑人和保证人对持票人承担连带责任。

持票人可以不按照汇票债务人的先后顺序，对其中任何一人、数人或者全体行使追索权。

持票人对汇票债务人中的一人或者数人已经进行追索的，对其他汇票债务人仍可以行使追索权。被追索人清偿债务后，与持票人享有同一权利。

第七十一条 被追索人依照前条规定清偿后，可以向其他汇票债务人行使再追索权，请求其他汇票债务人支付下列金额和费用：

（一）已清偿的全部金额；

（二）前项金额自清偿日起至再追索清偿日止，按照中国人民银行规定的利率计算的利息；

（三）发出通知书的费用。

行使再追索权的被追索人获得清偿时，应当交出汇票和有关拒绝证明，并出具所收到利息和费用的收据。

《中华人民共和国民事诉讼法》

第二十六条 因票据纠纷提起的诉讼，由票据支付地或者被告住所地人民法院管辖。

第二节 风控指引：商业汇票落实四点注意事项

从票据问题发生的背景来看，国家大力调控房地产市场，实施信贷引导，发包人或业主方（建设单位）可能面临现金流紧张问题，为缓解资金压力，通过开具票据的方式代替付款，以达到争取时间做好资金融通的目的。当票据支付方式使用频繁时，票据纠纷随之发生。

近年来，在建筑施工领域发生多起电子商业承兑汇票无法兑付的事件，引发多起票据追索权纠纷案件。建筑施工企业发生的绝大多数票据为电子商业承兑汇票，而银行本票等其他票据不能兑付的情况截至目前尚未出现。

票据追索权纠纷的发生过程如下：发包人或业主方（建设单位）与银行建立长期合作关系并获得开具商业承兑汇票权利—以汇票代替付款—未到期提取，持票人向银行贴现，银行付款—到期提取，银行从公司账户划拨付款—背书转让—到期后公司账户无款可供银行划拨—票据追索发生—出票人、背书人，以及保证人对最终持票人承担连带责任。

一、关于承兑人拒付时票据背书人的法律责任

根据《票据法》第68条："汇票的出票人、背书人、承兑人和保证人对持票人承担连带责任。持票人可以不按照汇票债务人的先后顺序，对其中任何一人、数人或者全体行使追索权。持票人对汇票债务人中的一人或者数人已经进行追索的，对其他汇票债务人仍可以行使追索权。被追索人清偿债务后，与持票人享有同一权利。"即票据到期后，持票人可以凭承兑人拒付证明及汇票原件，向任一背书人行使追索权。如某建筑施工企业作为背书人被追索后可以向其他汇票债务人行使再追索权，请求其他汇票债务人支付下列金额和费用：（一）已清偿的全部金额；（二）前项金额自清偿日起至再追索清偿日止，按照中国人民银行规定的利率计算的利息；（三）发出通知书的费用。

二、关于商业承兑汇票风险的识别及应对

商业承兑汇票依赖于企业的商业信用，汇票能否得到承兑与承兑人自身的经济实力息息相关，如果承兑人的支付能力和信用状况存在瑕疵，商业承兑汇票很难转让背书，也很难找到银行贴现。而商业承兑汇票能否承兑主要依赖于承兑人的意愿和支付能力，我国并未对商业承兑汇票的承兑人有资金或者信用上的准入门槛，几乎可以说

所有企业都能使用，因此对于收取汇票的企业来说，在缺乏辨别承兑人信用和资金状况的情况下，很有可能发生商业承兑汇票到期后未能兑付的现象。而且，建筑施工企业若将商业承兑汇票背书转让他人，前后手若有某种隐蔽约定，背书人很可能会遭到诈骗。比如，持票人的付款请求在遭到承兑人拒绝后，向背书人追索，背书人付款后再向承兑人追索时，未必能顺利得到款项。另外，若结算后建设单位以商业承兑汇票支付工程款，建筑施工企业很可能丧失优先受偿权。当建设单位（发包方或业主方）以商票的方式支付工程款后，在没有特别约定的情况下，建设单位（发包方或业主方）已经完成了工程款的支付，建筑施工企业与建设单位之间变成了票据关系。若商票到期无法承兑，建筑施工企业只能追究建设单位票据无法承兑的责任，而不能依据建设施工合同向建设单位索要工程款，也就丧失了优先受偿权。因此，建筑施工企业应把控接收商业承兑汇票前后两个阶段。

（一）接收商业承兑汇票前

建筑施工企业在接收商业承兑汇票前，应注意以下四个事项。

第一，应当对出票人及承兑人的商业信用及财务状况进行尽职调查，对于信用存在瑕疵的单位，坚决不予接收其开具的汇票。

第二，在合同中约定了业主或总包以商业汇票支付工程款时，建筑施工企业应提前策划，在分包招标阶段即设置商票支付分包单位工程款条款，将商票背靠背转移给下游分包单位，转嫁商票风险。

第三，建设单位提出以商票支付工程款时，建筑施工企业应与建设单位约定商票无法承兑的违约责任：一是商票无法承兑时建设单位应支付逾期付款利息，二是在商票无法承兑时施工单位有权要求建设单位继续支付工程款。

第四，约定商票期满之日为工程款应当给付之日。即将建设单位应当给付工程款之日延后，以此保证施工单位在商票无法承兑时，仍有权要求建设单位支付工程款并享有优先受偿权。

（二）接收商业承兑汇票后

通常发包人或业主方（建设单位）为出票人，建筑施工企业作为接收商业承兑汇票方通常在D位或B位（如下面两图所示）。D位是在商票经过出票人、多个背书人后，建筑施工企业作为最终持票人未再进行背书转让；B位是出票人出票后的第一手背书人。

（三）建筑施工企业作为最终持票人，行使第一手追索权

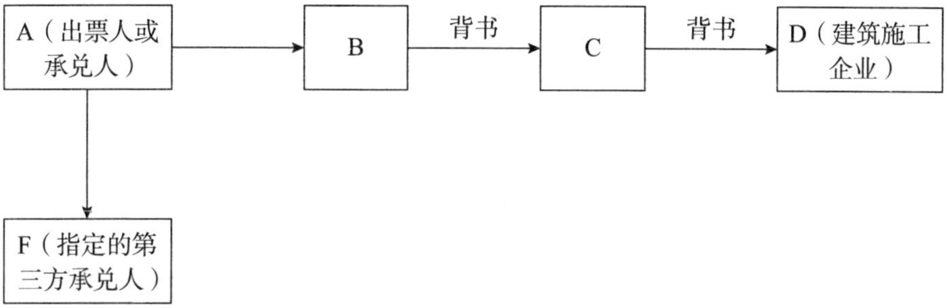

在商票背书转让中，D（建筑施工企业）作为最终持票人，应当注意以下三点。

1. 根据《电子商业汇票业务管理办法》第13条第2款的规定，电子商业汇票的付款期限自出票日起至到期日止，最长不得超过1年。如果提前承兑，需按照银行当时利率贴息；到期承兑，无须支付银行利息。

2. 如果票据状态显示“拒付”之类的字样，根据《票据法》第17条、第68条的规定，建筑施工企业在被拒绝承兑或者被拒绝付款之日起6个月可以选择对前手A、B、C全部或部分主张权利。如果追索权期限已过，持票人对票据的出票人和承兑人的权利，自票据到期日起2年。

3. 如果票据状态显示“非拒付追索”之类字样，司法实践中对此种情况的处理有两种观点：一种观点认为此种情形不符合法律规定的“拒付证明”，对持票人的追索权不予支持，票据追索权利丧失，只能根据实体权利诉讼维权；另一种观点认为票据状态虽未显示“拒付”之类的字样，但有证据证明实质上拒付，对持票人的追索权予以支持。

（四）建筑施工企业作为被追索人，行使再追索权

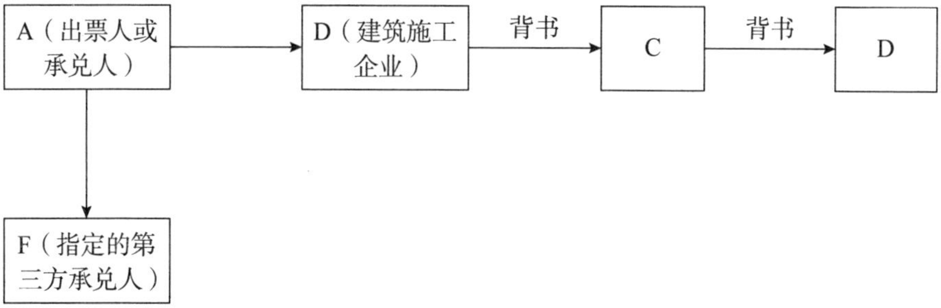

1. B（建筑施工企业）作为被追索人

（1）D因票据“无法承兑”或“出票人不签收”等原因，通过发送律师函、工作联系函、电话、短信、邮件等方式向B主张付款，如果显示“非拒付”字样，B可以拒绝付款，同时可以与D协商“B仅为第一手背书人，最终的责任承担者为A或F，不将B列为被告”；B必须付款的，相关人员应当要求D做好以下三点。

第一，要求持票人提供以下资料：商票的转让背书记录或商票的正面背面信息。

第二，审核商票的转让背书记录或商票的正面背面信息存在“拒绝付款”或“拒绝承兑”字样。如果显示“被依法宣告破产的或者因违法被责令终止业务活动的”，B应要求D提供相应的证明。

第三，要求D开具已付款证明且在系统中将电子商票转给B，B立即向出票人或承兑人提示付款。

（2）D通过诉讼途径向B追索，根据《国票据法》第68条规定，法院可能判决B与A、C承担连带责任。应做好以下应对措施：开庭前，利用既存关系与持票人协商，从多个被告中撤回对B的起诉。判决后，如果B作为连带责任人承担了全部责任后，可以向任一前手和出票人、承兑人行使全部金额的再追索权；如果A、B、C均承担了部分责任，C可以找A、B追偿，B可以找A追偿。如果A无资金可执行，B可能无法追回款项。

2. 建筑施工企业被追索付款后行使再追索权

B给D公司付款后，行使再追索权应注意以下两点。

（1）应当自清偿日或者被提起诉讼之日起3个月行使权利。如果追索权期限已过，持票人对票据的出票人和承兑人的权利，自票据到期日起2年。

（2）请求支付下列金额和费用：已清偿的全部金额；前项金额自清偿日起至再追索清偿日止，按照银行利率计算利息；发出公告通知书的费用。判决书中如有“某公司与B承担连带责任，B承担责任后可以向某公司追偿”字样，也可以依照判决书直接向法院申请强制执行。

三、笔者对商业承兑汇票的看法

立法时，为了保护持票人的利益，立法者授予持票人对任意前手、担保人、出票人的票据追索权。司法实践中，在票据经过多次的背书转让后，持票人进行票据追索时，被诉主体增多，持票人可要求所有前手、担保人、出票人承担连带责任，案件执行时持票人也可以任意选择被执行人，被执行人在执行后取得再追索权重启诉讼程序继续追索，直到追至出票人为止，这样将导致与同一票据有关的案件数量增多。通常情况下，商业票据出现“跳票”的情况是由出票人或者承兑人资金短缺陷入困境所致，票据追索中最终的“背锅者”为被法院查封资产的被诉主体，由“背锅者”为出票人的不诚信埋单，显然有失公允，同时浪费了司法资源，造成当事人诉累。“两害相权取其轻”，笔者认为出票人既然为最终的责任人，在诉讼解决票据纠纷时为第一被诉主体，其当然且必然为第一顺位的被执行人。

第十二章　建设工程结算

第一节　总价包干结算

案情简介

2014年12月，某建筑施工企业根据三某房地产开发有限公司签发的《中标通知书》，与三某房地产开发有限公司签订了《三某大厦的外立面幕墙工程施工合同》。合同约定：工程内容包括三某大厦的石材幕墙系统、塔楼单元幕墙系统、塔楼顶部钢结构幕墙系统、裙楼框架幕墙系统、裙楼钢结构幕墙系统、玻璃雨棚系统、裙楼观光电梯外围护玻璃等外立面幕墙系统，由某建筑施工企业对该工程采用固定含税总价包干方式进行施工建设，包干总价为8150万元人民币。在实际施工过程中，增减项金额共计300万余元。

合同签订后，某建筑施工企业依约进场施工并按时保质保量地完成了该工程，2016年8月12日通过工程竣工验收，2018年12月26日通过三某房地产开发有限公司的复验后交付使用。该工程竣工验收后，某建筑施工企业多次要求三某房地产开发有限公司对增减项进行结算确认，并依约支付工程款，但三某房地产开发有限公司一直以质量不合格、工期违约推诿拖延，不予结算。

某建筑施工企业向法院提起诉讼，要求：一、三某房地产开发有限公司支付拖欠的工程款1500万余元及资金占用利息损失；二、三某房地产开发有限公司返还80万元履约保证金；三、三某房地产开发有限公司承担诉讼费用、保全费用。

诉讼中，三某房地产开发有限公司提出反诉，要求：一、某建筑施工企业承担逾期竣工违约金579万余元；二、某建筑施工企业承担维修费用12万余元；三、某建筑施工企业承担产品产地违约赔偿金520万余元；四、没收某建筑施工企业履约保证金80万元；五、某建筑施工企业承担诉讼费。

本案争议焦点：一、总价包干合同在履行过程中的增补项是否可以进行鉴定；二、80万元履约保证金退还问题；三、维修费用问题。

审理中，法院认为双方之间签订的合同虽然为总价包干合同，但在实际履行过程中存在增补项，应对增补项进行鉴定。

关于80万元履约保证金。法院认为案涉合同并未解除，三某房地产开发有限公司亦未能举证证明其因合同工期延误而遭受的其他损失，故对于三某房地产开发有限公司就案涉工程工期延误主张的超出上述80万元履约保证金范围的违约金，不予支持。

关于三某房地产开发有限公司主张的维修费用，法院认为其主张的事实与法律依据不足。

就产品产地违约赔偿金，法院认为某建筑施工企业确实没有按承诺将单元式幕墙交由某工厂加工制作，但案涉合同并未解除，合同中没有对产品产地违约责任进行明确约定，且工程已通过竣工验收，三某房地产开发有限公司也并未证明某建筑施工企业更换的加工厂的幕墙板块质量不合格。另关于产品产地违约的事实已在工程价款利息的诉请中予以考量，工程造价鉴定中也扣减了相应造价金额，故对于三某房地产开发有限公司关于产品产地违约赔偿金的主张不予支持。

法院判决

1. 三某房地产开发有限公司应于判决生效之日起10日内，向某建筑施工企业支付工程款952万余元及欠付工程款利息（自判决生效之日起，以应付工程款为基数，按判决生效时中国人民银行授权全国银行间同业拆借中心发布的一年期贷款市场报价利率的标准，计付欠付工程价款利息至工程款付清之日止）。

2. 三某房地产开发有限公司于判决生效之日起10日内，向某建筑施工企业支付本案工程造价鉴定费用11万余元。

3. 驳回某建筑施工企业的其他诉讼请求。

4. 驳回三某房地产开发有限公司的其他诉讼请求。

5. 本案受理费由某建筑施工企业负担4万余元，三某房地产开发有限公司负担7万余元。财产保全费5000元，由三某房地产开发有限公司负担。

案件背景及启示

（一）闭口合同可以向开口合同转化

签订合同时虽然是“一口价”包干，但为满足实际变动需求，实际施工过程中可以签订增补、变更协议，使原来的“闭口合同”向“开口合同”转化。

转化时的做法：（1）包干价合同有明确的施工范围，后施工范围增加，增加的部分不适用包干价。（2）包干价合同对施工范围没有约定，增补项在操作过程中又没有增补协议的，可以通过图纸变更、签证等形成完成的证据链条，在诉讼中获得确认。

（二）未经业主方或总包方确认的变更签证应形成完整的证据链条

本案涉及某建筑施工企业变更签证增项380多万元没有得到业主方的确认，业主方主张减项接近300万元。本案诉求能够得到支持，保存过程中的签证资料起到了关键作用。通常增补项在合同中未约定，在实际施工前也没有增补协议的，变更签证如要法院认可其效力，需要对整个签证过程形成完整的证据链条：包括业主方或总包方任务指令、确认回函、图纸、确认变更回函、施工后现场照片、增补的金额、施工员工签字确认的施工单据、监理记录等过程确认文件。

（三）应当谨慎选择固定价确定合同价款

建设工程施工合同在选择固定价确定合同价款时，要对市场环境、价格变化、成本核算等作全面考虑，公平确定合同价格，同时对承包范围、风险范围等作明确约定，以减少风险和纠纷。

（四）运用法律手段采取诉前保全或诉中保全

案涉工程于2014年12月签订施工合同，2016年8月竣工验收，2018年12月复验。过程中，业主方刁难结算，以闭口合同为由不认增补项，谈判意见为“两不找”，否则要以某建筑施工企业违反合同异地加工及质量工期违约为由要求退还200多万元（合同额8150万元，收款6699万元）。2019年12月，某建筑施工企业发起诉讼的同时进行保全。该工程在结算收款无法推进的情况下经分析迅速启动诉讼，取得较好效果。

（五）知识点扩展及延伸

本案涉及工程造价鉴定。工程造价鉴定的计价依据包括：招标文件、施工合同、招标图纸、施工图纸、竣工图纸、设计变更及工程洽商、投标总价、市场询价、现场勘验记录。鉴定方法包括：审查证据材料、现场勘验、结果分析计算。

法条摘要

《中华人民共和国民法典》

第五百零九条第一款 当事人应当按照约定全面履行自己的义务。

第二款 当事人应当遵循诚信原则，根据合同的性质、目的和交易习惯履行通知、协助、保密等义务。

第五百二十六条 当事人互负债务，有先后履行顺序，应当先履行债务一方未履行的，后履行一方有权拒绝其履行请求。先履行一方履行债务不符合约定的，后履行一方有权拒绝其相应的履行请求。

第五百七十七条 当事人一方不履行合同义务或者履行合同义务不符合约定的，应当承担继续履行、采取补救措施或者赔偿损失等违约责任。

《最高人民法院关于审理建设工程施工合同纠纷案件适用法律问题的解释（一）》

第九条 当事人对建设工程实际竣工日期有争议的，人民法院应当分别按照以下情形予以认定：

（一）建设工程经竣工验收合格的，以竣工验收合格之日为竣工日期；

（二）承包人已经提交竣工验收报告，发包人拖延验收的，以承包人提交验收报告之日为竣工日期；

（三）建设工程未经竣工验收，发包人擅自使用的，以转移占有建设工程之日为竣工日期。

第二十六条 当事人对欠付工程价款利息计付标准有约定的，按照约定处理。没有约定的，按照同期同类贷款利率或者同期贷款市场报价利率计息。

第二十七条 利息从应付工程价款之日开始计付。当事人对付款时间没有约定或者约定不明的，下列时间视为应付款时间：

（一）建设工程已实际交付的，为交付之日；

（二）建设工程没有交付的，为提交竣工结算文件之日；

（三）建设工程未交付，工程价款也未结算的，为当事人起诉之日。

《中华人民共和国民事诉讼法》

第六十七条 当事人对自己提出的主张，有责任提供证据。

当事人及其诉讼代理人因客观原因不能自行收集的证据，或者人民法院认为审理案件需要的证据，人民法院应当调查收集。

人民法院应当按照法定程序，全面地、客观地审查核实证据。

第二百六十条　被执行人未按判决、裁定和其他法律文书指定的期间履行给付金钱义务的，应当加倍支付迟延履行期间的债务利息。被执行人未按判决、裁定和其他法律文书指定的期间履行其他义务的，应当支付迟延履行金。

《最高人民法院关于适用〈中华人民共和国民事诉讼法〉的解释》

第九十条　当事人对自己提出的诉讼请求所依据的事实或者反驳对方诉讼请求所依据的事实，应当提供证据加以证明，但法律另有规定的除外。

在作出判决前，当事人未能提供证据或者证据不足以证明其事实主张的，由负有举证证明责任的当事人承担不利的后果。

第二节　超付工程款结算

案情简介

2011年1月，某建筑施工企业与江某医院、某建设总局签订了《江某医院基地外幕墙工程施工合同》。履约过程中，业主方江某医院委托造价公司对该工程进行工程预算编制工作，发现该工程招标控制价高出400万元。

2011年11月12日，该工程竣工验收，此时某建筑施工企业收到工程款2831万余元。后江某医院、某建设总局与某建筑施工企业三方协商，签订《核对确认表》，对工程单价进行了变更，并载明："原投标总造价3179万余元，核对后价格为2795万余元。"该核对确认表由某建筑施工企业员工舒某签字并加盖公司公章确认。2011年11月14日，三方又签订一份《补充协议》，主要约定：造价咨询单位发现控制价编制出现差错，遵循实事求是的原则，同意进行合同价款变更。

2013年6月，某建筑施工企业递交了工程结算材料，结算价为3394万余元，对方未予回复。

2016年4月，造价公司出具了对该工程的工程竣工结算审核稿，审核后的工程结算总价为2727万余元，后江某医院要求某建筑施工企业按补充协议的约定以造价公司的审核价为结算依据退还超付的工程款，某建筑施工企业不予同意，江某医院将该建筑施工企业诉至法院。

案件中，某建筑施工企业与江某医院之间为建设工程合同关系，本案争议的焦点为涉案工程造价数额问题，合同约定总造价3179万余元，履行过程中，江某医院委托造价公司进行造价鉴定。2011年11月14日，江某医院、某建设总局、某建筑施工企业三方签订一份《补充协议》。该补充协议经三方签字盖章，已经具备法律效力，该条款视作对施工合同的变更，即将招投标总价由3179万余元变更为2795万余元。因此法院据此判决该案标的额为2795万余元，某建筑施工企业须返还超付157万余元。

法院判决

某建筑施工企业于判决生效之日起7日内退还工程款157万余元。

案件背景及启示

（一）工程建设价格应实事求是、恪守原则

对于工程中发生的单价调整、工程量的变更、工程进度款的上报等情况，某建筑施工企业应本着既有依据又合理的原则进行审计和上报，不可夸大结算金额。

（二）补充协议具有合同效力

签署补充协议、价格调整确认单等对合同重要内容进行变更的文件，是对原合同的修改，与合同具有同等效力。

法条摘要

《中华人民共和国民法典》

第五百一十条 合同生效后，当事人就质量、价款或者报酬、履行地点等内容没有约定或者约定不明确的，可以协议补充；不能达成补充协议的，按照合同相关条款或者交易习惯确定。

第五百四十三条 当事人协商一致，可以变更合同。

第五百四十四条 当事人对合同变更的内容约定不明确的，推定为未变更。

第三节　“还款计划”式结算

案情简介

2013年5月，某建筑施工企业与福某公司签订型材采购合同。

2018年7月与8月，某建筑施工企业向福某公司先后出具了《付款协议书》（见附件）与《工作联系函》，两份文件内容均盖章确认了欠款金额。后某建筑施工企业发现其并未与福某公司结算，且内部结算与对方供货总金额的差距达100万元，造成该差距的原因主要在于双方对面积计算的方式有分歧。2019年1月，福某公司向法院提起诉讼。

本案中，某建筑施工企业与福某公司之间为买卖合同关系，按照合同约定，双方应当在供货完毕后办理结算，确定总供货金额。2018年7月与8月的《付款协议书》与《工作联系函》上面加盖了某建筑施工企业印章，其中内容涉及总供货金额，该行为表示该建筑施工企业已认可对方供货金额，该文件在法律上的效力等同于双方之间的结算。因此，即使后来某建筑施工企业发现造成100万元差额的原因是双方对面积计算方式不同，法院依然判决该建筑施工企业败诉。

法院判决

某建筑施工企业按《付款协议书》支付福某公司货款。

案件背景及启示

（一）慎签或拒签此类付款协议书

本案中，福某公司向某建筑施工企业主张其欠付的货款，提供的证据为某建筑施工企业以工作联系函形式出具的付款协议书，内容为该建筑施工企业对双方签订的合同项目欠款金额的确认以及具体还款时间。该付款协议书应视为某建筑施工企业对双方签订的合同关于欠款事项以及欠款金额的承诺，该建筑施工企业认为该付款协议书是根据合同暂定金额制订的，为阶段性付款承诺，不是双方决算结果的上诉请求，因未能提供充分有效的证据予以证明，最终未获得法院支持，造成该建筑施工企业承受损失。所以，建筑施工企业应慎签或拒签此类付款协议书。

（二）明确函件性质，严肃对待工作

开具工作联系函，向对方承诺付款计划，是严肃的企业行为，代表对款项进行了确认，不可随意对待，更不可迫于压力轻易盖章签字。

（三）谨慎对待结算，准确确定结算金额

结算意味着建筑施工企业对债务的确认，必须谨慎处理。对于最终结算额的价格依据、面积、计算方式、罚扣明细等都要在结算单中明确清晰地体现。对有异议的结算，不能在对方提供的结算单上随意手写确认的金额或签名。对下游供应商结算要做“减法”。

法条摘要

《中华人民共和国民法典》

第一百四十三条 具备下列条件的民事法律行为有效：

（一）行为人具有相应的民事行为能力；

（二）意思表示真实；

（三）不违反法律、行政法规的强制性规定，不违背公序良俗。

《最高人民法院关于审理建设工程施工合同纠纷案件适用法律问题的解释（一）》

第十九条 当事人对建设工程的计价标准或者计价方法有约定的，按照约定结算工程价款。

因设计变更导致建设工程的工程量或者质量标准发生变化，当事人对该部分工程价款不能协商一致的，可以参照签订建设工程施工合同时当地建设行政主管部门发布的计价方法或者计价标准结算工程价款。

建设工程施工合同有效，但建设工程经竣工验收不合格的，依照民法典第五百七十七条规定处理。

附件：

付款协议书

某建筑施工企业（购货方）及福某公司（供货方）双方就××工程铝型材供货、结算、付款情况确认如下：

1. 供货总金额：××元；

2. 已付供货款总金额：××元；

3. 应付供货款总金额：1500000元。

某建筑施工企业对剩余应付供货款，计划分三次支付给福某公司，具体付款时间、数额如下：

1. 2018年2月支付50万元；

2. 2018年5月支付50万元；

3. 2018年9月支付100万元，结清全部余款。

某建筑施工企业

2017年12月3日

第四节 重复办理入库的结算

案情简介

2014年9月，华某公司先后与某建筑施工企业签订多份供销合同，成为该建筑施工企业华某新天地C组团、华某新天地AB组团等多个项目的材料供应商。2019年9月，华某公司将律师函送达该建筑施工企业，索要货款及利息共计525万元。该建筑施工企业在审计过程中发现双方存在重复办理入库的情况，实际到货额与结算额相差69万余元。

2015年1月，华某公司向法院提起诉讼，请求某建筑施工企业支付货款及利息共计525万元。

审理中，法院认为某建筑施工企业与华某公司之间就多个项目签订多个买卖合同且有双方盖章的结算单据，按照法律规定，结算单据视为双方之间对金额的共同认可，因此对华某公司的诉求应予以支持。

法院判决

某建筑施工企业于判决生效之日起10日内支付华某公司货款及利息525万元。

案件背景及启示

（一）加强采购合同管理

某建筑施工企业与华某公司之间存在多个买卖合同，应当按照不同的合同分类入账，分别办理结算，支付货款。但在实际的日常项目管理中，由于单据多、金额大，存在重复办理入库的行为，导致最后结算金额超出实际供货值，给该建筑施工企业造成了不必要的损失。

（二）严格按照管理规定程序办理材料入库、结算

建筑施工企业应认真对待出入库手续的办理。本案中，因为某建筑施工企业保管员工作失误，在送货明细单上签字确认后又在该批次汇总单上签字，后续办理入库时未与前期入库核对，造成重复入库。资料保管极不齐备，也是问题产生的原因之一。

对下游供应商的结算一定要遵守生产要素结算管理规定的要求和程序，不按管理流程执行结算程序，缺少监管和稽核，造成确认单和实际到货不符，必然会给企业造成损失。

法条摘要

《中华人民共和国民法典》

第五百一十条 合同生效后，当事人就质量、价款或者报酬、履行地点等内容没有约定或者约定不明确的，可以协议补充；不能达成补充协议的，按照合同有关条款或者交易习惯确定。

《最高人民法院关于审理建设工程施工合同纠纷案件适用法律问题的解释（一）》

第二十一条 当事人约定，发包人收到竣工结算文件后，在约定期限内不予答复，视为认可竣工结算文件的，按照约定处理。承包人请求按照竣工结算文件结算工程价款的，人民法院应予支持。

第五节 “超过限定日期视同认可”式结算

案情简介

2017年3月，精某公司与某建筑施工企业签订《钢结构构件供应合同》，约定由精某公司根据某建筑施工企业提供的设计图纸进行钢结构深化设计及制作。同时约定全部供货完成后，精某公司应于5日内提供全部供货总量及总价（含材料调差及签证费用）的清单给某建筑施工企业，某建筑施工企业收到清单后10日内支付总价的

95%给精某公司作为供货完成款。精某公司供货完成后3日内向某建筑施工企业提供结算资料，双方在21个工作日内完成结算，逾期视为某建筑施工企业认可精某公司提交的结算资料及结算金额。

合同签订后，精某公司按约供货，并于2018年11月19日向某建筑施工企业提交了结算资料，结算金额为480万元。因双方在结算方式计算上存在争议，某建筑施工企业对结算未予以认可，故未办理结算。合同履行过程中，某建筑施工企业只向精某公司支付款项300万元，精某公司向法院起诉，要求判令某建筑施工企业支付构件欠款178万元及利息。

法院认为，精某公司已于2018年11月19日向某建筑施工企业提交了结算资料，某建筑施工企业未按合同约定在收到结算资料21个工作日内完成结算，根据合同约定，视同认可精某公司提交的结算资料及结算金额。

法院判决

某建筑施工企业自判决生效之日起10日内支付精某公司构件款140万余元及利息。

案件背景及启示

（一）谨慎签订《建设工程施工合同》

合同签订不得草率，在该案中，某建筑施工企业作为甲方，在合同条款中却处于弱势地位。案涉《钢结构构件供应合同》为精某公司提供的格式文本，其中对于卖方义务约定较少，权利较多，甚至赋予其单方面解除合同的权利，而对于买方要求苛刻，合同条款多处约定"逾期视同认可"，其中合同第6.4条约定："卖方提供结算资料后21日内完成结算，逾期视为买方认可结算金额。"该条款直接导致某建筑施工企业在诉讼过程中处于被动地位，两审法院均以此条款为依据作出不利于某建筑施工企业的判决。

（二）结算过程中产生争议时应及时提出书面异议

精某公司向某建筑施工企业报送结算材料后，某建筑施工企业商务人员未按合同约定的结算方式核定金额，即在结算单上签字并表示按合同执行。后期商务人员发现结算金额与某建筑施工企业核定金额不符后，仅通过QQ与精某公司人员沟通（对方否认，电子证据未获得认可），没有以书面函件形式将争议予以固定。待诉讼阶段某建筑施工企业提出异议时，法院均不予认可。此外，应注意在结算过程中存在异议或顾虑的情况下，谨慎签字，及时反馈。

法条摘要

《中华人民共和国民法典》

第七百八十二条 定作人应当按照约定的期限支付报酬。对支付报酬的期限没有约定或者约定不明确，依据本法第五百一十条的规定仍不能确定的，定作人应当在承揽人交付工作成果时支付；工作成果部分交付的，定作人应当相应支付。

第六节 风控指引：工程结算紧抓两项基本原则

在建筑施工领域，对于建筑施工企业来说，能够正常结算是常态，不能正常结算也是常态。不能正常结算时，维权通常要进行鉴定。司法实践中常见的建设工程施工合同司法鉴定包括造价鉴定、质量鉴定和工期鉴定三类。结合本章所选案例的研究和分析，可以更好地理解和掌握建设工程施工合同纠纷中法院对司法鉴定的处理原则。

一、工程造价鉴定中，法院对于合同约定的固定价范围内依法不予鉴定，应结合司法解释有关设计变更的规定融会贯通

由于建设工程经过招投标，当事人往往约定了合同的固定价格，在司法实践中经常碰到的是对固定价合同是否鉴定的问题。《最高人民法院关于审理建设工程施工合同纠纷案件适用法律问题的解释（一）》第28条规定："当事人约定按照固定价结算工程价款，一方当事人请求对建设工程造价进行鉴定的，人民法院不予支持。"在该司法解释出台前，实践中有不少此类案件：一方当事人已经在合同中约定了按照固定价结算，但认为合同约定的工程价款与工程量不符，主张委托中介机构进行鉴定、评估或审价；另一方当事人则主张按合同约定确定工程价款，不同意鉴定、评估或审价。

司法实践中处理这种情况有多种做法：有的审判人员根据当事人在合同中的约定

直接确定工程价款；有的审判人员抛开合同约定，对工程量和价款全部进行鉴定；有的审判人员只对承包范围之外变更的部分进行鉴定。除此之外，如果发生重大变动导致当事人利益失衡，法院还会适用公平原则来调整。

笔者认为，在固定价合同下，如果在合同履行过程中，没有发生合同变更等情况导致工程量变化的情形，就应该按照合同约定的包干总价款结算。如果一方提出工程造价鉴定，法院依法不应予以支持。但对于原合同承包范围之外的部分或因设计变更、签证、索赔等情况导致工程量变化的，均可能需要通过鉴定来确定工程款造价。如发生当事人约定风险之外的设计变更，根据《最高人民法院关于审理建设工程施工合同纠纷案件适用法律问题的解释（一）》第19条第2款的规定，因设计变更导致建设工程的工程量或者质量标准发生变化，当事人对该部分工程价款不能协商一致的，可以参照签订建设工程施工合同时当地建设行政主管部门发布的计价方法或计价标准结算工程价款。

二、以送审价为准

工程造价的计价标准主要有三种：定额计价标准、工程量清单计价标准和市场价。定额计价标准是依据政府统一发布的预算定额、单位估价表确定人工、材料、机械费，再以当地造价部门发布的市场信息对材料价格补差，然后根据统一发布的收费标准计算各种费用，最后形成工程造价。这种计价模式的价格都是指令性价格，不能真实反映投标企业的实际消耗量、单价和费用发生的真实情况。工程量清单计价标准采用的是市场计价模式，由投标企业根据自身的特点和实际情况，与市场经济相适应。市场价是经销商出货的合理价格，一般是企业购买产品的最直接、最真实价格。

那么，司法鉴定应当采取哪个标准来确定工程造价呢？对于这个问题需要分不同的情况来说明。

（一）当事人对计价标准或方法有约定的

《民法典》第7条规定："民事主体从事民事活动，应当遵循诚信原则，秉持诚实，恪守承诺。"第465条第2款规定："依法成立的合同，仅对当事人具有法律约束力，但是法律另有规定的除外。"《最高人民法院关于审理建设工程施工合同纠纷案件适用法律问题的解释（一）》第19条第1款规定："当事人对建设工程的计价标准或者计价方法有约定的，按照约定结算工程价款。”因此，对于工程价款的结算，当事人有约定的就按照约定结算。

（二）当事人在合同中对计价方法和计价标准没有约定或约定不明确的

根据《民法典》第511条第2项规定，当事人就合同价款或者报酬约定不明确的，按照订立合同时履行地的市场价格履行；依法应当执行政府定价或政府指导价的，依照规定履行。《最高人民法院关于审理建设工程施工合同纠纷案件适用法律问题的解释（一）》第19条第2款规定：“因设计变更导致建设工程的工程量或者质量标准发生变化，当事人对该部分工程价款不能协商一致的，可以参照签订建设工程施工合同时当地建设行政主管部门发布的计价方法或者计价标准结算工程价款。”依据上述法律规定，在当事人没有约定或者约定不明确时，计价方法有三种，一是执行政府定价或者指导价；二是按照订立合同时履行地的市场价格履行；三是参照签订建设工程施工合同时当地建设行政主管部门发布的计价方法或者计价标准结算工程价款。

这里需要注意的是，市场价格和市场信息价是不同的。市场信息价是建设部门发布的通过对某一产品市场价格行情进行分析得出的平均价位，一般作为定额价的调整和补充；而市场价格是经销商出货的合理价格，一般是企业购买产品的最直接、最真实价格。采用第一种计价方式的前提是法律法规或当事人约定执行政府定价或指导价，没有法律规定或当事人约定的，不适用。采用第二种方式，需要当事人提交有关市场价格的证据，如购买材料的合同、发票等。实践中经常采用的是第三种方式，即定额价标准。

（三）合同无效时的造价鉴定依据

建设工程造价鉴定经常碰到的问题是合同效力本身存在问题，在合同无效的前提下应如何结算工程价款？这曾经是人民法院审判实践中的难点问题。在法律适用上也经历了一些变化。在《最高人民法院关于审理建设工程施工合同纠纷案件适用法律问题的解释（一）》出台前，各地法院一般依照《民法典》第157条“民事法律行为无效、被撤销或者确定不发生效力后，行为人因该行为取得的财产，应当予以返还；不能返还或者没有必要返还的，应当折价补偿。有过错的一方应当赔偿对方因此所受到的损失；各方都有过错的，应当各自承担相应的责任……”的规定，适用折价补偿原则来确定工程价款。

对于折价补偿的标准和范围各地法院有不同的认定。一种观点认为，实际施工人只能取得其实际支出的工程成本的折价费用，而不能取得利润，否则实际施工人可能因无效合同获利，无效合同和有效合同的结果没有任何区别。另一种观点认为，工程质量是建设工程的生命线，建筑物的质量标准应当高于建设工程施工合同的效力。建设工程的价款不应当因为合同的有效或无效来作区分，而应当看合同系争议工程是否验收合格，只要验收合格，就应当按照有效合同支付工程价款。正是因为法院认识的不同，导致类似的案件裁判结果相去甚远。

《最高人民法院关于审理建设工程施工合同纠纷案件适用法律问题的解释（一）》为合同无效前提下的工程款鉴定提供了法律依据。即不论合同是否有效，已完工程质量合格与否与支付工程价款直接挂钩处理的原则，为造价司法鉴定设定了前提。

建设工程施工合同无效，以按实结算方式进行造价鉴定时其取费和鉴定结论应排除利润。《最高人民法院关于审理建设工程施工合同纠纷案件适用法律问题的解释（一）》第6条规定："建设工程施工合同无效，一方当事人请求对方赔偿损失的，应当就对方过错、损失大小、过错与损失之间的因果关系承担举证责任。损失大小无法确定，一方当事人请求参照合同约定的质量标准、建设工期、工程价款支付时间等内容确定损失大小的，人民法院可以结合双方过错程度、过错与损失之间的因果关系等因素作出裁判。"《民法典》第157条规定："民事法律行为无效、被撤销或者确定不发生效力后，行为人因该行为取得的财产，应当予以返还；不能返还或者没有必要返还的，应当折价补偿。有过错的一方应当赔偿对方因此所受到的损失；各方都有过错的，应当各自承担相应的责任……"折价补偿的前提是按实结算，而工程合同的按实结算主要指的是按实际发生的成本进行结算。对这两种方式，如果当事人不按《最高人民法院关于审理建设工程施工合同纠纷案件适用法律问题的解释（一）》第6条提出请求，而是按照《民法典》的规定进行结算，其请求当然并无不当。因此，司法实践中法院和鉴定单位采取这两种方式中的哪一种取决于当事人的选择。

三、拖延结算、不予结算的应对

就建筑施工企业而言，顺利地结算确认签字有利于顺利收回工程款，但经常会面临发包人拖延结算、不予结算的情形，究竟如何解决和应对这类情况？

《最高人民法院关于审理建设工程施工合同纠纷案件适用法律问题的司法解释（一）》第21条的规定在司法实践中被称为“以送审价为准”，设置这样的条款目的在于防止发包人以消极的不予确认、不予答复故意拖延工期价款的结算。

司法实践中，在《最高人民法院关于审理建设工程施工合同纠纷案件适用法律问题的司法解释（一）》出台后一段时间，法院对此类纠纷的处理已经持统一态度，具体个案中的特殊情况则做特殊处理，但也不外乎依照如下原则处理：第一，上述司法解释第21条的适用需遵守相应的严格条件；第二，此类纠纷仍是合同纠纷，属于当事人意思自治的范畴，若合同中对该条款的约定无法满足适用上述司法解释第21条的严格规定，但若发包人自行放弃救济权利，也可能被法院适用“以送审价为准”的方式处理。

（一）现行法律法规的相关规定

目前，对于工程项目逾期不结算条款产生的纠纷主要涉及以下法律法规的相关规定。

1. 2021年1月1日起实施的《最高人民法院关于审理建设工程施工合同纠纷案件适用法律问题的解释（一）》第21条规定：“当事人约定，发包人收到竣工结算文件后，在约定期限内不予答复，视为认可竣工结算文件的，按照约定处理。承包人请求按照竣工结算文件结算工程价款的，人民法院应予支持。”

2. 财政部、建设部印发的《建设工程价款结算暂行办法》第14条第3项规定：“单项工程竣工后，承包人应在提交竣工验收报告的同时，向发包人递交竣工结算报告及完整的结算资料，发包人应按以下规定时限进行核对（审查）并提出审查意见。

	工程竣工结算报告金额	审查时间
1	500万元以下	从接到竣工结算报告和完整的竣工结算资料之日起20天
2	500万元—2000万元	从接到竣工结算报告和完整的竣工结算资料之日起30天
3	2000万元—5000万元	从接到竣工结算报告和完整的竣工结算资料之日起45天
4	5000万元以上	从接到竣工结算报告和完整的竣工结算资料之日起60天

建设项目竣工总结算在最后一个单项工程竣工结算审查确认后15天内汇总，送发包人后30天内审查完成。”第16条第1款规定：“发包人收到竣工结算报告及完整的结算资料后，在本办法规定或合同约定期限内，对结算报告及资料没有提出意见，

则视同认可。”

3. 住房和城乡建设部发布的《建设工程施工发包与承包计价管理办法》第18条规定：“工程完工后，应当按照下列规定进行竣工结算：（一）承包方应当在工程完工后的约定期限内提交竣工结算文件。（二）国有资金投资建筑工程的发包方，应当委托具有相应资质的工程造价咨询企业对竣工结算文件进行审核，并在收到竣工结算文件后的约定期限内向承包方提出由工程造价咨询企业出具的竣工结算文件审核意见；逾期未答复的，按照合同约定处理，合同没有约定的，竣工结算文件视为已被认可。非国有资金投资的建筑工程发包方，应当在收到竣工结算文件后的约定期限内予以答复，逾期未答复的，按照合同约定处理，合同没有约定的，竣工结算文件视为已被认可。发包方对竣工结算文件有异议的，应当在答复期内向承包方提出，并可以在提出异议之日起的约定期限内与承包方协商；发包方在协商期内未与承包方协商或者经协商未能与承包方达成协议的，应当委托工程造价咨询企业进行竣工结算审核，并在协商期满后的约定期限内向承包方提出由工程造价咨询企业出具的竣工结算文件审核意见。（三）承包方对发包方提出的工程造价咨询企业竣工结算审核意见有异议的，在接到该审核意见后一个月内，可以向有关工程造价管理机构或者有关行业组织申请调解，调解不成的，可以依法申请仲裁或者向人民法院提起诉讼。发承包双方在合作中对本条第（一）项、第（二）项的期限没有明确约定的，应当按照国家有关规定执行；国家没有规定的，可认为其约定的期限均为28日。”上述条款是推荐性的，当事人可以在专用条款作出个性化约定。

（二）《建设工程施工合同（示范文本）》（GF-2013-0201）的完善规定

《建设工程施工合同（示范文本）》第14.2条竣工结算审核规定：“（1）……发包人在收到承包人提交竣工结算申请书后28天内未完成审批且未提出异议的，视为发包人认可承包人提交的竣工结算申请单，并自发包人收到承包人提交的竣工结算申请单后第29天起视为已签发竣工付款证书……”

（三）《最高人民法院关于审理建设工程施工合同纠纷案件适用法律问题的解释（一）》第21条的适用规则

该条适用要求，当业主方或总包方与承包方因逾期不结算条款而产生纠纷，纠纷进入诉讼阶段后，要想得到法院支持，在举证上应当注意以下几点。

1. 承包方须证明业主方或总包方收到竣工结算文件。

一则承包方在结算阶段需提交完整无缺的竣工结算文件，否则业主方或总包方可能拒收或以结算资料不全为由拖延审价。二则承包方在递交时需注意将发包人的签收证明文件予以妥善保存，如快递签收单上须写明递交的是竣工结算文件；若当面提交，则需要提前制作签收文件，在提交给业主方或总包方后由其当面签署签收文件。

2. 发包人在约定的期限内不予答复。

不予答复是指业主方或总包方在收到竣工结算文件后，在约定期限内既没有完成对承包方提交的竣工结算文件的审核，也没有对承包方提供的竣工结算文件提出实质性异议。业主方或总包方只要在约定期限或合理期限内提出过明确异议，不管其当时是否举出充分和准确的反驳证据，都不能以承包方单方提交的送审价为准进行结算。

3. 审价期限届满，承包方应当向发包人发出“工程造价以送审价为准”的函件。

承包方在向业主方或总包方递交工程竣工结算文件后，如业主方或总包方在约定额审核期限届满时，仍不予明确答复的，承包方可以向业主方或总包方发函，明确表示将根据合同的约定以自己的送审价为工程的总造价，并根据合同约定的合同价款支付，催促业主方或总包方支付工程款。此时，承包方无须再以函件的方式催促业主方或总包方及时完成送审资料的审核，或允许业主方或总包方在延展的期限内完成审核。切忌跟业主方或总包方再进行有关工程审价的磋商或沟通，否则这种行为将被认为是对原合同约定的“以送审价为准”内容的放弃或变更，给承包人主张权利带来不必要的麻烦。

对承包人来说，应该注意的是在签署施工合同时可以选择参照《建筑工程施工合同（示范文本）》，且在专用条款中避免出现不适用前述条款的情况。另外，更需要注意的是日常证据的收集和保存，尤其是提交竣工结算文件的签收凭证，以避免一旦出现无约定的情况，而自己又无法证明提交竣工结算文件或提交竣工结算文件确定日期的尴尬局面。

第十三章　建设工程合同解除

第一节 业主单位中途解约

案情简介

2017年7月，某建筑施工企业与古某公司签订《远某商业城项目施工合同》。在施工过程中，某建筑施工企业认为古某公司迟延支付工程款，古某公司认为某建筑施工企业施工进度缓慢，双方均有解除合同之意。

某建筑施工企业与古某公司签订合同后，已经就该项目与下游材料供应商签订多份合同，合同额共计100万余元。

双方协商解除合同未果，某建筑施工企业向法院起诉，请求解除与古某公司签订的《远某商业城项目施工合同》，同时请求古某公司承担因解除合同给其造成的损失。

因该项目系低价中标后签订的施工合同，某建筑施工企业欲通过中途增加签证等方式来维持工程利润，这样的行为引发了与业主方的深层次矛盾。在建设工程施工合同中途解约过程中，双方要确认已施工部分的产值，计算未施工部分材料的金额及解除与下游供应商合同的违约损失，所以就解除赔偿达成一致意见困难重重。

审理中，法院认为，根据合同约定，古某公司不支付工程款，导致合同无法继续履行，某建筑施工企业享有解除合同的权利。

法院判决

1. 解除某建筑施工企业与古某公司之间的《远某商业城项目施工合同》。
2. 驳回某建筑施工企业其他诉讼请求。

案件背景及启示

建筑施工企业在实践中难免会遇到中途解约退场的事件，不管是由于业主方长期不付款，承包方垫资过多无法承受；还是由于业主方或总包方对施工进度不满意要求退场，抑或由于双方对施工质量的争议无法解决等，都警示建筑施工企业在工程建设施工的过程中，需要对工程风险作出及时准确的评估，早发现、早处理，及时解除合同止损。此时应注意以下两点。

（一）及时评估工程风险，决定是否解除合同

合同中途解除时，应注重把控处理环节、步骤。建筑施工企业主动解除合同时，应注意厘清违约责任事项，采取有效措施规避违约风险，在双方权利、义务结清的基础上签订合同解除协议（见下文建设工程施工合同解除示例），必要时可向法院起诉要求解除合同。建筑施工企业被解除合同，给建筑施工企业造成损失的，应当固定证据，准备好起诉事宜。

（二）中途解约方式以协商为主、诉讼为辅

合同履行产生争议，双方解除合同的最优方式是协商，通过协商洽谈决定解除的条件、方式并签订协议，这可以实现双方利益的最大化。同时建筑施工企业应当做好诉讼的准备，在协商无法达成一致意见时，通过充分、完整、清晰的证据链条向法院主张权益。

法条摘要

《中华人民共和国民法典》

第五百六十二条　当事人协商一致，可以解除合同。

当事人可以约定一方解除合同的事由。解除合同的事由发生时，解除权人可以解除合同。

第五百六十三条　有下列情形之一的，当事人可以解除合同：

（一）因不可抗力致使不能实现合同目的；

（二）在履行期限届满前，当事人一方明确表示或者以自己的行为表明不履行主要债务；

（三）当事人一方迟延履行主要债务，经催告后在合理期限内仍未履行；

（四）当事人一方迟延履行债务或者有其他违约行为致使不能实现合同目的；

（五）法律规定的其他情形。

以持续履行的债务为内容的不定期合同，当事人可以随时解除合同，但是应当在合理期限之前通知对方。

第五百六十四条　法律规定或者当事人约定解除权行使期限，期限届满当事人不

行使的，该权利消灭。

法律没有规定或者当事人没有约定解除权行使期限，自解除权人知道或者应当知道解除事由之日起一年内不行使，或者经对方催告后在合理期限内不行使的，该权利消灭。

第五百六十五条 当事人一方依法主张解除合同的，应当通知对方。合同自通知到达对方时解除；通知载明债务人在一定期限内不履行债务则合同自动解除，债务人在该期限内未履行债务的，合同自通知载明的期限届满时解除。对方对解除合同有异议的，任何一方当事人均可以请求人民法院或者仲裁机构确认解除行为的效力。

当事人一方未通知对方，直接以提起诉讼或者申请仲裁的方式依法主张解除合同，人民法院或者仲裁机构确认该主张的，合同自起诉状副本或者仲裁申请书副本送达对方时解除。

第五百六十六条 合同解除后，尚未履行的，终止履行；已经履行的，根据履行情况和合同性质，当事人可以请求恢复原状或者采取其他补救措施，并有权请求赔偿损失。

合同因违约解除的，解除权人可以请求违约方承担违约责任，但是当事人另有约定的除外。

主合同解除后，担保人对债务人应当承担的民事责任仍应当承担担保责任，但是担保合同另有约定的除外。

第二节 施工单位中途解约

案情简介

2014年4月，达某公司与某建筑施工企业签订《铝型材供货合同》。约定：达某公司收到某建筑施工企业订单后15天内将材料加工完毕，达某公司将每批12吨型材送至某建筑施工企业工地后，双方就该批次办理结算，在供第二批型材前付上批型材的货款，以此类推。履约过程中，达某公司完成了6个批次的铝型材加工供货，某建筑施工企业未全部提货，每批型材均留有部分存放于达某公司库房。

2014年，由于工程停工，某建筑施工企业一直未提取余货。后某建筑施工企业人员与达某公司就未能及时提货的铝型材进行了清点，并制作库存明细单。双方未对后期履行作出书面约定。

2016年工程复工，10月某建筑施工企业再次发出订单，达某公司按期完成加工后，以库存型材存放库房时间过长为由，要求某建筑施工企业一次性支付新加工型材款23万余元及库存型材款40万余元，否则不予发货。某建筑施工企业迫于压力，支付了新加工型材款23万余元，但达某公司仍要求其支付库存型材款才能发货。某建筑施工企业遂向其发送工作联系函，载明：因达某公司违背合同条款不发货，影响该建筑施工企业承建工程工期，要求解除合同。

因双方一直未达成一致意见，某建筑施工企业将达某公司诉至法院，要求解除合同并赔偿损失。达某公司提起反诉，要求某建筑施工企业继续履行合同，给付库存铝型材价款并接收库存加工完成的全部铝型材，同时赔偿库存型材占用其库房的损失。

本案中，某建筑施工企业与达某公司之间签订《铝型材加工合同》，合同性质为加工承揽合同，按照合同约定，某建筑施工企业的合同义务为：按批次向对方下单，及时支付款项、接收货物，达某公司按照合同约定在某建筑施工企业下单后及时生产，并且负责货物运输。在复工后的供货过程中，达某公司并没有按照合同送货。某建筑施工企业认为是达某公司先违约，然而达某公司却认为，早在复工之前，因对方没有提货导致库存型材占用本公司库房两年，这证明是对方违约在先。

法院认为，某建筑施工企业没有及时提货的行为属于先违约。原因之一是中止履行合同虽然并非业主方造成的，但基于合同的相对性且无免责事由，应由该建筑施工企业对达某公司承担责任。原因之二是合同履行的过程中，出现此种意外情况，双方并未签订补充协议，若出现纠纷，应按照合同法的相关规定处理。

法院判决

1. 某建筑施工企业给付达某公司加工费60万余元及利息。
2. 某建筑施工企业按年均7500元的标准给付达某公司占用库房的经济损失。
3. 某建筑施工企业接收达某公司加工完成的库存铝型材。

案件背景及启示

（一）视合同履行情况，及时签订合同变更协议

影响合同履行的因素千变万化，在合同履行的过程中，发生任何与原合同约定不

符的情况时，应及时签订补充协议，对原合同进行修改。该案中，合同中明确约定了每批次加工完成后某建筑施工企业提取该批次订单加工的全部货物，而实际履行过程中，每一批次均留有余货，多次订单累积余货量价款达40万余元，而双方对此余货如何处理没有进行任何新的明确约定，从而造成对某建筑施工企业不利的判决。

（二）严格按照合同约定履行合同义务

法院会根据整个合同的履行过程来判定合同的义务是否应当履行，并不拘泥于合同条款。本案中，按照合同约定，应由达某公司先发货后某建筑施工企业再付款，但达某公司已为该建筑施工企业加工了所有订单是事实，且该建筑施工企业之前提货、因停工造成合同暂停履行及付款也完全没有按照合同约定来履行。因此，从合同履行的整个过程来看某建筑施工企业为先违约方。

法条摘要

《中华人民共和国民法典》

第五百零九条第一款 当事人应当按照约定全面履行自己的义务。

第二款 当事人应当遵循诚信原则，根据合同的性质、目的和交易习惯履行通知、协助、保密等义务。

第五百一十条 合同生效后，当事人就质量、价款或者报酬、履行地点等内容没有约定或者约定不明确的，可以协议补充；不能达成补充协议的，按照合同相关条款或者交易习惯确定。

第五百一十一条 当事人就有关合同内容约定不明确，依据前条规定仍不能确定的，适用下列规定：

（一）质量要求不明确的，按照强制性国家标准履行；没有强制性国家标准的，按照推荐性国家标准履行；没有推荐性国家标准的，按照行业标准履行；没有国家标准、行业标准的，按照通常标准或者符合合同目的的特定标准履行。

（二）价款或者报酬不明确的，按照订立合同时履行地的市场价格履行；依法应当执行政府定价或者政府指导价的，依照规定履行。

（三）履行地点不明确，给付货币的，在接受货币一方所在地履行；交付不动产的，在不动产所在地履行；其他标的，在履行义务一方所在地履行。

（四）履行期限不明确的，债务人可以随时履行，债权人也可以随时请求履行，但是应当给对方必要的准备时间。

（五）履行方式不明确的，按照有利于实现合同目的的方式履行。

（六）履行费用的负担不明确的，由履行义务一方负担；因债权人原因增加的履行费用，由债权人负担。

第三节　厂房租赁中途解约

案情简介

2016年3月，某建筑施工企业与吉某钢厂签订了《房屋设备租赁合同》，约定某建筑施工企业承租吉某钢厂的厂房、设备及配套设施，租期为6年。

2017年9月，该建筑施工企业向吉某钢厂发文提出解除合同和退租。吉某钢厂向某建筑施工企业回函，表示不接受其提前退租请求。2018年3月，该建筑施工企业自行撤离了租赁的厂房。2018年10月，吉某钢厂提起诉讼，要求：一、解除双方签订的《房屋设备租赁合同》；二、某建筑施工企业支付自2018年4月1日至2018年12月31日房屋空置租金损失128万余元；三、某建筑施工企业支付逾期付款滞纳金5万余元；四、某建筑施工企业支付违约金154万元（按照6年租金的15%计算）；五、某建筑施工企业支付全部诉讼费用。某建筑施工企业提出反诉请求：一、解除双方签订的《房屋设备租赁合同》；二、吉某钢厂返还押金30万元；三、吉某钢厂承担全部诉讼费用。

审理中，法院认为，根据某建筑施工企业与吉某钢厂签订的《房屋设备租赁合同》，某建筑施工企业提前退租需获得吉某钢厂的书面同意，否则应承担违约赔偿责任。在吉某钢厂明确书面拒绝某建筑施工企业解除合同的情形下，该建筑施工企业擅自撤离，未与吉某钢厂办理交接手续。该建筑施工企业的上述行为属于不履行合同的主要义务，构成根本违约。因此，某建筑施工企业提出解除合同提前退租的通知无效，并应当承担违约赔偿责任。同时，双方签订的《房屋设备租赁合同》约定："乙方（某建筑施工企业）未经甲方（吉某钢厂）同意，中途擅自退租的，乙方（某建筑施工企业）应承担合同租金及费用总额15%的违约金。"某建筑施工企业属于合同的违约方，应当按照合同约定支付违约金。但该合同条款对于“合同租金及费用总额”约定不明，吉某钢厂解释为6年合同总租金的15%，但也可以解释为已付租金的15%，或年租金、欠付租金的15%等。后法院根据实际情况，判决以2018年4月1日至2018年12月31日租金的15%为某建筑施工企业应支付的违约金。

法院判决

1. 解除双方签订的《房屋设备租赁合同》。
2. 某建筑施工企业于判决生效之日起15日内支付违约金19万余元。
3. 某建筑施工企业于判决生效之日起15日内赔偿吉某钢厂损失70万余元。
4. 某建筑施工企业于判决生效之日起15日内支付逾期付款利息3万余元。
5. 吉某钢厂于判决生效之日起15日内向某建筑施工企业返还押金30万元。

案件背景及启示

（一）签订合同时应明确合同解除条件

在签订合同时应当注意对合同解除权的约定，某建筑施工企业可利用自己处于甲方的优势地位，赋予自己一定程度的任意解除权，当约定条件成就时，即可发函通知解除合同。

（二）违约金条款要具体细化

对于违约金条款的签订一定要慎重。本案对于违约金条款约定不明，某建筑施工企业根据不同解释应支付的违约金数额差异巨大，在法官自由裁量权较大的情形下，某建筑施工企业的损失存在较大的不确定性。

（三）对厂房租赁事宜应做好尽职调查

厂房租赁事宜应当在对出租方是否对出租厂房拥有使用权、所有权，以及使用权、所有权年限、厂房性质、用途等进行调查后再做决定。

法条摘要

《中华人民共和国民法典》

第五百六十二条　当事人协商一致，可以解除合同。

当事人可以约定一方解除合同的事由。解除合同的事由发生时，解除权人可以解除合同。

第五百六十三条第一款　有下列情形之一的，当事人可以解除合同：

（一）因不可抗力致使不能实现合同目的；

（二）在履行期限届满前，当事人一方明确表示或者以自己的行为表明不履行主要债务；

（三）当事人一方迟延履行主要债务，经催告后在合理期限内仍未履行；

（四）当事人一方迟延履行债务或者有其他违约行为致使不能实现合同目的；

（五）法律规定的其他情形。

第五百八十五条　当事人可以约定一方违约时应当根据违约情况向对方支付一定数额的违约金，也可以约定因违约产生的损失赔偿额的计算方法。

约定的违约金低于造成的损失的，人民法院或者仲裁机构可以根据当事人的请求予以增加；约定的违约金过分高于造成的损失的，人民法院或者仲裁机构可以根据当事人的请求予以适当减少。

当事人就迟延履行约定违约金的，违约方支付违约金后，还应当履行债务。

第四节　风控指引：合同解除讲求双方操作技巧

一、合同法定解除权产生的条件

合同法定解除权中的“法定”二字，已经明确地表明了这一权利是基于法律规定而产生的，并不是天然存在的。只有当出现了法律法规明确规定的情形，这一权利才会出现。在《民法典》中，对于法定解除给出了非常明确、具体的规定。通过严格的规定，防止该权利被恶意利用，造成合同随意解除。《民法典》第563条中，对于合同法定解除权的产生条件给出了明确的陈述，包括以下五种情形。

（一）基于不可抗力而造成合同无法实现

所谓不可抗力，就是指不可预知的、无法战胜的、难以规避的客观事件，包括地震、洪水、干旱等各种自然灾害，战争、动乱等社会事件等。因为出现了此类事件，造成合同无法正常实现，在这种情况下双方均享有合同解除权。举个例子，一份房屋买卖合同订立以后，出卖人通过出售不动产获得了收益，买受人获得了不动产所有权。然而这份合同的标的房屋，因为一场突发的地震而倒塌，造成合同标的物失去，以至于合同无法正常实现。在这种情况下，受不可抗力影响，买卖合同无法实现，所以双方均享有解除权。

（二）基于拒绝履行主要债务而造成合同无法实现

在合同期限到期之前，如果因合同的一方当事人拒绝履行合同所规定的主要债务而造成合同无法实现，则另一方当事人享有法定解除权。这里所说的一方拒绝履行主要债务，包括两种不同的情形，一种是明示拒绝履行合同主要债务，表现为当事人明确地、具体地表达了拒绝履行合同债务。另一种是默示拒绝履行合同主要债务，这种情形是尽管当事人没有明确告知，但是通过对其行为的分析已经能够判断出其拒绝履行合同中主要债务，并且拒不提供相关担保。事实上，对于默示拒绝履行合同主要债务，我国法律中的相关规定相对比较模糊，条件设置也不够完善，缺乏足够的判断标准和判断依据，这也是未来有待进一步清晰化的内容。在笔者看来，主要判定依据就是依据其实际行为，如果其并没有履行合同主要债务的行为，另一方可要求其提供有效担保，若在合理期限内未得到有效担保，则可依法享有解除权。

（三）基于延迟履行主要债务而造成合同无法实现

合同中的债务方在没有正当理由的情况下延迟履约，如果合同中未约定具体期限，在债权方催告以后，依然未履行合同债务，债权方可依法解除合同；如果有约定期限且债务方到期未履行债务，则债权方可以不实施催告行为直接依法解除合同。需要注意的是，如果债务方具有正当理由，造成无法按时履约，则不构成延迟履行主要债务而造成合同实现的条件，不能实施合同法定解除。比如，在房屋买卖合同中，若合同签订后，出售方延迟交房，这一行为并不造成根本违约，所以买方并不直接享有法定解除权，而是必须先对出售方实施催告，并且设定合理的期限；如果期限到了且卖方依然无法履约，则买方可以享有法定解除权。另外，在这种情形中，如果债务方延迟履约会直接造成合同落空，则债权方可直接依法解除合同，而无须实施催告；如果债务方延迟履约不会造成合同落空，则债权方必须先实施催告。

（四）基于延迟履行债务或其他违约行为而造成合同无法实现

造成合同无法实现，可能有多重原因，如延迟履约、不完全履约、履约地点不符等，如果债务方没有正当理由，造成合同无法实现，并且在债权方发起催告以后，依然无法履约，则债权方可依据法律规定实施合同解除；若合同期满后，依然无法履约，债权方可不实施催告直接解除合同。也就是说，对于合同订立的双方来说，非违约方享有法定解除权。事实上，解除合同并不一定对合同的非违约方有利，所以这一权利的行使并不一定能够真正有效地保护非违约方的合法权益。

（五）基于法律规定的其他解除合同的情形

这一规定本质上是为了后续法律发展所预留出的空间，也是为了避免法律漏洞的条款。具体来说，除了上述四种情形，有法律明文规定的其他情形，也可以行使法定解除权。

二、守约方操作技巧

《民法典》中对于法定解除权的行使条件、行使程序和方式都给予了明确的规定。首先，该权利的行使必须建立在当事人享有这项权利的基础上。当法律规定的五种情形出现以后，当事人享有这项权利，但并不意味着合同的解除，合同解除必须满足以下三点要求。

（一）解除当事人必须享有本权利

前面已经明确指出，该权利不是天然权利，当事人并不是一直都享有本权利，只有当法律规定的若干情形出现以后，当事人才具有合同法定解除权；否则，合同当事人并不享有解除权。

（二）法定解除权的行使必须符合该权利的行使期限

合同已经生效的，如果出现了法律规定的若干情形，当事人依然享有合同解除权，但必须在权力行使期限内行使，一旦超过行使期限，则该权利自动消灭。《民法典》第564条对合同解除权的期限作出了两种规定：一是法定期限或约定期限，其中约定期限必须包括在合同内容中，并且约定期限的效力大于法定期限，可通过在合同中设置约定期限以变更法定期限。二是法律没有规定或当事人没有约定解除权行使期限时，解除权人自知道或应当知道解除事由之日起一年内，或经对方催告后在合理期限内，未依法行使合同解除权，则此权利消灭，合同原本的权利和义务持续。

（三）以通知的方式行使权利

《民法典》规定，当事人如果要行使合同法定解除权，应当通知相对人，合同的解除效果从通知到达对方时开始，并且解除权的行使和生效，仅依据通知到达即可，无须经过判决或仲裁。

三、违约方操作技巧

（一）合同僵局的出现是违约方合同解除规则适用的现实需要

合同僵局是指在合同关系中，一方因为经济形势或经营情况等发生变化，不能履行合同，需要解除合同，而另一方要求继续履行合同，从而导致当事人出现互不相让的僵持局面。

合同僵局问题是近年来司法实践中出现的新情况、新问题。其本质上是当事人根据《民法典》规则进行的利益博弈和行为对抗，表现为违约方有正当理由要求解除合同，但根据《民法典》的规定没有权利解除合同，非违约方有权利解除合同，但其拒绝行使合同解除权，要求对方继续履行合同，从而形成双方互不相让的僵持局面。这种僵持局面对双方当事人乃至社会的利益都造成了一定的损害，是一种“双输”或“多输”博弈。但是，现行法律确实没有针对此类问题规定明确的解决规则。

（二）非恶意违约是违约方合同解除规则适用的前提条件

合同僵局的一个突出特征是违约方虽然违反了合同约定，但是并非恶意违约。所谓非恶意违约，是指合同当事人在履行合同过程中，由于经营状况、履行能力等客观因素的变化而违反合同。也就是说，非恶意违约中的违约方违约具有非故意性、非主观性的特点。恶意违约则恰恰相反，是指违约方基于其主观上追求更大经济利益或其他利益的原因而故意违约，如房屋买卖合同中的卖方在房价上涨的情况下为了获得更大的利益而故意违约。如果是恶意违约，违约方应当依法根据非违约方的请求继续履行合同，不存在合同僵局的问题。

（三）显失公平是违约方合同解除规则适用的法律依据

显失公平是指双方的利益经衡量处于显著失衡的状态。在合同僵局中，一方当事人由于经济形势或经营状况恶化，发生持续亏损，如果强行要求其继续履行合同，意味着强行让其损失继续扩大。这样就违反了《民法典》第591条规定的减损规则，减少了社会整体效益。迫使违约方为了履行合同而不得不付出巨大的对价，在守约方有替代性措施而不选择的情况下，对违约方显失公平。

《民法典》第591条第1款规定："当事人一方违约后，对方应当采取适当措施防止损失的扩大；没有采取适当措施致使损失扩大的，不得就扩大的损失请求赔偿。"法律规定减损规则，目的在于通过设定减损义务，促使受害方采取积极措施减少不必要的损失，增加社会整体效益。在此情况下，法律规定非违约方有义务采取适当措施。"适当措施"应当是指非违约方可以选择的替代性措施。合同僵局中的适当措施应当是守约方解除这一合同关系，另寻他方建立合适的新的合同关系，多方相宜，也增加了社会整体效益，而不是守约方一意孤行、一条道走到黑地要求对方"继续履行合同"。如果在违约方因客观原因非故意违约后，当事人诉至法院，违约方请求解除合同，非违约方请求继续履行合同，法院机械地遵守"合同严守原则"，判令违约方继续履行合同，则将会导致违约方损失继续扩大，违反了减损规则，对违约方显失公平，也会对社会整体效益造成损害。

当然，在适用法律时，判断这里的显失公平应当结合《民法典》第7条规定的"秉持诚实，恪守承诺"的诚信原则，只有在违约方没有违反诚信原则的前提下才能适用，否则将导致恶意违约方以此为由恣意违约。

（四）守约方拒绝解除合同构成权利滥用是违约方合同解除规则适用的重要情形

《民法典》第132条规定，民事主体不得滥用民事权利损害国家利益、社会公共利益或者他人合法权益。在合同一方当事人违约的情况下，根据法律的规定，守约方有权选择解除合同、要求违约方赔偿损失，或者请求继续履行合同。但是，如果选择继续履行合同与选择解除合同、要求赔偿损失相比会给对方造成更大损失，而对自己并无利益甚至对自己也会造成损害的情况下，依然要求违约方继续履行合同，就构成权利滥用。在此情况下，要求解除合同、赔偿损失，或者请求继续履行合同是守约方的民事权利，而避免己方的更大损失则是违约方的合法权益，这项合法权益是受到《民法典》的减损规则保护的。但是，任何权利均不绝对，任何权利均有边界，不应无限度地行使。守约方在行使自身权利的同时，不应该损害违约方的合法权益，而应当选择不会给对方造成更大损失、损害对方合法权益的方式来行使权利，也就是说，此时守约方应当选择解除合同、要求对方赔偿损失。

因此，在这种情况下，需要分析守约方主张继续履行合同的后果是否构成权利滥用。行使权利有多种选择，没有正当理由而选择最有害于他人的方式，就是滥用权利。对于滥用权利的行为，法律不应当支持。

附件：

合同解除协议书

甲方：__________

乙方：__________

甲、乙双方经友好协商，就双方于________年______月______日签订的合同编号为K×-Z×B-201×00003的《××× 项目幕墙工程施工合同》（以下简称幕墙合同）解除事宜达成一致，签订本解除协议。

一、幕墙合同解除

甲、乙双方一致同意________年______月______日签订的幕墙合同于本解除协议签订之日解除，自解除之日起，幕墙合同中约定的双方权利义务全部终止。

二、幕墙合同价款

就乙方已完成的施工现场工程量及进货材料情况，经甲、乙双方共同盘点核算，确认幕墙合同项下扣除乙方承担费用后，甲方应付乙方的含税工程总价款为人民币________万元（大写：________）（暂定，材料以最后实际移交数额为准），应付工程价款及乙方承担费用组成明细详见下表：

单位：万元

序号	计价项目	确认金额
1	乙方已完成的施工现场总工程量及工地现场材料总价	
2	乙方移交甲方的A工厂、B工厂已生产材料（含包装费、装车费、运至×市及其下辖区县运输费）	
3	乙方移交甲方的C工厂已组装材料（单元板块）及库存材料（不含包装费、装车费、运输费）	
4	C工厂材料包装费、装车费	
5	设计费	
6	措施费	

续表

序号	计价项目	确认金额
7	管理费	
8	清场费	
9	安全防护棚	
10	乙方施工现场工人住宿费	
11	图纸审图费	
合计		

备注：1.序号1、序号2、序号3项交付甲方材料的组成明细详见附件《交付材料清单》。
2.序号2、序号3项材料确认金额暂按幕墙合同约定的固定综合单价（或材料单价）×双方盘点数量计算，实际按幕墙合同约定的固定综合单价（或材料单价）×甲方签收的乙方及A、B工厂实际装车交运的合格材料数量结算。甲方签收的乙方及A、B工厂实际装车交运的合格材料数量（以下简称甲方签收数量）计量规则：如甲方签收数量大于双方盘点数量的，则甲方签收数量按双方盘点数量计量结算；如甲方签收数量小于双方盘点数量的，则按甲方签收数量计量结算。
3.就序号3项材料，如甲方全部交由乙方托运至×市及其下辖区县，则甲方另付乙方30万元运费，如甲方部分交由乙方托运，则甲方另付乙方6000元/车（13.5米大货车）运费，如甲方自请车辆运输，则乙方不收取任何费用。
4.合计确认金额根据序号2、序号3实际结算金额相应调整。

三、双方履约经办人

1.甲、乙双方于本协议签署页载明的联系人为双方就该合同解除协议的履约经办人。双方履约经办人负责按本协议完成约定事项的对接、落实工作。

2.联络电子邮箱。

甲方履约经办人电子邮箱：________________

乙方履约经办人电子邮箱：________________

四、清场安排

本协议生效后7日内，乙方应完成施工现场的全部清场工作并将施工现场交还甲方，将双方确认的交付甲方的工程现场乙方材料以外的其他材料及乙方安装的施工吊篮、卸料平台、单轨吊（单轨吊轨道除外）等施工机具拆除并运离施工现场。清场工作所发生的费用已包含在甲方应付乙方的工程价款中，如有超支，甲方不再另行支付。

五、材料及资料交付约定

1.附件中交付甲方的材料，由甲方根据其工程需要在本协议签订后一次性或分批次提货，其中位于A工厂、B工厂的材料，甲方应在本协议签订后一个月内提货完毕，位于C工厂的材料甲方应在________年______月______日前提货完毕。A工厂、B工厂的所有材料由乙方安排完成发货（甲方不承担相关费用），乙方对此承担逾期或不能发货的法律责任。

2. 材料提货前，甲方履约经办人应通过电子邮件向乙方履约经办人发出书面提货通知扫描件，提货通知应载明提货材料的种类、规格型号、数量、提货时间、到货地点等信息。乙方应根据甲方提货通知要求安排发货事宜，材料装车前需经甲方履约经办人查验合格并由双方履约经办人签署交货单，经甲方履约经办人查验合格的材料乙方应妥善包装后装车交运，材料查验标准及包装标准按幕墙合同约定的标准执行，乙方交验材料前应提供质量证明文件原件给甲方。

3. 玻璃幕墙单元板块甲方存储摆放所需堆放架由乙方免费随车附送。

4. 本协议签订后7日内，乙方将幕墙合同项下的所有设计成果（包括但不限于各类模图、设计文件、下料单、工艺图等）无偿移交给甲方，乙方针对幕墙合同项下工程所开的铝材模具使用权交由甲方。

六、付款

1. 本协议生效后15个工作日内，甲方向乙方支付________万元价款。

2. 附件《交付材料清单》载明的材料全部到货后15个工作日内，甲方向乙方支付剩余全部价款。

3. 每次付款前，乙方应向甲方提供相应金额（序号1、序号2、序号3项开具材料发票，其余项开具建安发票），否则甲方有权暂缓付款，但并不因此免除乙方应履行的本协议义务。

七、幕墙合同履约担保事项处理

在附件材料全部到货后的15个工作日内，甲方应退还乙方支付的幕墙合同履约保证金人民币________万元，并且乙方就幕墙合同提供给甲方的履约保函失效。

八、违约责任

1. 甲方逾期付款，每日按逾期金额的1‰向乙方支付逾期违约金；逾期达到30个工作日的，甲方应按本协议项下甲方应付乙方的含税工程总价款的20%向乙方支付根本违约金。

2. 乙方逾期完成清场，应每日承担逾期清场违约金5万元整，逾期达到3日仍未清场完毕的，乙方同意甲方有权自行清场，所产生的费用和造成的损失全部由乙方承担，乙方自愿按本协议项下甲方应付乙方的含税工程总价款的20%向甲方支付根本违约金。

3. 乙方逾期交付设计成果、铝材模具使用权、材料质量证明文件，应每日承担逾期交付违约金5万元整，逾期达到3日仍未交付完毕的，所产生的费用和造成的损失全部由乙方承担，乙方自愿按本协议项下甲方应付乙方的含税工程总价款的20%向甲方支付根本违约金。

4. 乙方任何批次逾期发货，每日按逾期发货对应金额的1‰向甲方支付逾期违约金。逾期达到5日仍未发货的，甲方有权取消该逾期批次提货并拒付该批次货款，乙方逾期发货达到两次以上（含本数）的，甲方有权取消后续所有提货并拒付未提货之货款，由此所产生的费用和造成的损失全部由乙方承担，乙方自愿按本协议项下甲方应付乙方的含税工程总价款的20%向甲方支付根本违约金。

九、争议解决

1. 因履行本协议发生的争议，由本协议签订地人民法院管辖。本协议由甲、乙双方签订于×市×区×路×号。

2. 幕墙合同系甲、乙双方友好协商解除，本协议项下载明的甲方应付乙方的含税工程总价款为双方确认的乙方就幕墙合同所应获得的全部价款，除本协议明确约定外不再进行任何调整。本协议不受幕墙合同效力影响。

3. 本协议约定适用的幕墙合同相关约定，为本协议的有效组成部分，不因幕墙合同解除而无效。

十、其他

1. 本解除协议经甲、乙双方签订即生效。

2. 本解除协议一式四份，甲、乙双方各持二份，具有同等法律效力。

附件：交付材料清单

（以下无正文）含税工程总价款为双方确认的乙方就幕墙合同所应获得的全部价款，除本协议明确约定外，不再进行任何调整。本协议不受幕墙合同效力影响。

————————————————签署页————————————————

<table>
<tr><td rowspan="5">甲方</td><td>名称</td><td colspan="3"></td><td colspan="2" rowspan="4">（盖章）</td></tr>
<tr><td>法定代表人</td><td colspan="3"></td></tr>
<tr><td>委托代理人</td><td colspan="3">（手签：　　　　）</td></tr>
<tr><td>联系人</td><td></td><td>电话</td><td></td></tr>
<tr><td>通信地址</td><td colspan="3"></td><td>邮编</td><td></td></tr>
<tr><td rowspan="8">乙方</td><td>名称</td><td colspan="3"></td><td colspan="2" rowspan="4">（盖章）</td></tr>
<tr><td>法定代表人</td><td colspan="3"></td></tr>
<tr><td>委托代理人</td><td colspan="3">（手签：　　　　）</td></tr>
<tr><td>联系人</td><td></td><td>电话</td><td></td></tr>
<tr><td>通信地址</td><td colspan="3"></td><td>邮编</td><td></td></tr>
<tr><td>开户名称</td><td colspan="5"></td></tr>
<tr><td>开户银行</td><td colspan="5"></td></tr>
<tr><td>账号</td><td colspan="5"></td></tr>
<tr><td colspan="2">签订日期</td><td colspan="5">年　　月　　日</td></tr>
</table>

第十四章　建筑施工企业违约责任

第一节 海运合同违约责任

案情简介

2019年1月，从事国际货运代理的光某公司起诉某建筑施工企业，要求支付海运代理费欠款130万余元，利息36万余元，总计166万余元，同时采取了保全措施冻结该企业资金250万元。该案件中，光某公司也存在延期交货的违约行为，某建筑施工企业于2019年3月向法院提起反诉，索赔违约金200万余元，并查封了对方账户的相应金额。

某建筑施工企业与光某公司签订了货物运输合同，合同约定了货运地点及违约金计算方式（违约天数 × 货运金额 × 10%），本案中货物须承运至某建筑施工企业海外项目处。光某公司负责国内河运，代理海洋运输，某建筑施工企业托运后，按日期分批次进行对账。某建筑施工企业对货运金额无异议，但针对延期送达货物，以合同为根据，出示货运提单证明实际到港日期和延期天数，出具发票证明每单货运金额，从而计算出违约金，维护了公司权益。

法院判决

经过两级法院二审审理，省高院支持了某建筑施工企业的反诉请求137万余元。

案件背景及启示

（一）对于类似结算的文件要引起高度重视

本案中，光某公司提供的由会计师事务所盖章的三份询证函，记载有经过会计师事务所审计的双方业务往来金额，均有某建筑施工企业盖章确认，且与某建筑施工企业付款对应，形成了完整的证据链条，在法律上形成了双方对结算的确认。

（二）基础工作细致扎实才能落实证据证明力

在得知光某公司存在大量代理失职、海运货物未按合同约定抵达目的地的情况后，某建筑施工企业做了大量的采证工作，为落实证据证明力，先是及时对37票在第三方船公司网站有货运时间记录的货运情况进行了及时公证，以免时间久远网站记录被覆盖，其余15票的货运时间则通过调取码头的单据、船公司的函件等资料予以佐证；对于索赔依据的52票货运周期所对应的金额，则通过梳理对方公司开具的发票，将发票与每一票的运费金额一一对应。这些证据能落实，证明力能清楚完整地反映事实情况，首先得益于细致认真的采证工作，其次与该企业细致完整地保存记录了与对方整个业务往来的过程资料密不可分。

（三）违约条款一定要约定得清楚明确

违约条款中要有明确的计算方式，并能将计算所依据的数据落实到证据中来。

法条摘要

《中华人民共和国民法典》

第五百七十七条　当事人一方不履行合同义务或者履行合同义务不符合约定的，应当承担继续履行、采取补救措施或者赔偿损失等违约责任。

第五百八十五条　当事人可以约定一方违约时应当根据违约情况向对方支付一定数额的违约金，也可以约定因违约产生的损失赔偿额的计算方法。

约定的违约金低于造成的损失的，人民法院或者仲裁机构可以根据当事人的请求予以增加；约定的违约金过分高于造成的损失的，人民法院或者仲裁机构可以根据当事人的请求予以适当减少。

当事人就迟延履行约定违约金的，违约方支付违约金后，还应当履行债务。

第二节　买卖合同违约责任

案情简介

2017年10月，宝某公司与某建筑施工企业签订合同，约定由该公司为某建筑施工企业提供复合板。合同履行过程中，因宝某公司延迟交付，双方产生纠纷。宝某公司诉至法院，请求某建筑施工企业支付货款200余万元。某建筑施工企业收到材料后，对宝某公司提起反诉，请求宝某公司支付工期延误违约金100万余元。本案争议点为宝某公司是否构成违约，违约金如何计算。

审理中，法院认为，合同约定："乙方（宝某公司）在收到甲方（某建筑施工企业）订单后20日内交付首批次复合板（不少于2000平方米），后续每批供货周期7天（1000平方米），如因乙方未能按承诺函中的约定时间供货，逾期交货按所延误批次货款1%/天的违约金作为罚款，并负连带责任。”同时，某建筑施工企业对下订单的邮件逐一进行了公证，并将到货单与订单一一对应，明确了每批次货物供货延迟的天数，结合两方面的依据，某建筑施工企业的违约金请求应予以支持。

法院判决

某建筑施工企业于判决生效之日起5日内向宝某公司支付货款170万元。

案件背景及启示

（一）违约金条款一定要明确

签订合同时，要善于利用甲方的优势地位将违约金明确到每天或每次，如果仅简单约定“违约方承担违约责任”，在后期追责时举证烦琐且较难得到法院认可。但应注意对于过分高于损失的违约金法院一般不予支持。

（二）注意保存延迟交货、质量问题的相关证据

材料供应商起诉建筑施工企业支付货款的案件，如果供应商存在延迟交货问题或质量问题，建筑施工企业可以提起反诉和反保全维护权益，减少损失。要注意通过订货单、到货单、分批结算单明确金额、日期，订单要与到货单一一对应。延迟交货问题要注意保存订货单，合同中应当有到货单，延迟交货的约定、处罚依据，并使其一一对应。

（三）知识点拓展及延伸

合同违约情况出现时请求对方支付违约金与赔偿损失如何适用？

1. 无约定违约金时。

如当事人之间的合同未约定违约金，则可主张损失赔偿。在此情况下，因为不存在违约金，所以不存在约定违约金和损失赔偿并用的问题。

2. 约定的违约金与造成的损失同时存在时。

《民法典》第585条第2款明确规定：“约定的违约金低于造成的损失的，人民法院或者仲裁机构可以根据当事人的请求予以增加；约定的违约金过分高于造成的损失的，人民法院或者仲裁机构可以根据当事人的请求予以适当减少。”也就是说，在

此种情况下，不能在主张违约金的同时主张损失赔偿，而只能请求违约金。

法条摘要

《中华人民共和国民法典》

第五百七十七条　当事人一方不履行合同义务或者履行合同义务不符合约定的，应当承担继续履行、采取补救措施或者赔偿损失等违约责任。

第五百八十五条　当事人可以约定一方违约时应当根据违约情况向对方支付一定数额的违约金，也可以约定因违约产生的损失赔偿额的计算方法。

约定的违约金低于造成的损失的，人民法院或者仲裁机构可以根据当事人的请求予以增加；约定的违约金过分高于造成的损失的，人民法院或者仲裁机构可以根据当事人的请求予以适当减少。

当事人就迟延履行约定违约金的，违约方支付违约金后，还应当履行债务。

第三节　风控指引：违约责任选好四种责任形式

合同的主要条款一般包含合同各方的权利、义务以及违反合同义务应承担的责任等，其中非常重要的条款是关于违约责任的约定。在实践中，由于合同性质和交易内容不同，合同约定的违约责任条款亦不尽相同，合同审查者应尽量根据实际情况列明因违约导致损失的情形，并明确可能产生的后果及应承担的责任。

一、违约责任及其特征

违约责任属于一种民事责任，一般指合同违约方应向守约方承担的财产责任。违约责任的特征主要体现在违约责任具有补偿性、惩罚性、财产性，即违约责任以财产责任为核心。

二、违约责任的归责原则

依据《民法典》第577条的规定，当事人一方不履行合同义务或者履行合同义务不符合约定的，应当承担继续履行、采取补救措施或者赔偿损失等违约责任。即合同违约的一般归责原则为严格责任原则。严格责任原则是指违约行为发生后，违约方即应承担违约责任，而不以违约方的主观过错作为其承担违约责任的要件，即守约方无须举证证明违约方存在主观过错，而违约方应举证证明存在法定免责事由方可免除其违约责任。

三、违约责任的形式

依据《民法典》相关规定，违约责任的形式主要包括继续履行、赔偿损失、采取补救措施（包括但不限于要求对方承担修理、更换、重作、退货、减少价款或者报酬等）、支付违约金。

（一）继续履行

《民法典》第577条规定："当事人一方不履行合同义务或者履行合同义务不符合约定的，应当承担继续履行、采取补救措施或者赔偿损失等违约责任。"《民法典》为了防止出现不合理选择继续履行的情形，同时赋予合同当事人一定的选择权。继续履行是指当合同当事人一方不履行合同义务或履行合同义务不符合约定时，违约方应承担按合同的约定履行合同的责任。

（二）赔偿损失

在违约责任中，赔偿损失的责任形式一般应当遵循合理预见、损益相抵、减轻损失等规则。赔偿损失，即违约损害赔偿，指债务人不履行合同义务或者履行合同义务不符合约定，给债权人造成损害时，依法或依约应承担的赔偿债权人损失的责任。

损害赔偿范围大致分为三类：一是约定赔偿范围，即当事人意思表示一致而约定的赔偿范围。二是特定法定赔偿范围，即法律针对特殊关系所设定的特别规定确定的赔偿范围，如《消费者权益保护法》第55条明确规定："经营者提供商品或者服务有欺诈行为的，应当按照消费者的要求增加赔偿其受到的损失，增加赔偿的金额为消费者购买商品的价款或者接受服务的费用的三倍；增加赔偿的金额不足五百元的，为五百元。法律另有规定的，依照其规定。经营者明知商品或者服务存在缺陷，仍然向消费者提供，造成消费者或者其他受害人死亡或者健康严重损害的，受害人有权要求经营者依照本法第四十九条、第五十一条等法律规定赔偿损失，并有权要求所受损失二倍以下的惩罚性赔偿。"三是一般法定赔偿范围，即依法确定的赔偿范围。《民法典》

第583条明确规定了履行义务或采取补救措施后的损失赔偿，第584条明确规定了损害赔偿的范围。

（三）采取补救措施

在违约责任中，补救措施是指矫正合同不适当履行的责任形式。补救措施从狭义上讲，与继续履行、赔偿损失等违约责任形式并列；从广义上讲，指违反合同的债务人应承担违约责任的具体方式。

《民法典》第582条规定："履行不符合约定的，应当按照当事人的约定承担违约责任。对违约责任没有约定或者约定不明确，依据本法第五百一十条的规定仍不能确定的，受损害方根据标的的性质以及损失的大小，可以合理选择请求对方承担修理、重作、更换、退货、减少价款或者报酬等违约责任。"即若当事人之间有约定，则按约定承担违约责任；若无约定或约定不明，则可选择要求对方承担修理、重作、更换、退货、减少价款或者报酬等违约责任。

（四）支付违约金

违约金是指当事人在合同中约定，一方违反合同约定的义务应向对方支付一定金额的款项。一般根据合同履行情况规定不同种类的违约金。

划分依据不同，违约金的分类也不同：根据违约金的性质可分为赔偿性违约金和惩罚性违约金；根据违约的形态可分为瑕疵履行违约金、逾期履行违约金和不履行违约金；根据违约金设立的根据可分为约定违约金和法定违约金。《民法典》第585条明确规定了违约金，且根据实际情况违约金可调整。

四、关于违约金过高的理解

违约金具有补偿性和惩罚性双重性质，合同当事人可以约定高于实际损失的违约金。但依据《民法典》第585条第2款的规定，约定的违约金低于造成的损失的，人民法院或者仲裁机构可以根据当事人的请求予以增加；约定的违约金过分高于造成的损失的，人民法院或者仲裁机构可以根据当事人的请求予以适当减少。

过高的违约金约定可能与公平原则相冲突，违约金应以补偿性为主，以填补守约方的损失。因此，当事人主张约定的违约金过高请求予以适当减少的，人民法院或者仲裁机构可依法予以调整。

五、结语

在实践中，签约双方为了能够控制风险，通常会约定不可抗力免责等自我保护条款，通过承担与自己所得相称的损失，以实现保护己方不会因为违反某个合同而遭受超过自己预期的损失。在合同履行过程中，违约责任条款不仅可以对双方起到约束作用，也可在违约行为发生后将损失降至最低，从而维护守约方的合法权益。

第十五章　建设工程债权债务转移

第一节　债务转移

案情简介

承包方某建筑施工企业、材料供应商精某公司、业主方万某公司存在长期业务合作关系。2014年3月10日，精某公司与某建筑施工企业签订最终结算书，确认材料货款总额共计118万余元。

2014年3月13日，精某公司与某建筑施工企业签订协议，约定：某建筑施工企业组织精某公司或程某（债权人）会同万某公司签订三方抵房合同，抵房合同签订即视为某建筑施工企业对精某公司按双方共同确认房屋价格（118万元）履行材料付款义务。

同日，万某公司（甲方）、某建筑施工企业（乙方）、程某（丙方）签订三方《抵房协议》，约定：甲、乙双方协商一致，共同确认位于某市某区的一套房屋价格为118万元，由甲方直接将上述房屋转让给乙方指定的第三方即丙方，甲方直接与丙方签订《商品房买卖合同》。

经查，《抵房协议》中涉及房屋的所有权人实为泰某公司，该公司与万某公司的法定代表人为同一人。该房屋于2013年7月办理了抵押权登记，抵押人为泰某公司。2014年8月，法院裁定受理泰某公司破产申请。2016年10月，法院裁定宣告泰某公司破产。

2015年2月，法院裁定泰某公司进入破产程序，2017年4月，法院裁定宣告万某公司破产。

2018年3月，因房屋无法办理过户登记，程某向法院提起诉讼，请求解除《抵房协议》，同时，诉讼费用由被告万某公司承担。

审理后，法院认为程某与某建筑施工企业、万某公司签订的《抵房协议》性质上为以房抵债协议，某建筑施工企业将其对精某公司所负债务转让给了万某公司，万某公司通过以房抵债的方式履行偿还义务，然所抵房屋为泰某公司所有，泰某公司并未追认该以房抵债行为，某建筑施工企业、万某公司构成无权处分该房屋。该案《抵房协议》有效，但在未获得产权人认可的情况下，应认定为《抵房协议》存在履行不能的情形，故程某享有合同解除权。

法院判决

1. 解除程某与某建筑施工企业、万某公司于2014年3月签订的《抵房协议》。

2. 诉讼费用由万某公司承担。

案件背景及启示

（一）以房抵债应查清房屋产权等基本情况

《抵房协议》系双方真实的意思表示，一般有效，但最终能否成功办理过户登记存在较大的不确定性，故某建筑施工企业作为债权人签署《以房抵债》协议时，应当事先查清对应房产的基本情况（所有权、担保物权、用益物权等），并在《抵房协议》中明确约定房屋转让成功才视为债务人对建筑施工企业履行了对应债务清偿责任。

（二）以房抵债协议应明确债权转让时间

涉及以房抵债或债权转让事宜，建筑施工企业作为债务人，在与下游债权人或者供应商签署的协议中应当明确约定，协议一经签订即视为债权人对建筑施工企业的债权转移至上游业主方或债务人。

法条摘要

《中华人民共和国民法典》

第一百四十三条　具备下列条件的民事法律行为有效：

（一）行为人具有相应的民事行为能力；

（二）意思表示真实；

（三）不违反法律、行政法规的强制性规定，不违背公序良俗。

第五百零四条　法人的法定代表人或者非法人组织的负责人超越权限订立的合同，除相对人知道或者应当知道其超越权限外，该代表行为有效，订立的合同对法人或者非法人组织发生效力。

第五百六十三条 有下列情形之一的，当事人可以解除合同：

（一）因不可抗力致使不能实现合同目的；

（二）在履行期限届满前，当事人一方明确表示或者以自己的行为表明不履行主要债务；

（三）当事人一方迟延履行主要债务，经催告后在合理期限内仍未履行；

（四）当事人一方迟延履行债务或者有其他违约行为致使不能实现合同目的；

（五）法律规定的其他情形。

以持续履行的债务为内容的不定期合同，当事人可以随时解除合同，但是应当在合理期限之前通知对方。

第二节 债权转让

案情简介

2013年5月，某建筑施工企业与东某钢结构公司签署《某基地钛锌板屋面加工安装合同书》，约定由东某钢结构公司负责安装某项目钛锌板屋面系统。

工程完工后，双方于2017年办理结算，某建筑施工企业应支付东某钢结构公司工程款共计447万元。某建筑施工企业已支付303万元，尚欠144万元。

2017年1月，东某钢结构公司为某建筑施工企业出具《承诺书》，主要内容为：业主方已同意在2017年春节前支付100万元到我司账户，我司本次应收款为60万元，我司承诺业主方付款后，向贵司提供60万元的发票，余下40万元为贵司应收款，我司承诺在收款后三日之内支付贵司的应收款，如未按期支付，我司按照贵司应收款金额1%的比例支付每日利息。

2017年12月，东某钢结构公司收到业主方代付的100万元工程款，但其一直未按《承诺书》约定向某建筑施工企业支付40万元。

2020年10月，东某钢结构公司向法院起诉某建筑施工企业和业主方，请求某建筑施工企业、业主方连带支付工程尾款43万元及利息，同时要求某建筑施工企业、业主方承担诉讼费用。

审理中，法院认为当事人应当按照约定全面履行自己的义务。东某钢结构公司为某建筑施工企业完成钛锌板屋面系统工程，某建筑施工企业应当按时支付工程款。《承诺书》只有东某钢结构公司的盖章，无某建筑施工企业的签字或盖章，双方并未形成合同关系，不能认定为债权转让。

法院判决

1. 某建筑施工企业于判决生效后立即支付东某钢结构公司43万元及利息。

2. 驳回东某钢结构公司其他诉讼请求。

3. 诉讼费用由某建筑施工企业承担。

案件背景及启示

（一）债权转让应当有书面的双方协议

本案《承诺书》中关于100万元到账后支付40万元给某建筑施工企业的内容，性质为东某钢结构公司的单方承诺，不是双方转让债权的协议。某建筑施工企业对业主方的40万元债权并未转移至东某钢结构公司。

（二）债权转让应当通知债务人

债权转让自双方协议签订之日起生效，但应当通知债务人。本案中某建筑施工企业将40万元工程款债权转让至东某钢结构公司，应当书面通知业主方。

法条摘要

《中华人民共和国民法典》

第一百三十三条 民事法律行为是民事主体通过意思表示设立、变更、终止民事法律关系的行为。

第一百三十四条 民事法律行为可以基于双方或者多方的意思表示一致成立，也可以基于单方的意思表示成立。

法人、非法人组织依照法律或者章程规定的议事方式和表决程序作出决议的，该决议行为成立。

第一百四十三条 具备下列条件的民事法律行为有效：

（一）行为人具有相应的民事行为能力；

（二）意思表示真实；

（三）不违反法律、行政法规的强制性规定，不违背公序良俗。

第五百零九条 当事人应当按照约定全面履行自己的义务。

当事人应当遵循诚信原则，根据合同的性质、目的和交易习惯履行通知、协助、保密等义务。

当事人在履行合同过程中，应当避免浪费资源、污染环境和破坏生态。

第三节 风控指引：债权债务转移明确三点基础内容

一、债权债务转让的相关法律规定

《民法典》第545条规定："债权人可以将债权的全部或者部分转让给第三人，但是有下列情形之一的除外：（一）根据债权性质不得转让；（二）按照当事人约定不得转让；（三）依照法律规定不得转让。当事人约定非金钱债权不得转让的，不得对抗善意第三人。当事人约定金钱债权不得转让的，不得对抗第三人。"

第546条规定："债权人转让债权，未通知债务人的，该转让对债务人不发生效力。债权转让的通知不得撤销，但是经受让人同意的除外。"

第549条规定："有下列情形之一的，债务人可以向受让人主张抵销：（一）债务人接到债权转让通知时，债务人对让与人享有债权，且债务人的债权先于转让的债权到期或者同时到期；（二）债务人的债权与转让的债权是基于同一合同产生。"

二、关于债权债务转让的司法实践

通常，建筑施工企业会通过房屋、车辆、债转股等方式来转让债权或债务，在转让过程中签订抵房协议书（见附件1）或者抵车协议书（见附件2）。在这种转让的操作中，建筑施工企业的角色是"中间人"，通过下游供应商与上游业主方（发包方）直接对接抵房事宜，以减少建筑施工企业在转让过程中需承担的费用。

上述转让行为中涉及两种法律关系，一是债权转让关系，即建筑施工企业将相关债权转让给其下游供应商；二是债权债务抵销关系，即通过债权转让将建筑施工企业对供应商所负债务全部或部分抵销。在实施该民事法律行为中应当明确以下三点。

第一，应当确保建筑施工企业享有的债务有效性并核实供应商对建筑施工企业享有的债权的有效性，尤其要确认各方对债权、债务关系是否存在争议以及诉讼时效期限是否届满，对于建筑施工企业所负债务有争议并有合理抗辩理由的应当慎重实施债权转让行为。

第二，若涉及业主以房抵债或以其他方式清偿债务的，还应当查明债务人财产的真实性及合法性，同时，在债权转让协议中需明确约定“本协议一经签订，即视为公司对债务人享有的债权转移至受让人，建筑施工企业对受让人的债务在转让债权范围内抵销”。

第三，债务转让具有一定的法律限制，债务转让应当符合《民法典》第545条规定的情形。

附件1：

抵房协议书

甲方：某房地产开发有限公司

乙方：某建筑施工企业

丙方：某公司（材料供应商或分包商）

鉴于________________，甲、乙、丙三方经友好协商，就乙方（或乙方指定的第三方）购买丙方开发建造和销售的__________（项目名称）部分物业的购房款，丙方同意以乙方供货的甲方项目的应付工程款与之互抵事宜达成以下协议，供三方信守。

一、债权债务抵销

1.1　三方确认，乙方或乙方指定的第三方欲购丙方开发的物业（下称抵偿房屋）（此处需写清楚房屋的具体地址、面积、房屋价款）。

1.2　在本协议生效后______个工作日内，乙方或乙方指定第三方与丙方完成抵偿房屋的《认购书》《商品房现房买卖合同》（下称商品房买卖合同）及相关附属文件的签署。

1.3　三方同意，由甲方于与乙方签署的工程合同应付未付金额共计人民币____________元（大写：______________________元整）中的人民币____________元（大写：_________________元整）向丙方支付抵偿房屋的全部房价款。具体支付和抵扣流程等由甲方与丙方自行协商。

1.4 乙方应在乙方或其指定的第三方与丙方签署抵偿房屋的商品房买卖合同时，向甲方出具以甲方为付款单位的相应抵偿金额的正式工程款发票，甲方收到乙方的工程款发票后，通知丙方向乙方或乙方指定的第三方出具房款发票。如抵偿金额不足以抵偿房屋总价的，乙方或乙方指定的第三方应按照签署的商品房买卖合同履行合同约定的付款义务，补足不足部分，否则视为对商品房买卖合同的违反，承担商品房买卖合同约定的违约责任。丙方应按照商品房买卖合同和法律法规的规定各自承担抵偿房屋买卖所涉各项税费、成本和交易费用。

1.5 自本协议生效之日起，即视为甲乙双方、乙丙双方对工程款人民币______元（大写：________________元整）支付达成新的付款日期约定，即上述工程款付款日期为本协议所涉债权债务抵销之日，丙方不得再向乙方就上述未付工程款主张违约金及利息。

二、债权债务消灭

2.1 乙方或乙方指定的第三方与丙方签署完成商品房买卖合同并履行完毕本协议第1.4条的约定后，甲方在工程合同中对乙方的付款义务、乙方或乙方指定的第三方在抵偿房屋商品房买卖合同中对丙方的付款义务所对应的债权债务（等同于抵偿金额）消灭，即视为相关各方已就该金额向相对方履行了付款义务。但相关各方仍应按照已签署的工程合同相关协议及商品房买卖合同的约定切实履行其他持续性合同义务。

三、特别约定

3.1 如因甲方或丙方原因，导致已签署的商品房买卖合同效力受到任何影响（包括但不限于合同变更、无效、撤销、条款无法执行等），甲、乙、丙三方确认已抵偿的工程款不受任何影响，仍视为乙方已就抵偿部分的工程款向丙方履行了付款义务，且办理房屋过户等费用均由丙方承担。

3.2 在本协议书有效期限内或之后的任何时间，本协议各方不得向任何与本次合作行为不发生直接关联的第三方泄露任何在本次合作中获悉的对方公司的秘密信息和文件资料。

四、违约责任

4.1 如因丙方原因（包括未向乙方开具全部工程款发票）导致未能签署商品房

买卖合同及全部附属文件的，乙方按工程合同约定向丙方支付应付的工程款，但有权扣除应付工程款的20%作为丙方未履行本协议约定的违约金。

五、争议解决

5.1 本协议未尽事宜，任何一方可提出签订补充条款予以补充。若在履行过程中发生纠纷，各方协商解决；协商不成的，任何一方都可向合同签订地的人民法院提起诉讼。

六、合同效力

6.1 本协议自三方签字盖章后生效。本协议一式六份，具有同等效力，每方各执二份。

甲方（盖章）：

授权代表（签字）：__________

________年______月______日

乙方（盖章）：

授权代表（签字）：____________

________年______月______日

丙方（盖章）：

授权代表（签字）：____________

________年______月______日

本协议签订地：________________

附件2：

抵车协议书

甲方：某房地产开发有限公司

乙方：某建筑施工企业

丙方：某公司（材料供应商或分包商）

鉴于________________，甲、乙、丙三方经友好协商，就乙方或乙方指定的第三方购买丙方销售的____________（车辆品牌、型号）的购车款，丙方同意以乙方承建的甲方项目应付工程款与之互抵事宜达成以下协议，供三方信守。

一、债权债务抵销

1.1　三方确认，乙方或乙方指定的第三方欲购丙方销售的______________（车辆品牌、型号）（下称抵偿车辆）的车辆信息等详见附件。

1.2　乙方或乙方指定第三方应在签署本协议后______个工作日内，与丙方完成抵偿车辆的《新车销售合同》及相关附属文件（下称新车销售合同）的签署。

1.3　三方同意，抵偿车辆之车辆价款由甲方于与乙方签署的工程款合同（合同明细详见下表）应付未付金额共计人民币________元（大写：________元）中的人民币________元（大写：______________元）向丙方支付抵偿车辆的购车款。具体支付和抵扣流程等由甲方与丙方自行协商。

序号	公司名称	合同编号	合同名称	应付款（元）	可抵车金额（元）
1					

1.4　乙方应在乙方或乙方指定的第三方与丙方签署抵偿车辆的新车销售合同时，根据本协议第1.3条约定的具体金额分别向甲方出具以甲方为付款单位的相应抵偿金额的正式工程款发票，甲方收到乙方的工程款发票后，丙方向乙方或乙方指定的第三方出具车款发票。如抵偿金额不足以抵偿车辆总价，乙方或乙方指定的第三方应按照签署的新车销售合同履行合同约定的付款义务，补足不足部分，否则视为对新车销售合同的违反，承担新车销售合同约定的违约责任。乙方或乙方指定的第三方和丙方应按照新车销售合同和法律法规的规定承担抵偿车辆买卖所涉各项税费、成本和交易费用。

二、债权债务消灭

2.1　乙方或乙方指定的第三方与丙方签署完成新车销售合同并履行完毕本协议第1.4条约定后，甲方在相应工程合同中对乙方的付款义务、乙方或乙方指定的第三方在抵偿车辆新车销售合同中对丙方的付款义务所对应的债权债务（等同于抵偿金额）消灭，即视为相关各方已就该等金额向相对方履行了付款义务。但相关各方仍应按照已签署的工程合同相关协议及新车销售合同的约定切实履行其他持续性合同义务。

三、特别约定

3.1　如因乙方或乙方指定的第三方原因，导致已签署的新车销售合同效力受到任何影响（包括但不限于合同变更、无效、撤销、条款无法执行等），甲、乙双方确认已抵偿的工程款不受任何影响，仍视为甲方已就抵偿部分的工程款向乙方履行了付款义务。

3.2　在本协议书有效期限内或之后的任何时间，本协议各方不得向任何与本次合作行为不发生直接关联的第三方泄露任何在本次合作中获悉的对方公司的秘密信息和文件资料。

四、争议解决

4.1　本协议未尽事宜，任何一方都可提出签订补充条款予以补充。若在履行过程中发生纠纷，各方协商解决；协商不成的，任何一方都可以向合同签订地的人民法院提起诉讼。

五、合同效力

5.1　本协议自三方签字盖章后生效。本协议一式六份，具有同等效力，每方各执二份。

甲方（盖章）：

授权代表（签字）：____________

________年______月______日

乙方（盖章）：

授权代表（签字）：____________

________年______月______日

丙方（盖章）：

授权代表（签字）：____________

________年______月______日

本协议签订地：

第十六章　建设工程诉讼时效起算点

第一节　支持诉讼时效抗辩

案情简介

2009年，某建筑施工企业因工程需要，向北某公司租赁高处作业吊篮。北某公司依约提供吊篮设备后，某建筑施工企业员工高某与北某公司进行了对账，并形成了两份对账单——《2009年1月至6月吊篮对账单》《2009年11月至2010年1月吊篮对账单》。两份对账单均载明了设备台数、租赁时间以及总费用（分别为14万余元与11万余元）。高某在两份对账单中承租方代表处签字，但没有写明日期。2017年5月，北某公司因债务事宜，将对某建筑施工企业的债权转让给赵某，双方签订债权转让协议书一份，转让吊篮租赁费18万余元，并发函通知某建筑施工企业转让事宜。后某建筑施工企业未履行付款义务。另查明，北某公司已于2011年10月28日被吊销营业执照，但未注销。

法院认为，北某公司对某建筑施工企业的租金债权已经超过诉讼时效。根据《合同法》第226条[①]规定，承租人应当按照约定的期限支付租金。对支付期限没有约定或者约定不明确的，依照本法第61条的规定仍不能确定，租赁期间不满一年的，应当在租赁期间届满时支付；租赁期间一年以上的，应当在每届满一年时支付，剩余期间不满一年的，应当在租赁期间届满时支付。

本案中，北某公司转让的债权包括尚欠的租赁费15万余元、吊篮运输费3万余元，合计18万余元。而按照北某公司与某建筑施工企业的两张对账单可知，双方实际履行的租赁期限为2009年1月8日至2010年1月10日，总租赁费用为25万余元。故北某公司最迟应在2011年1月11日前要求该建筑施工企业支付租金。北某公司应当在两年内向某建筑施工企业主张权利，要求支付租金或进行权利转让。而北某公司与赵某在超过两年的诉讼时效期间后，于2017年5月24日才进行债权转让，此时北某公

① 《合同法》已废止，相关规定现参照《民法典》第721条。

司对该建筑施工企业的债权已经超过诉讼时效。同时，赵某也无法提供有效证据材料证明北某公司于诉讼时效内的某一时段向某建筑施工企业主张过该支付租赁费，以使诉讼时效中断，或本案存在诉讼时效中止、中断的其他情形。因此，赵某的起诉时间，已超过法定时效，法院对其诉讼请求不予支持。

法院判决

1. 驳回赵某的诉讼请求。

2. 案件受理费由赵某负担。

案件背景及启示

（一）及时主张权利，避免诉讼时效风险

法律不保护躺在权利上睡觉的人。起诉时间及权利行使并非无期限，法律对于怠于行使权利的行为不予保护，超过诉讼时效后，相关主体将丧失胜诉权。根据《民法典》关于时效中断的规定，对于债权，具备申请仲裁或提起诉讼条件的，应在时效的期限内提请仲裁或提起诉讼。尚不具备条件的，诉讼时效中断的具体办法有两种：一是以书面形式主张债权。对于履行债务的请求，应争取到对方有关工作人员签名、盖章，并签署日期。债务人不予接洽或拒绝签字盖章的，应及时将要求该单位履行债务的书面文件制作一式数份，自存至少一份备查后，将该文件以传真、电邮、彩信等形式或其他妥善的方式通知对方或对方代理人，并保存好记录，必要时可以公证。二是请第三方律师事务所代发函件并保留好签收记录。

（二）建筑施工企业债权案件所涉及的诉讼时效期间为3年

通常情况下，向人民法院请求保护民事权利的诉讼时效期间为3年。法律另有规定的，依照其规定。建筑施工企业所涉及的案件大多数为债权纠纷案件，应当适用3年的诉讼时效。原则上，诉讼时效期间自权利人知道或者应当知道权利受到损害以及义务人之日起计算。

法条摘要

《中华人民共和国民法典》

第一百八十八条 向人民法院请求保护民事权利的诉讼时效期间为三年。法律另有规定的，依照其规定。

诉讼时效期间自权利人知道或者应当知道权利受到损害以及义务人之日起计算。法律另有规定的，依照其规定。但是，自权利受到损害之日起超过二十年的，人民法院不予保护，有特殊情况的，人民法院可以根据权利人的申请决定延长。

第一百九十二条　诉讼时效期间届满的，义务人可以提出不履行义务的抗辩。

诉讼时效期间届满后，义务人同意履行的，不得以诉讼时效期间届满为由抗辩；义务人已经自愿履行的，不得请求返还。

第一百九十三条　人民法院不得主动适用诉讼时效的规定。

第一百九十四条　在诉讼时效期间的最后六个月内，因下列障碍，不能行使请求权的，诉讼时效中止：

（一）不可抗力；

（二）无民事行为能力人或者限制民事行为能力人没有法定代理人，或者法定代理人死亡、丧失民事行为能力、丧失代理权；

（三）继承开始后未确定继承人或者遗产管理人；

（四）权利人被义务人或者其他人控制；

（五）其他导致权利人不能行使请求权的障碍。

自中止时效的原因消除之日起满六个月，诉讼时效期间届满。

第二节　不支持诉讼时效抗辩

案情简介

2012年9月，刘某与某建筑施工企业签订了建筑工程劳务分包合同，某建筑施工企业将万某酒店幕墙工程交给刘某施工。2012年8月，刘某组织了多名农民工到工地现场施工。

2012年9月28日，双方签订补充协议，约定在2013年4月30日前完成全部工程。2013年4月，该工程施工完毕。2013年12月，某建筑施工企业与刘某结算，应付给刘某98万余元。截止到2019年1月，某建筑施工企业共给付刘某83万余元劳务费。刘某于2020年10月起诉至法院，要求某建筑施工企业支付欠款。

一审法院认为，2012年至2015年，某建筑施工企业陆续向刘某支付劳务费。2019年1月30日，某建筑施工企业再次向刘某支付一笔劳务费用，这一行为已经引起了诉讼时效中断的法律后果，因此，刘某诉请并未超过法定诉讼时效。某建筑施工企业上诉辩称，根据《民法通则》第135条的规定，涉案工程于2013年12月26日完成结算，故剩余劳务费（不含质保金）诉讼时效已于2015年12月26日期限届满。根据《民法总则》第188条[①]的规定，涉案工程于2015年12月26日质保期满，故质保金诉讼时效已于2018年12月26日期限届满。因此，刘某全部诉求费用的诉讼时效至迟于2018年12月26日届满，该部分债务已由法律之债转化为自然之债（即指当事人所负担的受一般道德标准支持，法律虽然不强制其履行，但在自愿履行后即维护履行效果，给付人不得请求返还给付的债）[②]，某建筑施工企业有权拒绝履行该项自然之债。

法院判决

1. 某建筑施工企业于判决生效后10日内给付刘某劳务费14万余元。

2. 某建筑施工企业于判决生效后10日内给付刘某欠付款项利息，利息以14万余元为基数，自2020年10月14日起至实际付清之日止，按照同期全国银行间同业拆借中心公布的贷款市场报价利率计算。

3. 案件受理费由某建筑施工企业承担。

案件背景及启示

（一）关注诉讼时效，谨慎付款

建设工程施工合同由于合同双方合作时间长，合同履行的时限也长，在此过程中，要保持对诉讼时效的高度敏感，一旦发现诉讼时效出现了对建筑施工企业有利的局面，则要抓住机会。

（二）导致诉讼时效经过的最主要原因是管理出现漏洞

在建筑施工领域，诉讼时效经过导致权利无法得到保护，往往不是由于当事人不积极主张权利。主要的原因可能是建筑施工企业内部变动频繁，对存在债权转让或者

---

① 现参照《民法典》第188条。

② 现参照《民法典》第192条。

抵消等情况未保存完整的资料，根据现有资料显示的是欠款，企业管理者在诉讼时效经过后又进行起诉，有的无法得到支持，主要是管理不完善的问题。

法条摘要

《中华人民共和国民法典》

第一百九十五条　有下列情形之一的，诉讼时效中断，从中断、有关程序终结时起，诉讼时效期间重新计算：

（一）权利人向义务人提出履行请求；

（二）义务人同意履行义务；

（三）权利人提起诉讼或者申请仲裁；

（四）与提起诉讼或者申请仲裁具有同等效力的其他情形。

第一百九十六条　下列请求权不适用诉讼时效的规定：

（一）请求停止侵害、排除妨碍、消除危险；

（二）不动产物权和登记的动产物权的权利人请求返还财产；

（三）请求支付抚养费、赡养费或者扶养费；

（四）依法不适用诉讼时效的其他请求权。

第一百九十七条　诉讼时效的期间、计算方法以及中止、中断的事由由法律规定，当事人约定无效。

当事人对诉讼时效利益的预先放弃无效。

第三节　风控指引：诉讼时效起算点留意两种情形

迄今为止，诉讼时效的问题在司法实践中并没有完全统一的适用方法和结论。在司法实践中，债权在诉讼时效经过以后，债务人再次履约付款，有的法院认为是中断，有的法院认为诉讼时效经过以后就不能发生中断的效力。在债务经过时间过长，债权人在没有证据证明主张了权利的情况下，有的法院认为，只要债务人并没有明确拒绝履行债务，那么诉讼时效则一直没有起算；有的法院认为，只要涉及债权的事务得到了确认，则诉讼时效开始起算。

实践中，对于建设工程款诉讼时效的起算点存在争议，笔者在此分为以下两种情形进行论述。

一、双方已经达成结算协议，工程款数额已经确定的

对于双方已经达成结算协议，工程款数额已经确定的，该工程款实际上已经成为一种有履行期限的债权，诉讼时效应当从履行期限届满之日起算。当事人对工程款的支付期限有约定的，自约定付款期限届满之日起计算3年诉讼时效。对于分期支付的，《诉讼时效制度规定》第5条规定："当事人约定同一债务分期履行的，诉讼时效期间从最后一期履行期限届满之日起计算。"

二、双方未达成结算协议，工程款数额尚未确定的

1. 双方未结算，但合同约定竣工验收合格之日支付工程款的，工程款的诉讼时效从竣工验收之日起算。

对于竣工日期如何认定，实践认为，工程已经竣工验收质量合格的，以竣工验收之日为工程竣工日；竣工验收质量不合格的，以工程修复重新验收之日为工程竣工日；工程未经竣工验收，发包人擅自使用的，以发包人擅自使用之日为工程竣工日。

实践中，对于承包人提交了竣工验收文件，发包人在合理期限内无正当理由不组织竣工验收的，合理期限届满之日视为工程竣工日，合理期限一般为30天。类似的规定如福建省高级人民法院《关于审理建设工程施工合同纠纷案件疑难问题的解答》中规定："18、问：建设工程施工合同约定，工程竣工验收合格后支付工程款，但工程完工后，发包人拒不验收或者不组织验收，承包人起诉要求支付工程款的，如何处理？答：工程完工后，发包人无正当理由不依照法律规定或者合同约定进行竣工验收的，视为恶意阻止付款条件成就，其应当履行验收或者组织验收义务之日为付款条件成就之日。"

2. 工程已经竣工验收，合同约定了发包人的结算期限，但是发包人拒绝结算的，工程款的诉讼时效从发包人应当进行结算的合理期限届满之日起算。

3. 双方未结算，且合同中对付款期限和结算期限均没有约定或者约定不明确的，应从工程款确定或应当确定之日起计算工程款的诉讼时效。

《最高人民法院关于审理建设工程施工合同纠纷案件适用法律问题的解释（一）》第27条规定："利息从应付工程价款之日开始计付。当事人对付款时间没有约定或者约定不明的，下列时间视为应付款时间：（一）建设工程已实际交付的，为交付之日；（二）建设工程没有交付的，为提交竣工结算文件之日；（三）建设工程未交付，工程价款也未结算的，为当事人起诉之日。"按照该司法解释确定的精神，合同对付款时间未约定或约定不明确的，人民法院应根据具体情况确定合理的付款时间。同样，在双方在工程未结算时即发生争议，合同对付款期限和结算期限又未约定的情况下，人民法院如果仅仅以工程未结算，工程款数额不确定为由，驳回当事人的诉讼请求，则存在双方事实上已经不可能或不能结算而法院还要求双方必须自主结算，无疑会导致承包方的债权继续拖延，不利于保护债权人利益，也不利于工程纠纷的及时有效处理。此类情形下，对于双方已经无法自主结算的，人民法院一般会委托中介机构对工程款进行鉴定，以确定双方的工程款数额。对于一方已经提交了结算报告，而另一方无正当理由拖延结算的，则按照前述第二种情形确定工程款，从而确定工程款的诉讼时效。

对于建筑施工企业来说，工程款、质保金、货款、加工费等的债权应适用民法典关于诉讼时效的规定，但是投标保证金、履约保证金此类具有担保作用的债权，是否适用诉讼时效的规定仍存有争议，因为此类款项具有担保物权的性质，是否可以如返还原物请求权一样，不受诉讼时效制度的制约？笔者认为，投标保证金、履约保证金等由于其担保物权的性质是物权的一种，应该不受诉讼时效的制约。

笔者认为就建设工程的工程款而言，如果诉讼时效经过，更应该保护建筑工程债权人的利益。建筑工程款项较多涉及农民工的血汗钱和材料商的材料款项，由于建筑工程周期长且过程复杂，仅仅因时效问题致使建筑工程款项得不到支持，最终受损失的是农民工和材料商。因此笔者建议对立法进行修订，在诉讼时效上对建筑施工企业"网开一面"，对诉讼时效抗辩不予支持。

第十七章　建设工程电子证据

第一节　电子证据

案情简介

2017年12月，某建筑施工企业与青某公司签订《塔式起重机租赁合同》，约定某建筑施工企业向青某公司租赁两台塔吊用于某建筑施工企业位于北京市的某项目，租赁费为每月55000元，每月25日结算，支付比例为70%，余款在塔吊报停拆卸后一个月内付清，同时约定出场费用共计36万元，安装调试完毕验收合格后一次性付18万元，余款18万元在塔吊拆除后一个月内付清。

2019年9月，工程接近完工时，为确保国庆节前清理施工现场，某建筑施工企业与青某公司约定委托拆装公司实施破坏性拆除方案，某建筑施工企业补偿青某公司每台塔吊破坏性拆除损失30万元。

2019年10月，工程竣工，塔吊报停，随后拆装公司进行破坏性拆除，经双方核实确认，某建筑施工企业拖欠租赁费、出场费、破坏性拆除补偿费合计98万余元。

2020年9月，青某公司向法院起诉，请求某建筑施工企业支付塔吊租赁等费用98万余元及利息。

案件争议点：某建筑施工企业负责人的微信记录中关于“梁总，我这边调整一下，直接写上一台塔吊报废拆除补偿30万元”的电子证据能否得到认可。

审理中，法院认为双方约定对塔吊进行破坏性拆除，根据双方微信联系记录显示，某建筑施工企业认可支付给青某公司的60万元为增加的补偿费用。

法院判决

1. 某建筑施工企业于本判决生效后10日内付给青某公司租赁费、出场费、破坏性拆除费等费用合计98万余元。

2. 诉讼费用由被告某建筑施工企业负担。

案件背景及启示

（一）电子证据是否有效视情况而定

所谓电子证据是指以电学、光学、磁或者类似手段生成、发送、接收或者存储的能够证明相关事实的信息，由于电子信息相比已经发生的物证、书证等实物证据而言更容易被修改，最初在司法实践中被采用的可能性不大。但是随着社会发展和科技进步，电子数据在日常生活及商业往来中的作用日益重要，对于在司法实践中认定事实也越来越重要。根据《民事诉讼法》及相关司法解释的规定，原则上电子证据有效，但在司法实践中对于不同个案而言，电子证据是否可以作为认定事实的依据还应视具体情况而定。

（二）工程管理过程中，审慎发送电子信息

建筑施工企业项目负责人、业务人员在工程管理过程中，对于手机短信、微信、电子邮件、传真、网站链接等电子数据信息，一方面应当审慎发送，另一方面应当注意保存，不轻易删除原始数据。

（三）及时签订补充协议

基于合同相对性原则，合同条款仅适用于合同主体，若双方业务合作过程中涉及第三方权利义务的，应当及时签订补充协议，明确约定双方权利义务。

法条摘要

《最高人民法院关于民事诉讼证据的若干规定》

第十四条　电子数据包括下列信息、电子文件：

（一）网页、博客、微博客等网络平台发布的信息；

（二）手机短信、电子邮件、即时通信、通讯群组等网络应用服务的通信信息；

（三）用户注册信息、身份认证信息、电子交易记录、通信记录、登录日志等信息；

（四）文档、图片、音频、视频、数字证书、计算机程序等电子文件；

（五）其他以数字化形式存储、处理、传输的能够证明案件事实的信息。

第十五条　当事人以视听资料作为证据的，应当提供存储该视听资料的原始载体。

当事人以电子数据作为证据的，应当提供原件。电子数据的制作者制作的与原件一致的副本，或者直接来源于电子数据的打印件或其他可以显示、识别的输出介质，视为电子数据的原件。

第九十四条　电子数据存在下列情形的，人民法院可以确认其真实性，但有足以反驳的相反证据的除外：

（一）由当事人提交或者保管的于己不利的电子数据；

（二）由记录和保存电子数据的中立第三方平台提供或者确认的；

（三）在正常业务活动中形成的；

（四）以档案管理方式保管的；

（五）以当事人约定的方式保存、传输、提取的。

电子数据的内容经公证机关公证的，人民法院应当确认其真实性，但有相反证据足以推翻的除外。

《中华人民共和国电子签名法》

第二条 本法所称电子签名，是指数据电文中以电子形式所含、所附用于识别签名人身份并表明签名人认可其中内容的数据。

本法所称数据电文，是指以电子、光学、磁或者类似手段生成、发送、接收或者储存的信息。

《中华人民共和国民事诉讼法》

第六十六条 证据包括：

（一）当事人的陈述；

（二）书证；

（三）物证；

（四）视听资料；

（五）电子数据；

（六）证人证言；

（七）鉴定意见；

（八）勘验笔录。

证据必须查证属实，才能作为认定事实的根据。

《最高人民法院关于适用〈中华人民共和国民事诉讼法〉的解释》

第一百一十六条 视听资料包括录音资料和影像资料。

电子数据是指通过电子邮件、电子数据交换、网上聊天记录、博客、微博客、手机短信、电子签名、域名等形成或者存储在电子介质中的信息。

存储在电子介质中的录音资料和影像资料，适用电子数据的规定。

第二节 风控指引：电子证据采信两个主要程序

在建筑领域纠纷中，电子证据已经成为越来越常见的庭审证据。在我国，电子证据逐渐被采用经历了如下法律法规建设过程。

一、电子证据法律法规建设

2011年12月起实施的《关于工商行政管理机关电子数据证据取证工作的指导意见》规定："一、电子证据取证是指工商行政管理执法人员在查处网络商品交易及有关服务违法行为时，运用技术手段收集、调取违法行为的电子数据证明材料或者与违法行为有关的其他电子数据材料。二、本意见所称电子证据是指以电子数据的形式存在于计算机存储器或外部存储介质中，能够证明案件真实情况的电子数据证明材料或与案件有关的其他电子数据材料。三、电子证据取证应当严格遵守国家法律、法规、规章的有关规定，除与案件有关联的电子证据外，不得随意复制、泄露案件当事人储存在计算机系统中的私人材料和商业秘密。四、电子证据取证工作任务应当至少有2名执法人员参与进行，其中至少有1名人员应当熟练掌握计算机操作知识。……"

2012年修正的《民事诉讼法》第63条规定："证据包括：（一）当事人的陈述；（二）书证；（三）物证；（四）视听资料；（五）电子数据；（六）证人证言；（七）鉴定意见；（八）勘验笔录。证据必须查证属实，才能作为认定事实的根据。"①

2012年修正的《刑事诉讼法》第48条规定："可以用于证明案件事实的材料，都是证据。证据包括：（一）物证；（二）书证；（三）证人证言；（四）被害人陈述；（五）犯罪嫌疑人、被告人供述和辩解；（六）鉴定意见；（七）勘验、检查、辨认、侦查实验等笔录；（八）视听资料、电子数据。证据必须经过查证属实，才能作为定案的根据。"②

2014年修正的《行政诉讼法》第33条规定："证据包括：（一）书证；（二）物证；（三）视听材料；（四）电子数据；（五）证人证言；（六）当事人的陈述；（七）鉴定

---

① 2021年《民事诉讼法》修正时，本条调整为第66条。

② 2018年《刑事诉讼法》修正时，本条调整为第50条，内容没有改动。

意见；（八）勘验笔录、现场笔录。以上证据经法庭审查属实，才能作为认定案件事实的根据。”

2015年2月起实施的《最高人民法院关于适用〈中华人民共和国民事诉讼法〉的解释》第116条规定：“视听资料包括录音资料和影像资料。电子数据是指通过电子邮件、电子数据交换、网上聊天记录、博客、微博客、手机短信、电子签名、域名等形成或者存储在电子介质中的信息。存储在电子介质中的录音资料和影像资料，适用电子数据的规定。”①

2015年修订的《电子签名法》第5条规定：“符合下列条件的数据电文，视为满足法律、法规规定的原件形式要求：（一）能够有效地表现所载内容并可供随时调取查用；（二）能够可靠地保证自最终形成时起，内容保持完整、未被更改。但是，在数据电文上增加背书以及数据交换、储存和显示过程中发生的形式变化不影响数据电文的完整性。”第8条规定：“审查数据电文作为证据的真实性，应当考虑以下因素：（一）生成、储存或者传递数据电文方法的可靠性；（二）保持内容完整性方法的可靠性；（三）用以鉴别发件人方法的可靠性；（四）其他相关因素。”②

2018年9月起实施的《关于互联网法院审理案件若干问题的规定》第11条规定：“当事人对电子数据真实性提出异议的，互联网法院应当结合质证情况，审查判断电子数据生成、收集、存储、传输过程的真实性，并着重审查以下内容：（一）电子数据生成、收集、存储、传输所依赖的计算机系统等硬件、软件环境是否安全、可靠；（二）电子数据的生成主体和时间是否明确，表现内容是否清晰、客观、准确；（三）电子数据的存储、保管介质是否明确，保管方式和手段是否妥当；（四）电子数据提取和固定的主体、工具和方式是否可靠，提取过程是否可以重现；（五）电子数据的内容是否存在增加、删除、修改及不完整等情形；（六）电子数据是否可以通过特定形式得到验证。当事人提交的电子数据，通过电子签名、可信时间戳、哈希值校验、区块链等证据收集、固定和防篡改的技术手段或者通过电子取证存证平台认证，能够证明其真实性的，互联网法院应当确认。当事人可以申请具有专门知识的人就电

① 2020年12月《最高人民法院关于适用〈中华人民共和国民事诉讼法〉的解释》修正时，本条没有改动。

② 2019年《电子签名法》修正时，第5条、第8条没有改动。

子数据技术问题提出意见。互联网法院可以根据当事人申请或者依职权，委托鉴定电子数据的真实性或者调取其他相关证据进行核对。”

2019年10月修改的《关于民事诉讼证据的若干规定》第93条规定：“人民法院对于电子数据的真实性，应当结合下列因素综合判断：（一）电子数据的生成、存储、传输所依赖的计算机系统的硬件、软件环境是否完整、可靠；（二）电子数据的生成、存储、传输所依赖的计算机系统的硬件、软件环境是否处于正常运行状态，或者不处于正常运行状态时对电子数据的生成、存储、传输是否有影响；（三）电子数据的生成、存储、传输所依赖的计算机系统的硬件、软件环境是否具备有效的防止出错的监测、核查手段；（四）电子数据是否被完整地保存、传输、提取，保存、传输、提取的方法是否可靠；（五）电子数据是否在正常的往来活动中形成和存储；（六）保存、传输、提取电子数据的主体是否适当；（七）影响电子数据完整性和可靠性的其他因素。人民法院认为有必要的，可以通过鉴定或者勘验等方法，审查判断电子数据的真实性。”

该规定第90条也对电子数据进行了限制：“下列证据不能单独作为认定案件事实的根据：（一）当事人的陈述；（二）无民事行为能力人或者限制民事行为能力人所作的与其年龄、智力状况或者精神健康状况不相当的证言；（三）与一方当事人或者其代理人有利害关系的证人陈述的证言；（四）存有疑点的视听资料、电子数据；（五）无法与原件、原物核对的复制件、复制品。”

根据上述法律规定，在保存电子证据时应该如何操作？下面以即时通信记录中的微信聊天记录为例，谈一谈建筑施工领域使用电子证据有哪些主要程序。

二、使用电子证据的两大主要程序：保全和提交

（一）微信证据的保全

电子证据并不是只截屏保存就可以了。浙江省高级人民法院公众号发文[①]中详细

① 《用聊天记录当证据，对方改了微信号怎么证明他是他？来看看这4条建议》，https://mp.weixin.qq.com/s/HW7qZ8XyHtMOkmluxze2oA；《微信聊天记录如何作为有效证据？法官：3个要点！》，https://mp.weixin.qq.com/s/002FN0giQQ_SH_c0e8PPlA；《丈夫出轨，妻子录音存证，却因这个原因没被法庭采信！》，https://mp.weixin.qq.com/s/1Uh0wYSJ7wD_9MsD66oGOQ。

介绍了微信证据保全建议，具体内容如下。

1. 微信记录形成时，必须立即通过拍摄视频的方式进行证据保全。

视频证据不但能反映微信记录的完整性与连贯性，而且能锁定微信证据的形成时间，解决证据保全问题。拍摄时应注意以下三点。

（1）尽可能在微信记录形成的同时拍摄。如无法在形成的同时拍摄视频，应务必在形成后尽快补拍。

（2）注重拍摄的连贯性与完整性。拍摄应始于待证事实关联的首条记录，止于该段聊天结束，拍摄过程切勿中断。拍摄时，举证者应自上而下缓慢拖动微信界面，如遇语音、视频、图片、文件、链接等非文字消息，须点开并完整播放或展示后再继续拖动。切忌跳过部分信息，破坏证据的完整性。

（3）通过手机号搜索对方账号并拍摄搜索过程。由于现在手机已经实行实名制，因此，通过微信的“添加朋友”功能，输入手机号搜索，便可将手机机主与微信账号持有人关联。建议保全微信证据的同时，将搜索手机号的过程一并拍摄视频保全，防止日后对方解绑手机与账户导致无法关联。

2. 注重保存已形成的证据。

（1）谨慎清理微信文件。

在使用手机助手类软件时，切勿清理微信文件、视频、图片或语音消息，慎用“一键瘦身”“垃圾清理”等自动清理功能，谨慎直接通过文件夹删除各类文件。

（2）切勿依赖云端保存。

同步云端的微信记录由原始记录复制而来，属于“传来证据”，不能作为单独定案依据。因此，切忌将记录同步后便以为“万事大吉”，随意清理原始证据。

（二）微信聊天记录的提交

1. 同时提交完整版、重点版与保全视频。

提供微信记录作为证据，应全部截屏并打印，同时将保全记录的视频刻成光盘一并提交。为便于法官理解，在提交完整记录与视频的情况下，再节选部分重点版记录，并制作成文本提交。重点版记录应标注节选记录的生成时间。

2. 同时携带手机与拍摄设备出庭。

聊天所用的手机是微信记录形成的原始载体，拍摄所使用的设备是保全视频形成的原始载体，因此，在庭审举证时，必须同时出示这两项原始证据供法院与其他当事人核对。切忌将微信记录的打印版、导出版、云端同步版或光盘刻录版等传来证据误作原始证据使用。

3. 庭前准备时应检查移动设备的信号情况。

法庭通常没有Wi-Fi，部分法庭移动互联网信号也较弱，因此应在庭前准备时，测试手机的移动互联网信号。如信号较弱，应及时准备移动Wi-Fi，避免庭审中因网络信号不佳无法展示微信证据。

作为建筑施工企业的工作人员，在日常工作中进行微信聊天应当注意哪些细节？

（1）促使对方发送语音消息。

人的语音具有唯一性，因此，通过促使对方发送语音消息，便能锁定对方主体资格，将现实的身份与虚拟的微信账户关联。需要说明的是，语音消息无须限于所保全的微信记录，只要在该账户中存在任意语音消息，基本就能锁定账户持有人的具体身份。

（2）用转账代替红包。

微信红包无法显示转账金额，因此，转账时应直接使用微信转账功能并注明转账用途。

（3）微信聊天记录与其他证据相结合。

不是有微信聊天记录就万事大吉了，证据不嫌多，能够相互印证，形成证据链才是王道。因此，在存留微信聊天记录的同时，电话录音、纸质文件也需要同步固定与收集。越多越好。

（4）明确对方身份。

起诉要求有明确的被告，这就要求知道对方的真实姓名，身份证信息。而微信聊天时大家多使用网名等，因此对方的真实信息往往被忽略。如果没有对方明确的身份信息，再多的聊天记录也是白搭。所以切记先弄清楚身份，再进行交易。

第十八章　建设工程仲裁

第一节 仲裁裁决的效力

案情简介

2001年11月23日，某建筑施工企业与Z局建筑安装有限公司（以下简称“Z局建安公司”）签订了《Z局科技教育培训中心外墙装饰工程施工合同》。后双方又签订《补充协议》对工程进行了变更和增补。该工程分为两个标段，某建筑施工企业分别于2002年8月26日和2003年1月31日竣工。2006年6月，双方进行结算期间，Z局建安公司变更为Z局集团建筑安装工程有限公司，但双方没有针对主体变更予以任何说明。2006年9月26日，双方办理了工程结算，委托S工程造价咨询有限公司审计，出具了《工程结算审核认证单》，审定工程总造价为2162万余元。根据合同约定，被申请人Z局建安公司应于2003年2月15日支付工程总造价85%的进度款1838万余元，并于2006年10月10日前支付工程竣工价款2162万余元。但Z局建安公司一直未按约履行付款义务，欠付工程价款41万余元。

在审理的过程中，Z局建安公司提出工程结算价应为2063万余元，双方差异金额为98.89万元，为漏项补偿。本案的关键证据《基本建设工程结算审核报告》证明了Z局建安公司已经确认工程总造价为2162万余元，其中包括漏项补偿的98.89万元。同时，双方签订的《Z局科教中心外墙装饰工程结算协议》也对以上事实予以佐证，证明双方已对结算价款达成一致。另外，在施工过程中还有4.65万元的装修费用增补，由于合同约定单价固定，该4.65万元又没有在结算中以签证或其他形式反映出来，某建筑施工企业主张此4.65万元的债权十分困难。

后某建筑施工企业根据合同约定向当地仲裁委提请仲裁，请求Z局建安公司支付工程款412万余元。

仲裁裁决

1. 被申请人应支付申请人未支付的工程款412万余元。

2. 被申请人应给付申请人逾期付款利息58万余元和违约罚金27万余元。

以上费用合计499万余元，被申请人应在本裁决送达之日起10日内支付给申请人，逾期加倍支付迟延履行期间的债务利息。

案件背景及启示

此案最终得到了仲裁庭的支持，某建筑施工企业申请强制执行后，Z局建安公司也在陆续支付欠款。但是，本案也存在一些导致法务风险增加的因素，值得我们引以为鉴。

（一）在履约过程中对方的主体或名称发生变更，应当及时致函确认变更事实

该工程的缔约主体是F局建筑安装工程总公司，增补协议的缔约主体也是上述单位，但到了2006年6月19日进行结算时，该主体变更为Z局建安公司，但双方没有针对主体变更办理任何签证，增加了法律风险。所以，在履约过程中对方的主体或名称发生变更，应当及时致函确认，更应重视对工程资料的管理变更事实，锁定债权债务的承继人。

（二）应重视对工程资料的管理

本案的关键证据之一《Z局科教中心外墙装饰工程结算协议》的原件一直不知所终，这份结算协议对于漏项补偿部分有明确的约定，可以说是对漏项补偿部分最有力的证明，好在结算文件中对漏项补偿有所反映。否则，某建筑施工企业将无法主张这部分利益。所以，应重视对工程资料的管理。

（三）应充分利用利息、违约金的约定，争取尽量多的利益

合同中明文约定"发包人不能及时给出必要指令、确认、批准，不按合同约定履行自己的各项义务、支付款项及发生其他使合同无法履行行为的，应承担违约责任（包括支付因违约导致承包人增加的经济支出和从应支付之日起计算的应支付款项的利息等）"，仲裁庭据此裁决Z局建安公司承担违约金及迟延付款利息。延期付款的利息参照银行同期贷款利息计算。

法条摘要

《中华人民共和国仲裁法》

第九条　仲裁实行一裁终局的制度。裁决作出后，当事人就同一纠纷再申请仲裁或者向人民法院起诉的，仲裁委员会或者人民法院不予受理。

裁决被人民法院依法裁定撤销或者不予执行的，当事人就该纠纷可以根据双方重新达成的仲裁协议申请仲裁，也可以向人民法院起诉。

第二节 仲裁条款的效力

案情简介

2002年某建筑施工企业承接了中某盛世酒店幕墙工程。在业主方中某盛世房地产开发有限公司的授权下，某建筑施工企业同总承包方——Z局明亮建设有限公司签订了《分包合同》。中某盛世房地产开发有限公司虽不是《分包合同》的主体，却在合同的签字页甲方位置加盖了公章，且并未有任何授权委托人的签名。工程开工不久，因业主方资金问题导致工程停工。2003年业主方单方面发函要求解除这份《分包合同》，某建筑施工企业及时提供了工程进度量结算清单。次月在双方协商的基础上，业主方承诺在已经支付某建筑施工企业160万元工程款的基础上，再支付80万元解除《分包合同》，并在签订《解除合同协议》后一个月内支付。某建筑施工企业随即撤场，停止履行合同义务。直到次年5月，业主方仍未按承诺履行支付80万元。中某盛世房地产开发有限公司拒不支付价款，2007年7月某建筑施工企业依照《分包合同》中约定的仲裁条款，向中国国际经济贸易仲裁委员会提起仲裁申请，要求中某盛世房地产开发有限公司支付80万元承诺补偿金。

仲裁过程中，某建筑施工企业将《分包合同》、业主方要求解除《分包合同》的函件、业主方承诺支付80万元的函件一一向法庭举证。主张中某盛世房地产开发有限公司支付80万元的承诺真实、有效，应主动履行支付义务。但中某盛世房地产开发有限公司认为：1.其并不是该《分包合同》的主体，没有权利解除该分包合同，且现在总包方Z局明亮建设有限公司没有同某建筑施工企业办理解除合同的相关手续，现在如果武断地判令合同解除，会损害第三方总包的利益。2.函件中约定“在双方签订解除合同协议后的1—2个月内向某建筑施工企业支付80万元”，而某建筑施工企业在收到函件后并没有作出任何回复，双方更没有签订有关合同解除的协议。其发送函件要求支付80万元解除合同完全不是承诺，而是要约，该要约并未得到某建筑施工企业的承诺回复，所以该支付80万元的合同关系并未成立。3.某建筑施工企业在合同履行初期没有出具保函、工期也有所拖延，所以构成了违约，即便上述事实都成立，某建筑施工企业也应当承担违约责任，冲抵此部分欠款。

仲裁庭认为某建筑施工企业证据不充分，驳回某建筑施工企业对80万元的仲裁请求。

因不服仲裁裁决，某建筑施工企业于2008年6月4日向北京市第二中级人民法院申请撤销仲裁裁决，并且中某盛世房地产开发有限公司重新收集了相关新的证据，包括：中某盛世房地产开发有限公司在中某盛世酒店幕墙工程停工后一年项目重启的备案情况；中某盛世房地产开发有限公司同新的总承包方速某公司重新签订的承包合同。以上证据都能够证明中某盛世房地产开有限公司与原总承包方Z局明亮建设有限公司解除了总承包合同，某建筑施工企业与原总承包商之间的分包合同也自动解除。这样其承诺的解除施工合同补偿费的支付条件成立。

由于某建筑施工企业仍未掌握证明某建筑施工企业已回复中某盛世房地产开发有限公司的补偿承诺的书面证据，所以法院不能完全支持某建筑施工企业的撤销仲裁申请。

法院判决

法院虽没有支持某建筑施工企业撤销仲裁的申请，但中某盛世房地产开发有限公司迫于新证据可能给本案涉及的酒店项目运营权转让带来法律上的风险，所以经法院调解，中某盛世房地产开发有限公司向某建筑施工企业支付45万元从而清结双方在中某盛世酒店幕墙工程上的债权债务关系。

案件背景及启示

此案有三个方面值得我们借鉴。

（一）关于施工合同的主体问题

本案中，业主方中某盛世房地产开发有限公司虽然在《分包合同》上加盖了公章，但他不是合同主体，不可能取代总承包方的主体地位，不可能代替总承包方承担责任、履行义务。而总承包方也不能借此推卸其责任，分包方除工程款支付和工程量审核事项外，不得向雇主主张权利。三方中有任何两方发生纠纷，均可以依照合同中的仲裁条款向选定的仲裁机构提起仲裁。

某建筑施工企业在接到业主关于解除合同的通知后，就认为业主是该分包合同的相对主体，业主方发出的解除合同指令就可以导致解除合同的后果，是不正确的。业主方中某盛世房地产开发有限公司不是该合同的主体，其发出的解除合同指令并不能必然导致解除合同的后果。所以，在履约过程中我们应认准合同主体，认清主体的权限。特别是当建筑施工企业与总包方签订工程合同时，虽然业主方事实上会参与工程现场的管理，但我们需要就合同范围内的事宜进行签证时，应该找总包方办理。

另外，在涉外工程合同中，我们经常采用FIDIC条款，涉及总承包方、分包方和雇主三方。合同主体为总承包方和分包方，雇主方只承担部分合同责任。因此，应区分雇主方和总包方的权利义务，切勿忽视合同约定，越过总承包方直接与业主进行要约、签证。

（二）关于施工合同解除时应当履行的义务的问题

本案的另一个焦点在于双方签订的《分包合同》是否解除。当时情况是因为工程已经停工，某建筑施工企业收到业主的指令后，随即撤场，事实上产生合同解除的后果，双方也未继续履行合同义务。但由于没有办理书面协议，缺乏有效的书面证据证明双方达成解除合同的合意，并协商一致同意解除合同。所以，当合同面临解除时，某建筑施工企业应当签订书面合同解除协议并就已完成的施工内容和发生的费用办理结算，避免撤场之后产生纠纷。本案中，某建筑施工企业应当在撤场的同时，向业主方、总包方和监理方递送撤场报告，并要求对方签收，以证明终止履行的事实。

（三）关于本案管辖权的问题

本案中，虽然中某盛世房地产开发有限公司没有对仲裁的管辖提出异议，但是仲裁条款只涉及工程款支付问题。本案中的80万元是解除合同后的补偿款，由业主方单方承诺，不属于工程款。80万元的支付可认为不在双方仲裁条款的范围之内。完全可以摒弃仲裁条款，直接向法院起诉，争取到更多的维护公司利益的机会。

法条摘要

《中华人民共和国仲裁法》

第三条 下列纠纷不能仲裁：

（一）婚姻、收养、监护、扶养、继承纠纷；

（二）依法应当由行政机关处理的行政争议。

第四条　当事人采用仲裁方式解决纠纷，应当双方自愿，达成仲裁协议。没有仲裁协议，一方申请仲裁的，仲裁委员会不予受理。

第五条　当事人达成仲裁协议，一方向人民法院起诉的，人民法院不予受理，但仲裁协议无效的除外。

第九条　仲裁实行一裁终局的制度。裁决作出后，当事人就同一纠纷再申请仲裁或者向人民法院起诉的，仲裁委员会或者人民法院不予受理。

裁决被人民法院依法裁定撤销或者不予执行的，当事人就该纠纷可以根据双方重新达成的仲裁协议申请仲裁，也可以向人民法院起诉。

第三节　仲裁协议的效力

案情简介

陈某为某建筑施工企业项目的劳务分包商，后因劳务欠款纠纷，陈某将某建筑施工企业诉至法院。陈某称，双方签订的合同第17条约定："双方在合同执行过程中如发生争议，应本着友好的原则，先行协商解决，协商不成，双方签署仲裁协议，向武汉市仲裁委员会申请仲裁。"双方虽约定发生争议签署仲裁协议，向武汉市仲裁委员会申请仲裁，但双方至今未签署仲裁协议，因此向法院申请确认该仲裁协议无效。

法院判决

法院做出裁定，驳回陈某的申请。

案件背景及启示

（一）在合同中，应当约定明确的仲裁机构

在合同中约定了仲裁地点但没有约定仲裁机构，或虽然有约定，但约定仲裁机构名称的方式、术语不规范。如"发生争议在合同签订地（履行地）仲裁解决""在争议所在地仲裁解决""争议由本市仲裁机关仲裁""争议由本市有关部门仲裁""争议在当地仲裁委员会仲裁"等。以上这些约定，在纠纷发生后，申请仲裁时，会被认为约定不明确而不予接受仲裁申请。

（二）仲裁协议约定两个以上仲裁机构的，当事人可以协议选择其中的一个仲裁机构申请仲裁；当事人不能就仲裁机构选择达成一致的，仲裁协议无效

在合同中同时约定两个仲裁机构。如有的合同中约定："争议可提交A市有关仲裁机构仲裁或B市有关仲裁机构仲裁。"这样约定，往往在纠纷发生时双方当事人会就申请何地仲裁机构仲裁发生分歧，此时根据《最高人民法院关于适用〈中华人民共和国仲裁法〉若干问题的解释》第5条的规定，仲裁协议约定两个以上仲裁机构的，当事人可以协议选择其中的一个仲裁机构申请仲裁；当事人不能就仲裁机构选择达成一致的，仲裁协议无效。可以说，这样的约定不仅没有达到简便快捷地解决纠纷的目的，反而增加了不少麻烦。

（三）在合同中既约定仲裁，又约定诉讼的协议无效

如有的合同中约定："发生争议可向合同履行地（签订地）仲裁机关申请仲裁，也可以直接向人民法院起诉""争议由合同履行地仲裁机关仲裁，对仲裁不服，向人民法院起诉"等。根据《仲裁法》及相关司法解释的规定，由于这种协议既约定了仲裁又约定了诉讼，违反了仲裁的唯一性和终局性，会被仲裁机构认定为无效约定，其仲裁申请不被受理。

法条摘要

《中华人民共和国仲裁法》

第十六条 仲裁协议包括合同中订立的仲裁条款和以其他书面方式在纠纷发生前或者纠纷发生后达成的请求仲裁的协议。

仲裁协议应当具有下列内容：

（一）请求仲裁的意思表示；

（二）仲裁事项；

（三）选定的仲裁委员会。

第十七条 有下列情形之一的，仲裁协议无效：

（一）约定的仲裁事项超出法律规定的仲裁范围的；

（二）无民事行为能力人或者限制民事行为能力人订立的仲裁协议；

（三）一方采取胁迫手段，迫使对方订立仲裁协议的。

第四节　风控指引：建设工程仲裁秉承一点操作技巧

仲裁又称公断，是指由双方当事人协议将争议提交第三方，由第三方对争议的是非曲直进行评判并作出裁决的一种争议解决方法。在我国，仲裁与诉讼是解决商事纠纷的两大主要途径。与作为国家公力救济的诉讼相比，仲裁属于私力救济，但同时又得到了国家法律的承认，从而也上升为一种法律制度。我国采用或裁或审制度，也就是说某一经济纠纷，或者选择诉讼，或者选择仲裁。仲裁具有以下五个优点：（1）一裁终局。（2）不公开性。（3）程序灵活性。（4）便利性。（5）裁决可以在国际上得到承认和执行。根据《承认和执行外国仲裁裁决公约》（1958年纽约公约），仲裁裁决可以在世界上100多个公约国得到承认和执行。

仲裁也具有以下四个不足之处：

首先，仲裁"一裁终局"的体制不利于建筑施工企业最大限度争取自己的合法权利。仲裁采取的是一裁终局，经过仲裁庭裁决的案件就是终局裁决，双方当事人都不能上诉，也不能就同一个案件再向法院起诉。

其次，仲裁的"准司法性"使建筑施工企业无法通过仲裁委员会实施保全或申请强制执行。仲裁委员会是"准司法"的纠纷裁决机构，不具有强制执行力。所以，仲裁委员会没有权利进行强制执行也不能施行保全措施。如果案件需要保全或申请执行，仲裁委员会必须将案件转到有管辖权的法院再通过法院实施保全或强制执行，这不仅延长了保全和执行的时间也在程序上增加了麻烦。

再次，仲裁主体的单一性不利于我们有效地维护自己的权利。仲裁是以双方合议为基础的，仲裁的主体只能是选择仲裁的双方当事人，无法将第三人纳入仲裁。

最后，为让老百姓打得起官司，我国法院系统对诉讼费予以调低，目前，仲裁费用明显高于诉讼费。

一点操作技巧

实践中，房地产建设工程、房地产买卖、建筑材料买卖等合同中较多约定仲裁委员会作为争议解决机构；涉外建筑工程领域三种管辖方式（工程所在地法院、承包方所在地法院、第三方仲裁机构）中较多选择仲裁；建筑施工企业为了快速解决争议，对100万元以下的劳务分包合同、材料采购合同，在合同文本中通常选择约定一个仲裁机构作为争议的解决方式。

基于仲裁的便利性、不公开性、非政治属性，笔者建议建筑施工企业把握一点操作技巧：在涉外建筑工程领域选择仲裁作为争议解决方式。

此外，建筑施工企业可以参考《诉讼（仲裁）案件管理办法》（见附件）来加强对企业合规的管理。

附件：

诉讼（仲裁）案件管理办法

第一章　总　则

第一条　为规范本公司诉讼（仲裁）案件管理工作，依法、及时、高效处理案件，最大限度地维护公司的合法权益，根据相关法律法规的规定，制定本办法。

第二条　本办法所称诉讼（仲裁）案件是指本公司及下属子公司、关联公司等（以下合称“公司”）在经营、管理过程中发生的，以本公司为当事人的各类诉讼及仲裁案件，包括：民事诉讼案件、劳动争议诉讼案件、行政诉讼案件、执行案件、申请复议案件以及各类仲裁案件等。公司以第三人身份参加诉讼的，依照本办法执行。

第三条　诉讼（仲裁）案件直接影响公司的合法权益及声誉，因此公司应本着诚实信用、平等自愿、等价有偿、互惠互利的原则开展经营、管理工作，尽量避免诉讼（仲裁）案件的发生；对发生的诉讼（仲裁）案件应充分重视，及时、妥善处理，有效规避、控制风险，避免造成不应有的损失。

第二章　管理部门、职责、权限

第四条　诉讼（仲裁）案件管理实行相关生产经营单位、职能部门和法务部分工管理、密切配合的原则。诉讼（仲裁）案件发生的生产经营单位或涉及事项的职能部门是案件处理的业务部门，法务部是案件管理的归口部门。

第五条　业务部门的主要职责：

（一）负责提供案件涉及的事实情况及证据材料；

（二）参与案件处理讨论；

（三）负责与案件相对人的商谈和解工作；

（四）负责协调案件处理涉及的费用；

（五）根据案件处理需要承担的其他工作。

第六条　法务部的主要职责：

（一）制定案件管理制度，并负责组织实施；

（二）牵头负责案件的司法程序处理；

（三）负责案件代理相关的各项事宜；

（四）会同业务部门组织重大案件专题会商；

（五）建立诉讼（仲裁）案件工作台账和档案管理制度；

（六）负责案件的报备工作；

（七）根据案件处理需要承担的其他工作。

第七条　案件处理完结前，案件处理的参与者不得泄露案件的信息内容。

第三章　诉讼（仲裁）案件管理

第八条　基于仲裁“一裁终局”的便捷高效、隐私保护的特点，建议在劳务和措施分包、专项分包、采购合同100万元以内的合同中，签订仲裁条款，在境外建设工程类合同中，在可实施的前提下，选择国际仲裁机构。

第九条　起诉与申请仲裁：由各生产经营单位发起法律事务审批流程，阐明起诉或申请仲裁的对方（背景）、事由、目的、争议要点等事项，与相关证据材料一并报告公司法务部；公司法务部认为可以起诉或申请仲裁的，呈转公司领导审批，经审批同意后进入实务操作。针对疑难、复杂、标的额较大的案件，法务部可组织相关部门及专业人员会商研究。

第十条　对起诉与申请仲裁阶段的证据准备工作，所涉单位要切实重视，认真执行。需向公司法务部提交的基本证据材料包括相关合同、协议、双方往来信函及传真、双方或单方签署的其他文件、被起诉或申请仲裁的对方情况及资金往来材料、请求事项的详细经过说明、涉及该事项的其他内部资料，涉及金额的要提供金额具体数字及计算依据和方式。如公司法务人员认为需要补充的，业务部门要根据要求及时补充。

第十一条　应诉与仲裁答辩：

（一）公司人员在接到邮寄送达的案件相关文件后，应立即送交公司法务人员。

（二）公司法务人员在接到案件文件材料后，发起法律事务审批流程，阐明原告或申请人（背景）、事由、所涉工程、风险点等事项，与相关证据材料一并报告涉案单位审批，涉案单位审批后承转法务部审核，法务部根据涉案单位核实的情况、意见及对方证据出具应诉及仲裁答辩意见，经公司领导审批同意后进入实务操作。针对疑难、复杂、标的额较大的案件，法务部可组织会商研究应对方案。

第十二条 反诉与仲裁反申请、提起上诉、申请再审、申请抗诉：按照起诉与申请仲裁的程序处理。

第十三条 涉及执行：

（一）生效法律文书的履行或者协助执行由法务部督办，相关生产经营单位及职能部门应及时呈转法律义务履行的工作流并及时履行生效法律文书确定的义务。

（二）对方拒不履行生效法律文书确定的义务的，经涉案生产经营单位和法务部会商后，进入申请强制执行程序。由公司法务人员承办，涉案生产经营单位及职能部门负责配合。

第十四条 涉及保全：

（一）法院对我司财产保全不当的，由法务部负责提出异议，督促解除保全，相关生产经营单位及职能部门应予以配合。

（二）我司认为有必要对相对人采取保全措施的，由法务部牵头，相关生产经营单位委托担保公司提供担保，向法院申请诉前财产保全、诉讼财产保全或先予执行保全。

第十五条 诉讼配合：各生产经营单位及职能部门要指定固定的中层副职以上领导为法务对接领导，指定专门的工作人员为法务对接人。法务对接领导及法务对接人负责配合法务人员对案件进行处理，向本单位反馈案件进展情况，直至案件处理完毕。

第十六条 涉及和解与调解：和解案件中负责直接与诉讼相对人协商的经办人员应提前与案件代理人会商和解或调解方案。签订和解协议和制作调解书，和解与调解内容应经法务部审核报公司领导审批后执行。

第十七条 案件情况涉及公司往来账目的，以公司财务部出具或核实的数据为准。

第十八条 处理法律事务发生的费用包括诉讼费、仲裁费、保全费、鉴定费、代理费及其他相关费用，应当由发生案件的单位支付，情况紧急的，可报公司领导审批同意后由公司财务先行划付。

第十九条　对于标的额500万元以上、重大质量事故、重大工期索赔或其他类的重大案件，法务部可组织行业专家、律师、公司领导及相关人员召开专题会议对案件进行综合评议，决定诉讼策略、调解方案等。

第四章　案件代理及法律顾问合同的签订

第二十条　公司案件代理分为自主代理和中介代理。自主代理即公司法务部代理，中介代理即外聘律师团队代理案件。法务部可根据案件复杂程度、标的额、管辖法院、诉讼资源等因素决定对案件采用自主代理或中介代理。

第二十一条　为提升代理成效、减少代理成本，对中介代理案件，法务部可通过邀请招标或公开招标的方式确定代理律所。邀请招标即邀请至少两家律所商谈比价后确定代理律所；公开招标即通过招标程序在至少三家律所中甄选律师团队代理案件。

第二十二条　通过公开招标程序参与投标的案件代理律所名录由以下方式产生：职能部门可从上年度优秀合作律所名录中推荐律所参与投标；各相关生产经营单位也可推荐符合案件代理条件的律所参与投标；与建筑行业契合度较高的律所也可报名参与投标。

第二十三条　案件介绍、证据材料、评标标准和代理合同样本由法务部制定，作为招标文件下发。评标内容包括律所总体情况、专业优势、诉讼策略、行业契合度及代理费用收取模式。

第二十四条　法务部组织涉诉的生产经营单位、纪监室、财务等部门评标，按综合得分最高者确定中标律所。通过公开招标程序确定中介代理律所一般应在30日内完成。

第二十五条　公司年度法律顾问合同应在每年度1月签订。年度法律顾问的产生方式参照中介代理。法律顾问由公司法务部归口管理。

第二十六条　公司法律顾问所的非诉法律事务咨询及会商服务覆盖全公司；各生产经营单位和职能部门有特殊理由需单独聘请法律顾问的，报法务部审核、公司领导审批后通过公开招标程序确定。

第二十七条 自主代理案件按照××法函［2017］3号《关于进一步规范公司涉法事务处理事》的相关规定及案件结果对案件参与人及其他人员进行奖励。

第五章 问责与处罚

第二十八条 公司工作人员如有违反本办法的行为，依××法函［2017］3号《关于进一步规范公司涉法事务处理事》的相关规定予以处罚。

第六章 附 则

第二十九条 本办法自发布之日起生效，原有相关制度如与本办法冲突的，以本办法为准。

第三十条 本办法的解释权属于法务部。

第十九章　建设工程支付令

第一节　工程款的支付令申请

案情简介

2015年10月18日，某建筑施工企业总公司与某体育发展有限公司签订了《某大厦外装饰工程承包合同》。2017年5月，某大厦由中某（集团）有限公司接盘，并更名为中某大厦。2018年至2020年，某建筑施工企业总公司经过一系列整合和名称变更由某建筑施工企业作为债权债务的承继人。于是，中某（集团）有限公司和某建筑施工企业在2018年签订了《某大厦幕墙工程补充合同》。2020年7月31日，中某大厦外装饰工程进行了结算，审定造价为426万余元，截止到2020年8月，工程付款为375万元。2020年9月，经过债权人同意，中某（集团）有限公司将债权债务转让给开某置业发展有限公司，由该公司承担中某大厦后续的一切事宜。2021年5月，某建筑施工企业向开某置业发展有限公司发送催款函，并经其盖章确认签收。

2020年12月，某建筑施工企业得知中某大厦将被整体拍卖，且中某大厦的债权人较多，某建筑施工企业主张债权的时间十分紧迫，如果该债权在法律上得不到认可，某建筑施工企业将无法再主张权利。考虑到中某大厦工程已经办理结算，工程欠款得到确认，双方不存在其他纠纷，某建筑施工企业于2021年3月9日向上海市某区人民法院申请了支付令。2021年3月21日，法院签发了支付令。支付令生效后，开某置业发展有限公司仍不履行支付义务。2021年7月，某建筑施工企业向法院申请了强制执行。

法院判决

开某置业发展有限公司自收到支付令之日起15日内给付某建筑施工企业人民币51万余元。

案件背景及启示

合同的主体、金额、期限以及最后的结算都必须清楚明确并通过书面的形式予以确认，同时，办理结算的主体必须与合同签订的主体一致，才能保证结算的有效以及诉讼的可行。本案中，双方主体都经过了复杂的整合、变更程序，在双方主体确定后及时签订了新的补充合同，确定了债权债务的承继人。中某（集团）有限公司将债权债务转让给开某置业发展有限公司，由其承担中某大厦后续的一切事宜。这实际上是债务人的变更，如果不及时确认，将使债务的承担人化为虚有。由于某建筑施工企业及时取得了债权债务转让的书面证明，并经新的债务人签字确认，锁定了债务承担人。

某建筑施工企业及时向开某置业发展有限公司发送了催款函，并经该公司盖章确认签收，使某建筑施工企业主张债权的诉讼时效得到顺延，某建筑施工企业的债权在10年后仍然能够得到法律的保护。

法条摘要

《中华人民共和国民事诉讼法》

第二百二十一条 债权人请求债务人给付金钱、有价证券，符合下列条件的，可以向有管辖权的基层人民法院申请支付令：

（一）债权人与债务人没有其他债务纠纷的；

（二）支付令能够送达债务人的。

申请书应当写明请求给付金钱或者有价证券的数量和所根据的事实、证据。

第二百二十二条 债权人提出申请后，人民法院应当在五日内通知债权人是否受理。

第二百二十三条 人民法院受理申请后，经审查债权人提供的事实、证据，对债权债务关系明确、合法的，应当在受理之日起十五日内向债务人发出支付令；申请不成立的，裁定予以驳回。

债务人应当自收到支付令之日起十五日内清偿债务，或者向人民法院提出书面异议。

债务人在前款规定的期间不提出异议又不履行支付令的，债权人可以向人民法院申请执行。

第二百二十四条 人民法院收到债务人提出的书面异议后，经审查，异议成立的，应当裁定终结督促程序，支付令自行失效。

支付令失效的，转入诉讼程序，但申请支付金的一方当事人不同意提起诉讼的除外。

《中华人民共和国劳动合同法》

第三十条 用人单位应当按照劳动合同约定和国家规定，向劳动者及时足额支付劳动报酬。

用人单位拖欠或者未足额支付劳动报酬的，劳动者可以依法向当地人民法院申请支付令，人民法院应当依法发出支付令。

第二节 质保金的支付令申请

案情简介

某建筑施工企业承包精某公司开发的某绿隔产业用地项目幕墙工程施工业务。涉案工程于2019年1月30日完成竣工验收，两年质保期限届满后，某建筑施工企业多次向精某公司索要质保金170万元，但精某公司一直拒绝支付。

基于上述事实，且某建筑施工企业与精某公司之间并无其他债权债务关系，依据法律及司法解释有关督促程序的规定及双方约定，某建筑施工企业向法院提出申请，请求法院向精某公司发出支付令，督促精某公司向某建筑施工企业支付质保金本金170万元。

法院判决

精某公司应当自收到本支付令之日起15日内给付某建筑施工企业170万元。

案件背景及启示

（一）欠款金额小可申请支付令，欠款金额大可通过诉讼方式主张

本案中，某建筑施工企业选择申请支付令的方式实现了债权，节省了大量的诉讼时间，抓住关键时机，及时启动了适当的法律程序，保证了欠款的执行到位。但是，通过支付令的方式只能主张本金，不支持利息。所以，如果欠款本金数额较大，欠款年限较长，在业主资金状况基本正常，没有其他大额债务的情况下，建筑施工企业应通过诉讼的方式主张本金和利息，更好地维护企业的利益。

（二）应把握好支付令的申请条件

不是任何情况下都能申请支付令的，支付令的申请有严格的限制条件，必须同时满足以下7个条件才能向法院申请支付令：（1）请求给付的必须是金钱或者汇票、本票、支票以及股票、债券、国库券、可转让的银行存款单等有价证券。（2）请求给付的金钱或有价证券，必须是已经到期的或者过期的，且数额必须确定。（3）债务人负有给付义务，且债权人与债务人之间没有其他债务纠纷。（4）支付令能够送达债务人。如果债务人不住在中国境内或者下落不明，债权人不能申请支付令。（5）必须向有管辖权的人民法院提出。（6）必须提出书面申请。（7）所请求的债权必须未超过3年诉讼时效期限。

法条摘要

《中华人民共和国民事诉讼法》

第二百二十一条　债权人请求债务人给付金钱、有价证券，符合下列条件的，可以向有管辖权的基层人民法院申请支付令：

（一）债权人与债务人没有其他债务纠纷的；

（二）支付令能够送达债务人的。

申请书应当写明请求给付金钱或者有价证券的数量和所根据的事实、证据。

第二百二十二条　债权人提出申请后，人民法院应当在五日内通知债权人是否受理。

第二百二十三条　人民法院受理申请后，经审查债权人提供的事实、证据，对债权债务关系明确、合法的，应当在受理之日起十五日内向债务人发出支付令；申请不成立的，裁定予以驳回。

债务人应当自收到支付令之日起十五日内清偿债务，或者向人民法院提出书面异议。

债务人在前款规定的期间不提出异议又不履行支付令的，债权人可以向人民法院申请执行。

第二百二十四条　人民法院收到债务人提出的书面异议后，经审查，异议成立的，应当裁定终结督促程序，支付令自行失效。

支付令失效的，转入诉讼程序，但申请支付令的一方当事人不同意提起诉讼的除外。

第三节 风控指引：申请建设工程支付令考虑优缺两点

一、支付令的优点

申请支付令有以下优点：（1）及时方便，催偿债务快，债务人收到支付令后15日内不提出异议，支付令即发生法律效力。（2）程序上具有简易性，无须传唤债务人，无须开庭审理，也不需要双方当事人进行辩论，人民法院收到债权人的书面申请后，经审查符合法定条件的即可签发支付令。（3）节省费用。向法院申请支付令，只收取1/3的诉讼费，即使债务人提出的异议成立导致支付令失效，也可直接转入诉讼程序，只需补交2/3的案件受理费。

二、支付令的缺点

支付令也有其不便之处，对支付令的异议申请，法院不进行实质审查，只进行形式审查，即异议一经提出，即终止支付令程序，转入诉讼程序。在司法实践中，当事人申请支付令，相对方当事人大多会提出异议，导致通过支付令取得工程款或者质保金的目的不能实现。即使当事人在合同中约定了有权向法院申请支付令，如果相对方当事人不遵守约定，法院不会做实质性审查，支付令也会失效。这是支付令程序在司法实践中至今很少使用的重要原因。

笔者认为，基于诚实守信原则，在双方债权债务清晰的基础上，可以签订付款协议（见附件），并在付款协议中约定一方不按要求支付款项，另一方可以向法院申请支付令。

在此笔者建议立法者采纳合同双方有明确的到期债权债务且书面约定采用支付令方式的，支付令即生效的观点。在司法实践中认定支付令生效，利大于弊，快速便捷的同时可以节约司法资源，减少经济成本。

附件：

某工程付款协议

发包人：某房产开发公司

承包人：某建筑工程公司

双方就某工程结算额________元达成一致，并就工程款支付事宜达成如下协议：

根据项目结算协议书，某房产开发公司需支付某建筑工程公司结算额95%的进度款，截止到______年____月____日某建筑工程公司已收到某房产开发公司支付的工程款________元，剩余款项________元，某房产开发公司分三次以转账或现金方式支付给某建筑工程公司：

在______年____月初支付第一笔________万元人民币；

在______年____月初支付第二笔________万元人民币；

在______年____月初支付第三笔________万元人民币。

每次付款前，某建筑工程公司提供3%税率的增值税普通发票。

质保金为结算额的5%，某房产开发公司按合同条款在质保期到期后一个月内支付，对于到期后未维修完项目，某房产开发公司可以根据合同价格进行扣款处理。

若某房产开发公司未按上述约定足额付款，则某建筑工程公司可向有管辖权的法院申请支付令。

本协议各方签字或盖章后生效，一式四份，双方各执二份。

发包人：

承包人：

______年____月____日

第二十章　建设工程案件执行

第一节　发票

案情简介

2019年9月，某石材公司起诉某建筑施工企业，要求其支付石材货款508万元。某建筑施工企业答辩称该石材公司迄今为止供货总额1100万余元，供货有质量问题并拒绝开具增值税发票，某建筑施工企业不付款具有正当理由。法院认为，开具发票为附随义务，某石材公司履行了供货义务，某建筑施工企业即应履行付款义务。该案经过两审终审，法院判决某建筑施工企业支付某石材公司货款508万余元。后案件进入执行阶段，某建筑施工企业以该公司欠开发票上千万余元为由向法院执行局提出执行异议，执行局裁定中止执行。同时，某建筑施工企业举报至税务局，税务局经核实认为某石材公司存在偷税漏税行为，责令该公司补缴发票1100万余元。某石材公司补缴发票后，某建筑施工企业通过执行局支付了货款。

法院判决

1. 某建筑施工企业于判决生效之日起30日内支付某石材公司石材货款508万余元。

2. 案件受理费用由某建筑施工企业承担。

案件背景及启示

“营改增”之前，建筑施工企业中的劳务、材料属于营业税应税项目，按照销售额进行纳税，材料供应商为了避税不愿意开具发票；“营改增”之后，建筑施工企业中的劳务、材料属于增值税应税项目，征收13%的增值税，按照进项和销项抵消后进行纳税，税费的实际承担者均为消费者，为了减轻消费者负担促成交易，材料供应商通常也不愿意开具发票。在执行中，法院不管发票问题，但是在建筑施工企业内部管理中，发票是财务关心的问题，从而导致发票问题成为影响执行的一个重要因素。

（一）执行时发现发票问题，可以向当地税务局举报

对于拒绝开具增值税发票的材料供应商，无论金额大小，均可以向税务局进行举报，税务局有权根据《税收征收管理法》规定，对不开发票的材料供应商采取强制措施。

（二）发票问题应当在诉讼代理中或者执行前解决

开具发票的义务并非买卖合同（采购合同）的主义务，买卖合同中的主义务为卖方交付货物转移货物所有权，买方支付货款并受领标的物，开具发票义务并非合同的主要义务。因此，开具发票的义务与买方支付货款不能形成对待给付，不能构成买方拒付货款的同时履行抗辩权的事由。所以，在合同未明确应当由卖方先开具发票买方再付款时，买方无权拒付货款。如果买方有先开发票后付款的需求，建议在合同中做如下约定："买方应当在收到卖方开具足额增值税专用发票之日起15个工作日内支付货款。若卖方未按时足额开具发票，买方有权拒付货款，并要求卖方承担违约责任。"双方在合同中明确约定开具发票是付款的前提条件的，未开具发票可以作为先履行抗辩权的事由，这在司法实践中是可以得到支持的。如果未作相关约定，发票问题也应当在诉讼代理中或者执行前解决。

法条摘要

《中华人民共和国刑法》

第二百零一条 纳税人采取欺骗、隐瞒手段进行虚假纳税申报或者不申报，逃避缴纳税款数额较大并且占应纳税额百分之十以上的，处三年以下有期徒刑或者拘役，并处罚金；数额巨大并且占应纳税额百分之三十以上的，处三年以上七年以下有期徒刑，并处罚金。

扣缴义务人采取前款所列手段，不缴或者少缴已扣、已收税款，数额较大的，依照前款的规定处罚。

对多次实施前两款行为，未经处理的，按照累计数额计算。

有第一款行为，经税务机关依法下达追缴通知后，补缴应纳税款，缴纳滞纳金，已受行政处罚的，不予追究刑事责任；但是，五年内因逃避缴纳税款受过刑事处罚或者被税务机关给予二次以上行政处罚的除外。

《中华人民共和国税收征收管理法》

第三十七条 对未按照规定办理税务登记的从事生产、经营的纳税人以及临时从事经营的纳税人，由税务机关核定其应纳税额，责令缴纳；不缴纳的，税务机关可以扣押其价值相当于应纳税款的商品、货物。扣押后缴纳应纳税款的，税务机关必须立即解除扣押，并归还所扣押的商品、货物；扣押后仍不缴纳应纳税款的，经县以上税务局（分局）局长批准，依法拍卖或者变卖所扣押的商品、货物，以拍卖或者变卖所得抵缴税款。

第三十八条 税务机关有根据认为从事生产、经营的纳税人有逃避纳税义务行为的，可以在规定的纳税期之前，责令限期缴纳应纳税款；在限期内发现纳税人有明显的转移、隐匿其应纳税的商品、货物以及其他财产或者应纳税的收入的迹象的，税务机关可以责成纳税人提供纳税担保。如果纳税人不能提供纳税担保，经县以上税务局（分局）局长批准，税务机关可以采取下列税收保全措施：

（一）书面通知纳税人开户银行或者其他金融机构冻结纳税人的金额相当于应纳税款的存款；

（二）扣押、查封纳税人的价值相当于应纳税款的商品、货物或者其他财产。

纳税人在前款规定的限期内缴纳税款的，税务机关必须立即解除税收保全措施；限期期满仍未缴纳税款的，经县以上税务局（分局）局长批准，税务机关可以书面通知纳税人开户银行或者其他金融机构从其冻结的存款中扣缴税款，或者依法拍卖或者变卖所扣押、查封的商品、货物或者其他财产，以拍卖或者变卖所得抵缴税款。

个人及其所扶养家属维持生活必需的住房和用品，不在税收保全措施的范围之内。

第六十三条 纳税人伪造、变造、隐匿、擅自销毁帐簿、记帐凭证，或者在帐簿上多列支出或者不列、少列收入，或者经税务机关通知申报而拒不申报或者进行虚假的纳税申报，不缴或者少缴应纳税款的，是偷税。对纳税人偷税的，由税务机关追缴其不缴或者少缴的税款、滞纳金，并处不缴或者少缴的税款百分之五十以上五倍以下的罚款；构成犯罪的，依法追究刑事责任。

扣缴义务人采取前款所列手段，不缴或者少缴已扣、已收税款，由税务机关追缴其不缴或者少缴的税款、滞纳金，并处不缴或者少缴的税款百分之五十以上五倍以下的罚款；构成犯罪的，依法追究刑事责任。

第二节 标的变通

案情简介

2018年7月，辉某公司起诉某建筑施工企业，要求支付铝型材剩余货款50万余元，并接收相应铝型材43吨，同时支付库房占用费。某建筑施工企业提起反诉，要求解除双方供货合同，同时答辩认为己方已取消该批铝型材订单，不应支付该笔货款。围绕双方争议，经过两审终审，某市中级人民法院判决某建筑施工企业接收铝型材并支付铝型材货款50万余元。后该案进入执行阶段，辉某公司申请强制执行某建筑施工企业支付货款50万余元，某建筑施工企业接到强制执行通知后也申请强制执行辉某公司交付43吨铝型材。执行局经询问，了解到某建筑施工企业实际已无法使用该批铝型材。经过执行局居中调解，某建筑施工企业与辉某公司签订执行和解协议，辉某公司以废铝买卖价格回收存放于库房的该批铝型材，某建筑施工企业补足余款，双方权利义务结清。

法院判决

1. 驳回某建筑施工企业的诉讼请求。

2. 某建筑施工企业给付辉某公司加工费（含原材料铝锭价款）60万余元（已扣除某建筑施工企业已付的23万余元），并从2017年4月6日起至欠款全部付清之日止，按中国人民银行同期同类贷款利率标准计算利息。

3. 某建筑施工企业从2017年4月15日起至库存全部接收之日止，按年均7500元给付辉某公司占用库房的经济损失。

4. 某建筑施工企业接收辉某公司加工定做完成的库存铝型材共计7274根，理论重量4万多千克。上述义务，某建筑施工企业于本判决发生法律效力之日起10日内履行。

5. 案件受理费、反诉费、保全费、鉴定费均由某建筑施工企业承担。

案件背景及启示

在建筑工程案件执行实践中，存在较多标的无法执行的情形，比如，判决中要求建筑施工企业归还吊篮，但是发现吊篮被偷了，无法执行；判决中要求交付建筑材料，但是建筑材料被损坏，无法完成交付；判决中要求返还脚手架，但脚手架被拆得七零八碎，无法完整返还……在这些情况下都需要对执行标的进行变通，才能顺利完成执行。

关于案件执行，应注意以下两点。

（一）尽量避免被强制执行

建筑施工企业对于已生效的判决、调解书应当按照内容及时履行，否则将被法院强制执行，甚至被列入失信被执行人名单。强制执行、失信被执行人信息会在网上进行公开，进而影响建筑施工企业前期的招投标工作乃至整个生产经营活动。所以，建筑施工企业对已生效的判决、调解书应当及时协调履行，尽量避免被强制执行。

（二）为避免被财产保全或限制高消费，应当做好支付预警提示

建筑施工企业作为建筑领域链条的中游单位，发包方、建设方为其上游单位，下游单位为供应商。有时会出现上游单位资金未到位而下游供应商的货款需要支付的情况。此时建筑施工企业往往会因无法及时支付贷款而与供应商产生纠纷。在双方已办理结算，且无其他争议的情况下，应当做好支付预警提示（见附件），做好事前预防。

法条摘要

《最高人民法院关于限制被执行人高消费及有关消费的若干规定》

第一条　被执行人未按执行通知书指定的期间履行生效法律文书确定的给付义务的，人民法院可以采取限制消费措施，限制其高消费及非生活或者经营必需的有关消费。

纳入失信被执行人名单的被执行人，人民法院应当对其采取限制消费措施。

第三条　被执行人为自然人的，被采取限制消费措施后，不得有以下高消费及非生活和工作必需的消费行为：

（一）乘坐交通工具时，选择飞机、列车软卧、轮船二等以上舱位；

（二）在星级以上宾馆、酒店、夜总会、高尔夫球场等场所进行高消费；

（三）购买不动产或者新建、扩建、高档装修房屋；

（四）租赁高档写字楼、宾馆、公寓等场所办公；

（五）购买非经营必需车辆；

（六）旅游、度假；

（七）子女就读高收费私立学校；

（八）支付高额保费购买保险理财产品；

（九）乘坐G字头动车组列车全部座位、其他动车组列车一等以上座位等其他非生活和工作必需的消费行为。

被执行人为单位的，被采取限制消费措施后，被执行人及其法定代表人、主要负责人、影响债务履行的直接责任人员、实际控制人不得实施前款规定的行为。因私消费以个人财产实施前款规定行为的，可以向执行法院提出申请。执行法院审查属实的，应予准许。

附件：

关于支付预警提示的通知

各单位：

为维护公司信誉，有效预防因资金支付导致的涉诉风险，提升风控管理的日常建设需求，现就开展支付预警提示工作的事宜通知如下。

各生产单位应合理安排各项费用的支付计划，规范款项支付和结算行为；贯彻“预防为主”方针，细致谨慎地应对材料商与供应商的催付行为，有理有节地制订资金支付计划；重点关注欠款时间久又再无合作的供应商、分包商、联合经营体项目的下游单位，按公司规定进行结算确认。

树立风险预警防控常态意识，着重关注生效判决的即时履行，强化资金支付的监督工作，确保其实际落实到位，避免发生被强制执行、被查封等给公司造成被动不利局面的事件，为公司的平稳运行保驾护航。同时，各职能人员应当主动及时且采取良好的方式方法进行沟通协调，保证信息的有效传递。

请各单位就有关付款事宜作全面审查，法务分管领导根据事态的紧急程度研判所涉支付事项的风险，并与物资采购、财务、商务等人员及时协商采取可行的应对措施，形成有效预警，提前防范。法务联络员按要求填报支付提示预警表，于每周四中午12:00前交至法务部邮箱：____________________。待法务部分析汇总后，于周五中午前转呈公司领导及相关职能部门。

符合下列所述条件的需填报支付提示预警表（见附件）：

（1）已办理结算并满足合同支付条件；

（2）无争议事项；

（3）已发催款函或律师函且协商无果；

（4）书面协议还款期已至；

（5）支付协商失败；

（6）生效需支付法律文书。

上述条件中，第（1）（2）项是必备条件，第（3）（4）（5）项是选择条件，第（6）项为无条件支付。若无上述情况则在支付提示预警表中填写“无”。

附件：支付预警提示表

__________公司

______年____月____日

附件：支付预警提示表

单位：　　　　　　　　　　　　　　　　　　　　　　　日期：

序号	情况简介（列举）	支付提示（列举）
1	主体名称：__________项目 情况说明：2018年某建筑施工企业与新某公司签订设备租赁合同，尚欠租赁款项166527元。已办理结算并满足合同支付条件，无争议事项，2019年7月23日已发催款函且协商无果。	提请公司财务资金支持的计划 时间：2019年8月底前支付第一期，2019年9月底前支付第二期 金额：第一期40万元，第二期30万元。
2		
3		
法务分管领导（签字）： 法务联络人(签字)：		生产经营单位主管(签字)：

第三节 协助执行

案情简介

2019年5月，马某与百某公司因借款纠纷发生诉讼，后法院判决百某公司偿还马某借款350万余元。该案进入执行阶段后，百某公司无力偿还该笔款项，马某发现百某公司对某建筑施工企业享有债权300万元左右，便向法院执行局提供线索，法院执行局向某建筑施工企业发送协助执行通知书，裁定提取百某公司对某建筑施工企业的应收款300万元。后某建筑施工企业向法院执行局作出说明，百某公司与其签有铝塑板供应合同，合同额665万余元，目前尚未办理结算，累计已付款643万余元，账面数据不支持法院要求协助执行的300万元。法院执行局根据情况说明，下达解除协助执行通知书。

法院判决

百某公司偿还马某借款350万余元。

案件背景及启示

（一）建筑施工企业遇到不能执行或者难以执行的情况时，可以申请代位执行

本案给建筑施工企业提供了两个有关执行方面的操作维度：一是建筑施工企业作为申请执行人，在查遍了银行存款、房屋不动产等财产信息毫无线索的情况下，可以向法院申请代位执行第三人的财产；二是建筑施工企业作为被执行人，符合代位执行的条件的，有协助执行的义务。

（二）对协助执行有异议的，可以向法院进行情况说明

协助执行，是指由人民法院以外的单位和个人，按照法律协助执行发生法律效力的法律文书所确定的法律行为。有义务协助调查、执行的单位，根据情形，人民法院除责令其履行协助义务外，还可以予以罚款。接到法院执行局协助执行的通知后，对协助执行的金额等有异议的，可以向法院进行情况说明。法院在调查后确认情况属实的，应根据实际情况进行处理，与事实不符的，应当下达解除协助执行通知书。

法条摘要

《中华人民共和国民法典》

第五百三十五条　因债务人怠于行使其债权或者与该债权有关的从权利，影响债权人的到期债权实现的，债权人可以向人民法院请求以自己的名义代位行使债务人对相对人的权利，但是该权利专属于债务人自身的除外。

代位权的行使范围以债权人的到期债权为限。债权人行使代位权的必要费用，由债务人负担。

相对人对债务人的抗辩，可以向债权人主张。

《最高人民法院关于适用〈中华人民共和国民事诉讼法〉的解释》

第五百零一条　人民法院执行被执行人对他人的到期债权，可以作出冻结债权的裁定，并通知该他人向申请执行人履行。

该他人对到期债权有异议，申请执行人请求对异议部分强制执行的，人民法院不予支持。利害关系人对到期债权有异议的，人民法院应当按照民事诉讼法第二百二十七条规定处理。

对生效法律文书确定的到期债权，该他人予以否认的，人民法院不予支持。

第四节　风控指引：案件执行警惕五项潜在风险

关于执行案件，很多人误以为已经有了生效的调解书或者判决书，申请强制执行追款是顺理成章、水到渠成的事。然而，由于工程诉讼的复杂性，即使到了执行阶段，债务人也可以为保护自己的合法权益作出最大的努力，案件的最终结果依然具有操作的空间。比如，本章第二节案例中法院判决某建筑施工企业接收铝型材，支付货款，然而在执行阶段发现该批铝型材货物对被执行人已无用，如按判决书履行，某建筑施工企业就要寻找运输公司和搬运公司安排货运接收，还要找地方存放该批铝型材，如果直接让原告以废铝的市场价回收，不仅给被执行人节省了一大笔费用，也方便申请执行人直接回炉，最后签订执行和解协议时双方皆大欢喜。又如本章第一节案例中某石材公司实际上已经不再开展经营，其唯一的自然人股东也是公司的法定代表人，在接收了执行款后极有可能金蝉脱壳。在此种情况下，法院执行局接受执行异议，等待税务局处理结果后才将款项执行到位，最大限度地保护了当事人的合法权益和国家利益。

司法实践中，建筑施工企业的执行案件也是多种多样，给执行法官出了不少难题。比如，某建筑施工企业的工程款执行案中，本意是要对查封建筑某层楼的拍卖款优先受偿，但因其流拍企业受让了该层楼作为工程款，接受此实物抵债后发现该楼层的房产过户费高达上千万元，然而并没有任何法律依据指明该过户费应由哪一方负担，造成案件执行完毕后仍争议不断；又如某烂尾楼工程的业主为民营公司，其自然人股东均因涉黑被判入狱，法院将该公司作为涉黑资产没收，该工程的承包人起诉工程款欠款胜诉后，由于缺乏明确的法律依据指示如何处置该公司，导致该执行案件长期搁置。

保全也是执行的一种。通常，建筑施工企业有诉讼必保全，最有力度的操作方法是对对方银行基本账户的查封，限制对方公司的现金进出，让对方陷入被动局面，从而促进案件向有利于建筑施工企业的方向发展。

随着时代的变迁，无论是诉前保全还是诉中保全，担保均无须提供同等价值的担保。《最高人民法院关于人民法院办理财产保全案件若干问题的规定》第5条规定："人民法院依照民事诉讼法第一百条规定责令申请保全人提供财产保全担保的，担保数额不超过请求保全数额的百分之三十；申请保全的财产系争议标的的，担保数额不超过争议标的价值的百分之三十。利害关系人申请诉前财产保全的，应当提供相当于请求保全数额的担保；情况特殊的，人民法院可以酌情处理。财产保全期间，申请保全人提供的担保不足以赔偿可能给被保全人造成的损失的，人民法院可以责令其追加相应的担保；拒不追加的，可以裁定解除或者部分解除保全。"例如，1000多万元的工程款，通过保险公司进行担保，仅需缴纳几万元的保险费用即可。现在的担保方式与以前相比，更有利于建筑施工企业维护自己的合法权益。

关于案件执行的风险，笔者认为主要有以下五项。

一、逾期申请执行的风险

申请执行应在法律规定的期限内提出，逾期则丧失申请执行权。

1. 申请执行的期限为二年。申请执行时效的中止、中断，适用法律有关诉讼时效的中止、中断的规定。

2. 对发生法律效力的行政判决书、裁定书、行政赔偿调解书，申请人是公民的，申请期限为一年；申请人是行政机关、法人或其他组织的，申请期限为180天。

3. 行政决定的申请期限为180天。

前三款规定的期限，从法律文书履行期间的最后一日起计算；法律文书规定分期履行的，从规定的每次履行期间的最后一日起计算；法律文书中没有规定履行期限的，从该法律文书送达当事人之日起计算。

二、不能提供被执行人的财产下落或线索的风险

为使生效的法律文书得以顺利执行，要向法院提供被执行人财产的下落或线索，否则可能造成执行不到位的情况。

三、被执行人在外地的风险

如果申请执行的被执行人住所地在辖区范围以外，除审理中以对当事人在外地的财产进行了保全而异地执行更为方便等条件，一律委托执行。委托执行中，受委托法院因法定事由有终结执行的可能。

四、中止执行的风险

执行中有以下情形的中止执行：被执行人确无财产可执行；作为一方当事人的公民死亡，需要等待继承人继承权利或者承担义务的；作为一方当事人的法人或者其他组织终止，尚未确定权利义务承受人的；其他应当中止执行的情形。

五、终结执行的风险

执行中有以下情形的终结执行：据以执行的法律文书被撤销；作为被执行人的公民死亡，无遗产可供执行，又无义务承担人的；作为被执行人的公民因生活困难无力偿还借款，无收入来源，又丧失劳动能力的；被执行人被人民法院裁定宣告破产的；其他应当终结执行的情形。

第二十一章　建设工程破产案件

第一节 破产重整

案情简介

2007年9月10日，L市二建安装工程公司（以下简称“二建公司”）与L市J区农委签订建设工程施工合同，约定将L市J区农委建设的农业科技大厦发包给二建公司施工。合同约定工程价款为1039万余元，主体验收合格，一个月内付至40%，余款自竣工验收起两年内分两次结清等。

2008年8月，工程主体封顶，J区农委即组织人员装修。2015年2月13日，J区审计局审计工程造价为1300万余元。截止到2015年2月15日，J区农委共支付工程款1057万元，尚欠工程款242万余元，且一直拖延支付，应支付相应利息。

2011年7月7日，二建公司被T市中级人民法院裁定进入破产程序，后又被法院裁定批准重整计划。为保障重整程序顺利进行，二建公司请求T市中级人民法院判令J区农委立即给付工程款242万余元、迟延支付工程款的利息254万元，合计496万余元，并承担本案的诉讼费用。

J区农委在提交答辩状期间对案件管辖权提出异议，称双方于2007年9月10日签订的建设工程施工合同第37.1条约定，在履行合同过程中产生争议时，由当事人协商解决，协商不成的，向工程所在地有管辖权的人民法院提起诉讼。涉案建筑工程地点为L市J区，根据法律规定及合同约定，本案应由L市J区人民法院管辖，故请求将本案移送至L市J区人民法院审理。

二建公司对J区农委提出的管辖异议答辩称，2011年7月7日，二建公司被T市中级人民法院裁定进入破产程序。2013年12月6日，该院裁定批准二建公司重整计划。《企业破产法》第21条规定，人民法院受理破产申请后，有关债务人的民事诉讼，只能向受理破产申请的人民法院提起。《企业破产法》为特别法，其效力应大于一般法《民事诉讼法》，故本案应由T市中级人民法院管辖。

T市中级人民法院经审查查明，申请人T市某公司以被申请人二建公司不能清偿到期债务为由，于2011年5月25日向原审法院申请对二建公司进行破产清算。T市中级人民法院于2011年7月7日作出民事裁定书，裁定受理破产清算申请，并指定了破产清算管理人。2013年12月6日，T市中级人民法院依法作出民事裁定书，裁定批准二建公司的重整计划。

T市中级人民法院认为，根据《企业破产法》第21条规定，人民法院受理破产申请后，有关债务人的民事诉讼，只能向受理破产申请的人民法院提起。本案中，二建公司因不能清偿到期债务，被T市中级人民法院依法裁定进入破产程序，且至今破产重整程序尚未终结。因此，与二建公司有关的民事诉讼案件，依法应由该法院管辖。J区农委认为本案应由L市J区人民法院审理的管辖异议理由不能成立，原审法院不予采纳。

J区农委不服原裁定，向某省高级人民法院提起上诉。

某省高级人民法院认为，本案中，原审法院于2011年7月7日裁定受理二建公司的破产清算申请，后于2013年12月6日裁定批准二建公司重整计划，终止二建公司重整程序。《企业破产法》第21条规定："人民法院受理破产申请后，有关债务人的民事诉讼，只能向受理破产申请的人民法院提起。"第72条规定："自人民法院裁定债务人重整之日起至重整程序终止，为重整期间。"法院批准重整计划、终止重整程序后，即不属于破产程序，不应适用破产案件专属管辖的规定。原审法院于2015年9月29日立案受理本案时，二建公司并未处于破产程序中，故本案不应适用《企业破产法》第21条规定的由受理破产的法院管辖。本案为二建公司向J区农委索要欠付的工程款及利息，系建设工程施工合同纠纷。《最高人民法院关于适用〈中华人民共和国民事诉讼法〉的解释》第28条第2款、第3款规定："农村土地承包经营合同纠纷、房屋租赁合同纠纷、建设工程施工合同纠纷、政策性房屋买卖合同纠纷，按照不动产纠纷确定管辖。不动产已登记的，以不动产登记簿记载的所在地为不动产所在地；不动产未登记的，以不动产实际所在地为不动产所在地。"涉案工程位于L市J区，本案应由工程所在地有级别管辖权的人民法院管辖。

法院判决

撤销原裁定，案件移送至L市J区人民法院审理。

案件背景及启示

（一）破产程序中，相关案件应由受理破产案件的法院管辖

关于破产债务由受理破产法院专属管辖的规定，某省高级人民法院改判观点：法院批准重整计划、终止重整程序后，即不属于破产程序，不应适用破产案件专属管辖的规定，债务人起诉主张工程款的，应适用工程所在地专属管辖规定。所以，只有在破产程序中，自人民法院裁定债务人重整之日起至重整程序终止，相关案件才应由受理破产案件的法院管辖。

（二）知识点拓展及延伸

重整程序的终止可以分为正常终止和非正常终止。重整程序的非正常终止又称重整程序的废止或撤销，是指法院根据重整人或利害关系人的申请或依职权裁定废除已开始的重整程序。在重整期间管理人或利害关系人可以申请人民法院裁定非正常终止重整程序的情形有四种：一是因重整计划草案未按期提交而终止；二是因重整计划获得批准而终止；三是因重整计划未获批准而终止；四是因管理人或者利害关系人请求而终止。

法条摘要

《中华人民共和国企业破产法》

第二条　企业法人不能清偿到期债务，并且资产不足以清偿全部债务或者明显缺乏清偿能力的，依照本法规定清理债务。

企业法人有前款规定情形，或者有明显丧失清偿能力可能的，可以依照本法规定进行重整。

第七条　债务人有本法第二条规定的情形，可以向人民法院提出重整、和解或者破产清算申请。

债务人不能清偿到期债务，债权人可以向人民法院提出对债务人进行重整或者破产清算的申请。

企业法人已解散但未清算或者未清算完毕，资产不足以清偿债务的，依法负有清算责任的人应当向人民法院申请破产清算。

第二十一条　人民法院受理破产申请后，有关债务人的民事诉讼，只能向受理破产申请的人民法院提起。

第七十二条 自人民法院裁定债务人重整之日起至重整程序终止，为重整期间。

第七十八条 在重整期间，有下列情形之一的，经管理人或者利害关系人请求，人民法院应当裁定终止重整程序，并宣告债务人破产：

（一）债务人的经营状况和财产状况继续恶化，缺乏挽救的可能性；

（二）债务人有欺诈、恶意减少债务人财产或者其他显著不利于债权人的行为；

（三）由于债务人的行为致使管理人无法执行职务。

第七十九条 债务人或者管理人应当自人民法院裁定债务人重整之日起六个月内，同时向人民法院和债权人会议提交重整计划草案。

前款规定的期限届满，经债务人或者管理人请求，有正当理由的，人民法院可以裁定延期三个月。

债务人或者管理人未按期提出重整计划草案的，人民法院应当裁定终止重整程序，并宣告债务人破产。

第八十六条 各表决组均通过重整计划草案时，重整计划即为通过。

自重整计划通过之日起十日内，债务人或者管理人应当向人民法院提出批准重整计划的申请。人民法院经审查认为符合本法规定的，应当自收到申请之日起三十日内裁定批准，终止重整程序，并予以公告。

第八十七条 部分表决组未通过重整计划草案的，债务人或者管理人可以同未通过重整计划草案的表决组协商。该表决组可以在协商后再表决一次。双方协商的结果不得损害其他表决组的利益。

未通过重整计划草案的表决组拒绝再次表决或者再次表决仍未通过重整计划草案，但重整计划草案符合下列条件的，债务人或者管理人可以申请人民法院批准重整计划草案：

（一）按照重整计划草案，本法第八十二条第一款第一项所列债权就该特定财产将获得全额清偿，其因延期清偿所受的损失将得到公平补偿，并且其担保权未受到实质性损害，或者该表决组已经通过重整计划草案；

（二）按照重整计划草案，本法第八十二条第一款第二项、第三项所列债权将获得全额清偿，或者相应表决组已经通过重整计划草案；

（三）按照重整计划草案，普通债权所获得的清偿比例，不低于其在重整计划草案被提请批准时依照破产清算程序所能获得的清偿比例，或者该表决组已经通过重整计划草案；

（四）重整计划草案对出资人权益的调整公平、公正，或者出资人组已经通过重整计划草案；

（五）重整计划草案公平对待同一表决组的成员，并且所规定的债权清偿顺序不违反本法第一百一十三条的规定；

（六）债务人的经营方案具有可行性。

人民法院经审查认为重整计划草案符合前款规定的，应当自收到申请之日起三十日内裁定批准，终止重整程序，并予以公告。

第八十八条　重整计划草案未获得通过且未依照本法第八十七条的规定获得批准，或者已通过的重整计划未获得批准的，人民法院应当裁定终止重整程序，并宣告债务人破产。

第一百三十四条　商业银行、证券公司、保险公司等金融机构有本法第二条规定情形的，国务院金融监督管理机构可以向人民法院提出对该金融机构进行重整或者破产清算的申请。国务院金融监督管理机构依法对出现重大经营风险的金融机构采取接管、托管等措施的，可以向人民法院申请中止以该金融机构为被告或者被执行人的民事诉讼程序或者执行程序。

金融机构实施破产的，国务院可以依据本法和其他有关法律的规定制定实施办法。

《最高人民法院关于适用〈中华人民共和国民事诉讼法〉的解释》

第二十八条第二款　农村土地承包经营合同纠纷、房屋租赁合同纠纷、建设工程施工合同纠纷、政策性房屋买卖合同纠纷，按照不动产纠纷确定管辖。

第三款　不动产已登记的，以不动产登记簿记载的所在地为不动产所在地；不动产未登记的，以不动产实际所在地为不动产所在地。

第二节　破产和解

案情简介

2015年9月22日，南某公司向某建筑施工企业出具《中标通知书》，内容主要为，确定某建筑施工企业为“海鸥之梦”项目的中标人，中标价为9980万元，工期为365天。之后某建筑施工企业和南某公司签订了一份《海鸥之梦工程施工合同》，约定工程合同暂定总价为9980万元，合同为固定综合单价合同，工程结算时，综合单价不变，工程量根据实际完成量计算。

某建筑施工企业按要求施工完毕。2016年12月30日，某建筑施工企业、南某公司、监理单位及设计单位一起对“海鸥之梦”项目进行了验收，确认该项目达到合格等级。施工期间，某建筑施工企业收到南某公司支付的工程款为7014万元。后双方因结算无法达成一致意见，某建筑施工企业向法院起诉，要求南某公司支付工程款及利息2000万元。

该案经过一审、二审后发回重审，在重审过程中，南某公司进入破产程序。某建筑施工企业在破产程序中与南某公司签订协议，对结算金额、质保期、争议问题、优先受偿权达成了一致意见。

法院判决

双方进行了和解，结算金额最终确定为8525万元，南某公司未支付工程款为1511万元，某建筑施工企业对该工程款享有优先受偿权。

案件背景及启示

在破产程序中，建筑施工企业可以通过与业主方达成和解协议确认债权。破产程序中涉及的关键点是确认债权、申报债权。债权若未被确认便无法获得保障或清偿。本案中，某建筑施工企业与业主单位及时签订和解协议，双方就结算金额、质保期、争议问题、优先受偿权达成了一致意见，既能保障债权得到确认，又能确保优先受偿权。

法条摘要

《中华人民共和国企业破产法》

第九十五条 债务人可以依照本法规定，直接向人民法院申请和解；也可以在人民法院受理破产申请后、宣告债务人破产前，向人民法院申请和解。

债务人申请和解，应当提出和解协议草案。

第三节　破产清算

案情简介

2007年12月25日，某悦公司（甲方）与某洋公司（乙方）签订合同，约定甲方同意由乙方作为总包人承建位于天某新城13号地块天某街道范围内的建设工程，该地块总建筑面积为14万平方米。项目工程结算以《江苏省建筑工程综合预算定额》（2001）为依据，双方还就五大主材的计价标准、付款方式、违约责任等作了详细的约定。

2012年10月，因某悦公司未按约定及时审核结算工程款，某洋公司提起诉讼。

2013年9月18日，根据案外人申请，江苏省某市中级人民法院裁定受理对某悦公司的破产重整申请，并将该案指定由某市B区人民法院审理。某悦公司提出申请，认为该案原审法院应裁定将案件移送至破产受理法院即B区人民法院管辖并中止审理。原审法院裁定不予移送但中止了审理。某悦公司进入破产重整后，法院恢复审理并启动了工程造价司法鉴定程序。

2015年9月28日，某市B区人民法院裁定：一、终止某悦公司重整程序；二、宣告某悦公司破产。

案件审理中，双方对涉案工程价款结算依据、已完工程造价（不包括已完桩基工程）、已付工程款数额、停工损失等问题存在较大争议。最终法院确认某洋公司对该工程已完工程折价或拍卖价款在应付工程款范围内享有工程款优先受偿权。在某悦公司被宣告破产后进行清算中，某洋公司获得了工程款本金清偿。

法院判决

某洋公司对该工程已完工程折价或拍卖价款在应付工程款范围内享有工程款优先受偿权。

案件背景及启示

（一）债务人的财产纠纷案件的审理理应中止

进入破产程序后至破产管理人接管债务人财产前，债务人财产纠纷案件的审理理应中止。

（二）知识点拓展及延伸

结合《民法典》《企业破产法》和最高人民法院的司法解释等相关规定，笔者认为对于建筑施工企业的工程款，由于其优先受偿性，在业主方的破产清算程序中排序如下：

1. 破产管理费用：（破产管理人的报酬、破产管理中造成的人身损害赔偿与财产损害赔偿、拍卖费用等）。

2. 破产人所欠职工的工资和医疗、伤残补助、抚恤费用，所欠的应当划入职工个人账户的基本养老保险、基本医疗保险费用，以及法律、行政法规规定应当支付给职工的补偿金。

3. 破产人欠缴的除前项规定外的社会保险费用和破产人所欠税款。

4. 具有优先受偿权的建筑工程款（见建设工程优先受偿权章节内容）。

5. 有担保物的债权，如银行的抵押权之债。

6. 普通破产债权。

法条摘要

《中华人民共和国企业破产法》

第二十条 人民法院受理破产申请后，已经开始而尚未终结的有关债务人的民事诉讼或者仲裁应当中止；在管理人接管债务人的财产后，该诉讼或者仲裁继续进行。

第一百一十三条 破产财产在优先清偿破产费用和共益债务后，依照下列顺序清偿：

（一）破产人所欠职工的工资和医疗、伤残补助、抚恤费用，所欠的应当划入职工个人账户的基本养老保险、基本医疗保险费用，以及法律、行政法规规定应当支付给职工的补偿金；

（二）破产人欠缴的除前项规定以外的社会保险费用和破产人所欠税款；

（三）普通破产债权。

破产财产不足以清偿同一顺序的清偿要求的，按照比例分配。

破产企业的董事、监事和高级管理人员的工资按照该企业职工的平均工资计算。

第四节　风控指引：破产案件分清三大重要程序

建筑工程破产案件的特点是金额较大；耗时长，一般四五年甚至更长；程序较为复杂；牵涉的利益群体众多，如银行或其他金融机构、农民工、企业职工等，也会涉及法院、政府机关等。

下面笔者将来谈谈破产案件的三大程序及建筑施工企业如何在破产程序中保障自身合法权益。

一、三大程序

三大程序包括：破产重整程序、破产清算程序、破产和解程序。

破产重整程序是指专门针对可能或已经具备破产原因但又有维持价值和再生希望的企业，在法院的主持和利害关系人的参与下，企业继续经营并进行业务上的重组和债务调整，以帮助债务人摆脱财务困境、恢复营业能力。

破产清算程序是指破产管理人受理或变卖债务人的全部财产，将所得收益在全体债权人内部公平分配，并终结企业法律主体资格。

破产和解程序是指为了避免破产宣告或破产分配，由债务人提出和解申请及和解协议草案，债权人会议讨论通过并经法院许可，解决债权人、债务人之间的债权债务问题。

三大程序的关联与区别之处：一般情况下，企业破产先进入重整程序，重整无法挽回的企业则进入清算程序。如果企业已经明显无法继续生产经营，则直接进入清算程序。和解程序是贯穿破产过程中的，无论是在重整程序还是在清算程序中，破产人与债权人都可对债权金额达成一致，此为和解程序。

破产重整程序是目前破产中用到的最多的程序，它的核心出发点是挽救企业，保障多方利益。从债务人角度而言，破产重整能够避免破产清算，继续经营，实现经营改善和转型，获得重生；从债权人角度而言，破产重整能够避免破产清算情形下清偿比例过低，有机会挽回损失并获取更大利益；从社会整体利益而言，破产重整能够保护职工、上下游关联企业利益，保障国家税收、地方产业结构及社会稳定。

二、建筑施工企业如何在破产程序中保障合法权益

（一）申请破产

在司法实践中，在业主方资不抵债，无法清偿债务的情况下，通常建筑施工企业有两种角色：一是其他企业或者个人向法院申请破产，法院受理破产申请后通知建筑施工企业进行债权申报；二是建筑施工企业主动向法院申请业主方破产。笔者认为，在第一种角色里，建筑施工企业要跟踪破产案件动态，与破产管理人委员会做好实时沟通，知道尽可能多的信息后按照程序来保障建筑施工企业的合法债权。在第二种角色里，建筑施工企业要判断自己的债权是否能在申请破产后得到更好的清偿，权衡利弊后再选择是否申请业主方破产。

（二）申报债权

笔者认为，建筑施工企业在第二种角色里申报债权有两种操作方法：一是对于未完工未结算的债权，建筑施工企业应当通过尽快启动诉讼来锁定债权；二是对未完工未结算的债权可以通过与业主方和解来锁定债权。

第二十二章　建设工程优先受偿权

第一节 破产案件建设工程优先受偿权（一）

案情简介

2013年12月，某建筑施工企业与阳某公司签订《岳某财富广场建筑幕墙工程施工合同》，约定包干总价为6500万元。合同签订后，某建筑施工企业应阳某公司请求进场施工，但阳某公司未按照合同约定履行付款义务，导致工程全面停工。

2016年5月，双方同意委托第三方审计单位湘某工程咨询有限公司对该工程进行审计。后该审计公司出具造价咨询报告，审定金额为3601万余元。

2016年6月，双方签订岳某财富幕墙工程阶段性结算确认书，确认涉案工程阶段性结算金额为3780万元整，同时确认阳某公司截止到2016年6月7日累计仅向某建筑施工企业支付了1200万元的工程款（含工程预付款）。

2016年7月，某建筑施工企业向阳某公司发出解除合同通知书，并向法院提起诉讼，请求阳某公司支付工程款2580万元及利息，诉讼费用由阳某公司承担。后阳某公司提起反诉，请求某建筑施工企业承担工期及质量违约金95万元。

审理中，法院认为，结算金额3780万元为各方一致确认，阳某公司应向某建筑施工企业支付拖欠工程款2580万元及利息。对于阳某公司的反诉请求，因缺乏证据证明，不予支持。

判决生效后，阳某公司被法院裁定受理破产申请，判决书被中止执行，某建筑施工企业根据判决书相关内容向破产管理委员会申报债权，其中2580万元被认定享有建设工程优先受偿权，349万元违约金及利息被认定为普通债权。后该案经过债权人会议、债权人代表会议后进入重整程序。

法院判决

1. 阳某公司自判决生效之日起10日内向某建筑施工企业支付工程款2580万元。

2. 驳回阳某公司诉讼请求。

3. 诉讼费用由阳某公司承担。

案件背景及启示

（一）注意建筑工程价款优先受偿权的行使期间，及时行使权利

建筑工程价款优先受偿权作为一项法定优先权，必须在自发包人应当给付建设工程价款之日起18个月内行使，否则将会因为除斥期间的经过而丧失。因此，实务中，建筑施工企业必须要注意建筑工程价款优先受偿权的行使期间。

（二）及时行使不安履行抗辩权

对于前期垫资的工程应当保持高度警惕，发现合同相对方缺乏履行能力时，应及时行使不安履行抗辩权，维护自身合法权益。

法条摘要

《中华人民共和国民法典》

第八百零七条　发包人未按照约定支付价款的，承包人可以催告发包人在合理期限内支付价款。发包人逾期不支付的，除根据建设工程的性质不宜折价、拍卖外，承包人可以与发包人协议将该工程折价，也可以请求人民法院将该工程依法拍卖。建设工程的价款就该工程折价或者拍卖的价款优先受偿。

《最高人民法院关于审理建设工程施工合同纠纷案件适用法律问题的解释（一）》

第三十五条　与发包人订立建设工程施工合同的承包人，依据民法典第八百零七条的规定请求其承建工程的价款就工程折价或者拍卖的价款优先受偿的，人民法院应予支持。

第三十六条　承包人根据民法典第八百零七条规定享有的建设工程价款优先受偿权优于抵押权和其他债权。

第三十七条　装饰装修工程具备折价或者拍卖条件，装饰装修工程的承包人请求工程价款就该装饰装修工程折价或者拍卖的价款优先受偿的，人民法院应予支持。

第三十八条　建设工程质量合格，承包人请求其承建工程的价款就工程折价或者拍卖的价款优先受偿的，人民法院应予支持。

第三十九条　未竣工的建设工程质量合格，承包人请求其承建工程的价款就其承建工程部分折价或者拍卖的价款优先受偿的，人民法院应予支持。

第四十条 承包人建设工程价款优先受偿的范围依照国务院有关行政主管部门关于建设工程价款范围的规定确定。

承包人就逾期支付建设工程价款的利息、违约金、损害赔偿金等主张优先受偿的，人民法院不予支持。

第四十一条 承包人应当在合理期限内行使建设工程价款优先受偿权，但最长不得超过十八个月，自发包人应当给付建设工程价款之日起算。

第四十二条 发包人与承包人约定放弃或者限制建设工程价款优先受偿权，损害建筑工人利益，发包人根据该约定主张承包人不享有建设工程价款优先受偿权的，人民法院不予支持。

第二节 破产案件建设工程优先受偿权（二）

案情简介

1999年10月，某建筑施工企业与鹏某房地产公司签订了《阳某广场幕墙装饰工程合同书》，合同金额为6680万元。

2000年3月，某建筑施工企业开始进场施工。由于鹏某房地产公司资金紧张，工程于2001年8月停工。某建筑施工企业已完成的工程造价为2047万余元，鹏某房地产公司仅向某建筑施工企业支付工程款440万余元，尚欠1607万余元。

2003年6月，某建筑施工企业向某市中级人民法院提起诉讼，请求鹏某房地产公司支付工程款、违约金、利息、损害赔偿金共计1800万余元。经过两审终审，某市高级人民法院做出终审判决：鹏某房地产公司赔偿某建筑施工企业2200万余元。

某建筑施工企业于2004年4月12日向某市中级人民法院申请执行。2007年4月进行了第一次债权人会议，确定债权人执行分配要求，2008年4月最终确认债权，确定某建筑施工企业对1607万余元工程款享有优先受偿权。

2014年，该烂尾楼被收购，同年10月16日，某市中级人民法院网站发布了《关于“阳某广场”系列执行案剩余执行款、可供处置房产及预留款的通告》。2016年，某建筑施工企业通过法院执行局收回工程款1607万余元。

法院判决

鹏某房地产公司向某建筑施工企业支付工程款及利息2200万余元。

案件背景及启示

（一）在破产程序中，建设工程优先受偿权是法定的优先受偿权利，即使在判决或者调解书中未明确进行说明，建筑施工企业仍然享有工程款优先受偿权，但需要在债权申报时进行申请。

（二）享有建设工程优先受偿权的范围只包括工程款，不包括违约金、利息、迟延履行金等。

法条摘要

《中华人民共和国民法典》

第八百零七条　发包人未按照约定支付价款的，承包人可以催告发包人在合理期限内支付价款。发包人逾期不支付的，除根据建设工程的性质不宜折价、拍卖外，承包人可以与发包人协议将该工程折价，也可以请求人民法院将该工程依法拍卖。建设工程的价款就该工程折价或者拍卖的价款优先受偿。

第三节　风控指引：优先受偿权掌握三个行使要点

建设工程领域中普遍存在工程款拖欠的问题，为了确保承包人能拿到建设工程款，法律赋予了承包人建设工程价款优先受偿权，一旦产生工程款纠纷，承包人可以主张对案涉工程折价拍卖的价款优先受偿。但在司法实践中经常会碰到承包人主张优先受偿权却得不到法院支持的情况，因为所谓的“优先”只是相对的，而非绝对的，弄清楚优先受偿权的各种适用规则，对承包人保障自己的合法权益有着非常重要的意义。承包人在行使优先受偿权时应掌握三个要点。

一、权利主体

《民法典》第807条规定：“发包人未按照约定支付价款的，承包人可以催告发包人在合理期限内支付价款。发包人逾期不支付的，除根据建设工程的性质不宜折价、拍卖外，承包人可以与发包人协议将该工程折价，也可以请求人民法院将该工程依法拍卖。建设工程的价款就该工程折价或者拍卖的价款优先受偿。”

据此可知，享有工程款优先受偿权的主体是“承包人”。根据《民法典》第791条的规定，承包人包括总承包人、勘察人、设计人、施工人，《最高人民法院关于审理建设工程施工合同纠纷案件适用法律问题的解释（一）》对其范围进行了进一步的解释，强调了优先受偿权的权利主体包括“与发包人订立建设工程施工合同的承包人”以及“装饰装修工程的承包人”。

司法实践中，辽宁省高级人民法院（2021）辽民终1393号民事判决书中认为，根据各方当事人民事纠纷发生时（2019年）适用的《最高人民法院关于审理建设工程施工合同纠纷案件适用法律问题的解释（二）》[①]第17条的规定，与发包人订立建设工程施工合同的承包人，根据《合同法》第286条规定请求其承建工程的价款就工程折价或者拍卖的价款优先受偿的，人民法院应予支持。由此可见，享有工程价款优先受偿权的主体系与发包人订立建设工程施工合同的承包人。本案中，某建筑施工企业虽实际施工了案涉幕墙工程，但其仅系工程分包人，与总承包人存在合同关系，与发包人之间并无合同关系，其并非案涉工程的承包人，不是主张工程价款优先受偿权的适格主体，故其要求就案涉工程折价或拍卖的价款享有优先受偿权依据不足。且总承包方已提起另案诉讼，向业主方主张包括案涉工程款在内的连某医科大学项目工程款，并要求确认对上述工程折价或拍卖额价款享有优先受偿权，故总承包人并无怠于行使工程价款优先受偿权而可能使分包人某建筑施工企业利益受损的情况，据此，某建筑施工企业要求就案涉工程折价或拍卖的价款享有优先受偿权的诉请无充分的事实和法律依据，法院不予支持。

在建设工程施工合同中，合同签约主体有两种主要类型：第一种是分包人（土建、外装、内装等建筑施工企业）与业主方签订合同，分包人享有独立的建设工程优先受偿权；第二种是分包人与总承包人签订合同，分包人无独立的建设工程优先受偿权，只能作为总承包人的一部分共同享有建设工程优先受偿权。在第二种情况下，总承包人如果出现资不抵债或者总承包方与业主方关联且总承包人为“空壳”公司时，

① 已失效。

会导致分包人利益受损；同时，设立建设工程优先受偿权的立法本意是为了保障建筑施工企业的利益，让建筑施工企业基于建筑物获得优先受偿权而不是基于与谁订立合同而享有优先受偿权。

综上所述，笔者认为在分包人与总承包人签订合同的情况下，分包人也应当享有独立的建设工程优先受偿权。当然，在分包人与总承包人签订合同的情况下，基于合同的相对性，分包人不能直接向业主方主张建设工程优先受偿权，其中的主体问题可以通过立法和司法解释解决，也可以在项目建设工程中通过策划使业主方成为适格主体。

二、行使范围

建设工程价款优先受偿权的范围当然是“工程价款”，但工程价款具体包括哪些款项呢？根据《建设工程价款结算暂行办法》，工程价格由成本（直接成本、间接成本）、利润（酬金）和税金构成，具体包括合同价款、追加合同价款和其他款项。同时，该办法规定，建设工程合同价款包括工程预付款、工程进度款、工程竣工价款。

再细化一下，《建筑安装工程费用项目组成》明确，建筑安装工程费用包括人工费、材料费、施工机械使用费、措施费、企业管理费、利润、规费和税金。其中人工费、材料费、施工机械使用费、企业管理费和利润包含在分部分项工程费、措施项目费、其他项目费中。

此外，《建设工程工程量清单计价规范》指出，建设工程造价或合同价款包括分部分项工程费、措施项目费、其他项目费、规费和税金。建设工程价款中预留质量保证金、赶工费，本质上属于建设工程价款的一部分。

因此，上述所有款项都可以视为工程款。需要强调的是，建设工程附着土地价款、垫资利息、工程停工费用以及逾期支付建设工程价款的利息、违约金、损害赔偿金等均不属于工程价款，承包人无法就这些部分的价款主张优先受偿权。

三、行使期限及条件

（一）行使期限及起算点

1. 主张优先受偿权的行使期限及起算点。

建设工程价款优先受偿权的行使期限及起算点，发生过三次变化。2002年6月发布的《最高人民法院关于建设工程价款优先受偿权问题的批复》（已失效）第4条规定："建设工程承包人行使优先权的期限为六个月，自建设工程竣工之日或者建设工程合同约定的竣工之日起计算。"2018年12月发布的《最高人民法院关于审理建设工程施工合同纠纷案件适用法律问题的解释（二）》（已失效）第22条规定："承包人行使建设工程价款优先受偿权的期限为六个月，自发包人应当给付建设工程价款之日起算。"《民法典》施行后，2020年12月发布的《最高人民法院关于审理建设工程施工合同纠纷案件适用法律问题的解释（一）》又将"六个月"增加至"十八个月"。

关于"应当给付建设工程价款之日"如何界定，《最高人民法院关于审理建设工程施工合同纠纷案件适用法律问题的解释（一）》第27条规定："利息从应付工程价款之日开始计付。当事人对付款时间没有约定或者约定不明的，下列时间视为应付款时间：（一）建设工程已实际交付的，为交付之日；（二）建设工程没有交付的，为提交竣工结算文件之日；（三）建设工程未交付，工程价款也未结算的，为当事人起诉之日。"即应遵循以下原则：有约定的按约定，包括合同无效、合同终止或解除时，合同有约定的，参照合同约定确定应付建设工程价款之日。无约定或约定不明的，按上述法条规定确定。

2. 破产程序中，建设工程价款优先受偿权如何起算。

《民法典》第807条规定："发包人未按照约定支付价款的，承包人可以催告发包人在合理期限内支付价款。发包人逾期不支付的，除根据建设工程的性质不宜折价、拍卖外，承包人可以与发包人协议将该工程折价，也可以请求人民法院将该工程依法拍卖。建设工程的价款就该工程折价或者拍卖的价款优先受偿。"《企业破产法》第46条规定："未到期的债权，在破产申请受理时视为到期。附利息的债权自破产申请受理时起停止计息。"《最高人民法院关于审理建设工程施工合同纠纷案件适用法律问题的解释（一）》第41条规定："承包人应当在合理期限内行使建设工程价款优先受偿权，但最长不得超过十八个月，自发包人应当给付建设工程价款之日起算。"

《最高人民法院关于审理建设工程施工合同纠纷案件适用法律问题的解释（一）》关于建设工程价款优先受偿权的规定系关于行使建设工程价款优先受偿权的一般规定，而《企业破产法》关于未到期的债权，在破产申请受理时视为到期的规定属于关于债权到期的具体规定，二者并不冲突。根据上述规定，破产申请受理时，工程债权即视为到期，承包人有权依法主张工程价款优先受偿权。如果破产申请受理前行使优先受偿权已经超出法定期限，则进入破产程序后不享有优先受偿权。

延伸总结：当事人依法享有工程价款优先受偿权与其依法主张（需以法定方式主张，即需与发包人协议将工程折价或请求法院将工程拍卖并就折价或拍卖的价款优先受偿）工程价款优先受偿权不同，当事人向发包人行使建设工程价款优先受偿权须明确自己所主张的权利及享有优先权，当事人未明确主张自己享有建设工程价款优先受偿权的，其所主张的权利仅能视为普通债权。

（二）行使条件

1. 工程价款优先受偿权的行使条件。

必须满足以下三点：发包人未履行支付工程价款的义务；建设工程宜折价或拍卖；建设工程质量合格。未经竣工验收甲方就擅自使用亦视为合格情形，合格不仅应符合国家强制性标准，也应符合约定标准。

2. 人民法院调解书中未写明建设工程款有优先受偿权的如何行使。

《最高人民法院〈关于对人民法院调解书中未写明建设工程款有优先受偿权应如何适用法律问题的请示〉的复函》指出："建设工程款优先受偿权是一种法定优先权，无需当事人另外明示。"因此，当人民法院调解书中未写明建设工程款有优先受偿权时，当事人也可以依据调解书依法行使建设工程价款优先受偿权这一法定优先权。

笔者认为，建筑施工企业应时刻铭记法律赋予其的优先受偿权主体资格，且只要是承包人（分包人、总承包人）与业主方的诉讼应"言必称优先受偿权"，在诉讼请求中明确主张建设工程优先受偿权，同时，参照本文提到的三个要点，搜集、保留证据，尽可能占据主动，最大限度地维护自身合法权益。

第二十三章　境外建设工程

第一节　质量

案情简介

2007年11月21日，某建筑施工企业与IPC（境外所在国总包方单位名称）签署《施工合同》，约定由某建筑施工企业承包某歌剧院项目。《施工合同》签订后，某建筑施工企业与江某船舶结构有限责任公司于2007年12月27日签署了《采购合同》《合同附件一》《合同附件二》《合同附件三》《合同附件四》。其中，《采购合同》第2条约定了供货内容及价格，约定由江某船舶结构有限责任公司向某建筑施工企业提供QB（钢结构六面晶体）和CQB（某一种类型的钢结构六边晶体），材质约定为Q345B（在国标下的钢材排号，是一种常规的、强度可靠的钢结构材质），合同暂定总价为2332万余元。

《采购合同》第13条约定，本合同附件作为合同的组成部分，同样具备法律效力。附件一《“QB”型、“CQB”型钢结构技术标准》，附件二《“QB”型、“CQB”型钢结构单价组成》，附件三《“QB”型、“CQB”型钢结构单价组成》，附件四《“QB”型、“CQB”型钢结构质量及验收标准》。

2010年4月2日，江某船舶结构有限责任公司在《关于某歌剧院QB产品质量安全的技术分析与测评的分析报告》中承认如下事实：第一，其将QB材质从Q345B擅自变更为ZGD345—570；断裂面是铸件出厂时即已存在，属于交付前的缺陷产品；铸件开裂的原因在于生产人员和环境发生了变化、人员连续工作等；不同批次QB的化学成分存在波动；部分铸件的碳当量在0.4到0.6之间，焊接性能不佳。第二，2010年7月14日至2010年7月28日，江某船舶结构有限责任公司聘请探伤检查机构到工程施工现场与某建筑施工企业共同对现场QB进行抽查检测结果显示，共检测246个，不合格产品占214个，不合格率达近87%。江某船舶结构有限责任公司检测结果与德国检测机构的检测结果基本一致。第三，2010年6月28日，江某船舶结构有限责任公司在关于QB铸件质量问题的处理事宜的《工作联系函》中提出其生产的QB存在严重质量问题，无法保证工程安全，决定全部更换。江某船舶结构有限责任公司在业主IPC要求重做之前就强烈建议更换施工现场全部QB，足以证明被申请人对自己的产品质量风险的判断。第四，重做QB前，江某船舶结构有限责任公司实际委托中某长安消防设备有限公司、向某合金化机厂等厂家进行生产，江某船舶结构有限责任公司将主要工作交给其他厂家后，并没有进行生产质量监督，导致QB产品出现严重质量问题。

正是由于江某船舶结构有限责任公司发现其在重做前存在缺乏质量控制等问题，所以在产品重做时，江某船舶结构有限责任公司更换了实际生产厂家。

德国第三方检测机构对江某船舶结构有限责任公司的检测报告及意见证明了质量问题的存在及其原因：KIT和TAZ作为独立第三方检测机构，接受IPC委托，对被申请人产品进行了检测，发现产品存在严重质量问题，主要有：第一，化学成分不符合中国标准，且化学成分的差异很大，其原因在于材质出现了问题，而如此脆性的成分在钢结构焊接上是不允许的；第二，抗拉强度、屈服强度、伸长率和冲击功等力学性能指标不满足技术要求，其原因在于对生产过程缺乏控制；第三，大量QB出现开裂是由于浇铸后在约束条件下冷却太快所致；第四，出现大量焊缝缺陷及未焊接的情况，其原因在于雇用了不合格的焊工和对焊工缺乏足够的监督。

经协商未果，某建筑施工企业向仲裁委提出了仲裁申请，其仲裁请求如下：一、江某船舶结构有限责任公司赔偿因QB质量问题导致申请人发生的损失费用4812万余元；二、江某船舶结构有限责任公司承担延期交货差旅费、境外公证认证及翻译等相关费用。

江某船舶结构有限责任公司提出仲裁反请求：一、某建筑施工企业赔偿因设计不当而导致江某船舶结构有限责任公司QB单元件全部重做所发生的费用共计2190万余元；二、江某船舶结构有限责任公司立即向某建筑施工企业支付合同余款567万余元；三、某建筑施工企业立即向江某船舶结构有限责任公司支付合同之外增补部分的费用159万余元；四、某建筑施工企业承担本案的仲裁费用、律师费用等相关费用。

经审理，仲裁庭认为：对于定性问题应主要从两个方面进行论证。其一是QB单元体出现质量问题的主要表现，即QB单元体出现质量问题的主要位置以及主要质量类型。其二是根据双方当事人的合同约定，双方当事人有无违反合同规定的义务来综合考虑，具体考虑的因素包括QB单元体的设计、QB单元体的设计技术标准与验收标准、QB单元体的材质、QB单元体的生产工艺、QB单元体的验收等。另外，还要考虑到第三人监理公司的权利与义务。综上所述，仲裁庭认为《采购合同》及其附件中关于铸件的技术标准约定不明确。

综上所述，根据双方当事人签订的合同以及合同附件，根据《合同法》中对加工承揽合同当事人的权利义务要求，仲裁庭认为双方当事人均未完全按照合同的约定以及法律的规定，全面履行义务。对于某建筑施工企业而言，其每月提供明确的QB单元体设计在QB单元体生产过程中以及后来的重做中出现修改情况，某建筑施工企业和监理人没有尽到全面的验收义务，且在第一批QB单元体验收时，就已经知晓QB单元体的材质由Q345N变换为ZGD345-570，也出现了生产过程中的焊接等问题。对于双方当事人而言，均没有充分考虑到产品使用在特别严寒的地方的情况。所以从加工承揽合同来看，某建筑施工企业没有尽到加工承揽合同所规定的提供明确的技术标准、明确的验收标准以及明确无误的设计图纸的义务，也没有尽到验收责任，江某船舶结构有限责任公司没有尽到加工承揽合同规定的完全按照某建筑施工企业所规定的生产工艺以及材质进行加工的义务。

根据《合同法》第120条“当事人双方都违反合同的，应当各自承担相应的责任”的规定，仲裁庭认为，江某船舶结构有限责任公司对于QB单元体出现的质量问题应承担55%的责任，某建筑施工企业对QB单元体出现的质量问题应承担45%的责任。

仲裁裁决

1. 江某船舶结构有限责任公司支付某建筑施工企业损失577万余元。

2. 江某船舶结构有限责任公司退还某建筑施工企业多支付的合同款项206万余元。

3. 驳回某建筑施工企业的其他仲裁请求。

4. 某建筑施工企业支付江某船舶结构有限责任公司QB重做费用646万余元。

5. 某建筑施工企业支付江某船舶结构有限责任公司合同外增补的费用14万余元。

6. 某建筑施工企业退还江某船舶结构有限责任公司废旧处理残值38万余元。

7. 驳回江某船舶结构有限责任公司其他仲裁反请求。

案件背景及启示

本案中的核心要点是质量问题，在国内加工制作好的钢结构六面晶体材料完全符合国家质量标准，但是江某船舶结构有限责任公司由于没有考虑到北欧寒冷的气候，导致钢结构六面晶体因耐寒性差而容易断裂，某建筑施工企业也通过了验收，最后仲裁庭裁决双方各自承担部分责任。此处涉及两个问题，一是什么是境外建设工程，二是质量标准问题。

（一）什么是境外建设工程

境外建设工程是指工程或项目在境外的工程。有的工程在国外，争端解决可能在国内也可能在国外，不影响该工程为境外建设工程。

（二）在境外建设工程中的材料采购、施工等合同中，均应明晰质量标准要求

质量标准是指对产品的结构、规格、质量、检验方法所作的技术规定。我国现行的产品质量标准，从标准的适用范围和领域来看，主要包括：国际标准、国家标准、行业标准（或部颁标准）和企业标准等。具体而言，幕墙施工方面包括材料、铝型材、钢材、玻璃、胶等，土建方面包括混凝土施工、开挖、排水等都有相应的标准。以幕墙行业为例，国际标准包括欧标（EN）、澳标（AS）、美标（ASTM）等。欧标是指欧盟组织标准，适用于法国、德国、意大利等欧盟国家，英国脱欧以后适用“双重标准”，在英国的建设工程既要符合欧标，同时也要符合英标（BS）。澳标是指在澳大利亚的建设工程采用澳大利亚当地标准。美标是美国材料实验协会标准。欧标、美标、澳标各有其特点，通常美标使用范围最广，它除了适用于美国，还适用于迪拜、科威特等国家和地区，基本全球覆盖；欧标适用范围仅限于欧盟国家和英国。澳标适用范围较小，仅在澳大利亚当地适用。但是标准是根据工程技术规范的要求执行，具有一定的灵活性，不是一成不变的，所以识别和分析不同体系的标准很有必要。

在某建筑施工企业的操作实践中，境外建设工程一般按照国家标准在国内加工制作完成以后再运输至国外，一是为了减少在国外加工的成本，二是大多数的国际标准与国内标准是不冲突的，能够满足境外建设项目需求，只有在特殊材料上

会存在性能偏差，同时由于没有经验，需要研究国际标准，按照国际标准来加工产品。

因此，在境外建设工程中的材料采购、施工、外协、外包等合同中，合同当事人应当明确约定质量标准类型，严格按照标准操作，才能减少或避免因质量问题带来的纠纷。

（三）细化质量标准，做好验收工作。

本案中，申请人仅对样品进行了检测，后续的产品未进行检测，质量问题无法用肉眼评估，安装后才出现开裂问题。双方首先是对“应以哪个质量标准文件为准”有争议。某建筑施工企业认为江某船舶结构公司私自将交付标准从Q345B变更为ZGD345-570，江某船舶结构公司认为某建筑施工企业对更换标准一事知情。其次是对引起质量问题的原因有争议。某建筑施工企业认为江某船舶结构公司交付的样品QB的碳含量为0.19，符合Q345B标准，而实际交付的QB的碳含量为0.4—0.6，属于含量过高。碳含量超标会影响钢材的屈服强度、拉伸强度、伸长率、常温冲击功和-20℃冲击，导致产品性能出现各种问题。江某船舶结构公司认为交付时已获得其认可，标准已变更，且Q345B仅为材料本身的标准，而所交付的产品为材料加工整合产品，对此产品行业并没有可供参考的质量标准，并认为产品的各项指标变化是某建筑施工企业的设计引起的。

本案还有一个争议是关于验收环节的问题。对于业主与分包方的建筑施工合同，分包方就工程整体质量对业主方负责，节点在于竣工验收，竣工验收后进入质量保修期，质量保修期内应免费维修；对于分包方与下游供应商的合同，节点在于材料验收，已安装的部分发生质量问题，分包方要追究下游供应商的责任较为复杂，究竟是材料本身质量不合格还是由于安装造成的质量问题，需要调查研究。在确认是材料本身存在质量问题的情况下，笔者认为要看材料质量不合格究竟有没有违反合同约定的标准，如果合同约定不明确，分包方与供应商应根据各自责任进行分担；如果约定明确，则要进一步调查分包方是否按合同约定对材料进行了验收，验收时是否对违反质量标准的事项知情，在证据充分的情况下才能向供应商追责。

建设工程材料的质量问题纷繁复杂，不仅有定性的问题，还有定量的问题，建筑施工企业要在境外建设工程合同中细化质量标准，做好过程验收工作。

第二节 工期

案情简介

某建筑施工企业在某国承建的一个公路项目系采用FIDIC（国际咨询工程师联合会）[①]合同，合同额为981万美元，工期24个月，工程师来自英国一家老牌咨询公司。

在项目实施过程中，遇到该国与邻国发生争端，邻国单方面关闭两国边境，停止向这个内陆国家提供燃油，造成项目主体工程停工9个多月，远远超过合同约定工期，属于重大风险。某建筑施工企业依合同有关条款，据理力争，经过一年多的交涉，最后索赔成功。索赔金额达429万美元，是合同额的约44%，并就此顺延工期29个月。

同时期，该建筑施工企业在南亚某国执行矿山冶炼工程项目，在前期工作中，勘察测量分包商在当地雇用的工人罢工，停工一个月，无法按时完成勘察测量任务，造成某建筑施工企业的基本设计启动延误，工程整体拖期。分包商援引合同中不可抗力

---

① FIDIC是国际咨询工程师联合会的法文名字缩写，FIDIC条款为FIDIC编制的《土木工程施工合同条件》的简称，也称为FIDIC合同条件。FIDIC系列版号如下：

红皮书（施工合同条件）：1999年第一版，目前无改版。

红皮书变种粉皮书（MDB Harmonised Edition，多边开发银行协调版），初版发行2005年5月，修订于2006年3月和2010年6月。粉皮书是FIDIC与世界银行等国际金融组织合作专门编制的，用于国际多边金融组织出资的建设项目，其条款并不是很适合其他资金来源的项目，如该版本对采购地有明确而严格的限制。

橘皮书：DB/TURNKEY，1995年出版。

黄皮书（设备采购、承包商设计施工合同条件）：1999年出版，改版自旧黄皮书和橘皮书。

银皮书（epc/交钥匙工程）：1999年出版。

金皮书（Design build and operation）：2008年出版。

红皮书分包合同：2011年出版。

绿皮书（简明合同格式）：1999年出版。

蓝绿书2006年第一版。

白皮书（业主/咨询服务示范协议）：1990年第一版，目前使用的是2006年出版的第四版。

联营体协议：1992年出版。

咨询分包协议：1992年第一版，1998年修订。

工程师代表协议范本，2004出版测试版本，目前无更新。

条款，向某建筑施工企业请求延长工期，并免除其拖期延误责任。某建筑施工企业以不可抗力为依据，向业主请求延长工期，并免除其交工延误责任。业主认为，分包商在当地雇用的工人罢工影响其提交成果资料，不属于合同约定的不可抗力事件范畴，因此拒绝该建筑施工企业延长工期并免除责任的申请。

处理结果

因邻国单方面关闭国境造成无燃油供应，从而工程无法施工的，属于不可抗力，工期顺延。

因当地工人罢工导致的延迟交付资料，不属于不可抗力，拒绝了该建筑施工企业工期顺延并免除责任的申请。

案件背景及启示

（一）FIDIC合同应遵循四级纠纷解决机制

在境外工程中签订的FIDIC合同对于纠纷解决机制是这样设定的：出现争议性索赔事项，先由当事人协商，协商不成，交给工程师决定。境外施工工程都会设立一个第三方的咨询工程师，这个工程师与国内的工程师含义不同，它实际上是一家对整个工程进行监管和裁定争议事项的公司。如果当事人对工程师的决定不服的，可以交给争端裁决委员会裁决；仍然不服的，上诉至国际仲裁庭裁决。

（二）FIDIC合同是一种国际惯例

FIDIC合同条件不是法律，也不是法规，而是一种国际惯例，这些合同条件不仅被FIDIC成员国采用，也被世界银行、亚洲发展银行所采用。FIDIC合同条件适用于一般的土木工程，其中包括工业与民用建筑工程、土壤改善工程、道桥工程、水利工程、港口工程等。

在我国也有通用的建设工程施工合同示范文本，有1999版、2013版、2017版。2017版示范文本在2013版的基础上主要对缺陷责任期、质量保证金条款进行了修改，同时纠正了2013版示范文本专用条款中个别与通用条款表述不一致的地方。2017版示范文本在质量保证金比例（3%）、预留、抵扣、缺陷责任期的起算及责任期内不履行修复义务的处理等方面作了相应的调整，增加了甲方的义务。

在实践中，企业应该选择使用FIDIC合同还是使用我国的建设工程施工合同示范文本？笔者认为，建设工程施工合同示范文本更符合中国人的习惯。而FIDIC合同更复杂，对法务工作者而言，要想弄通弄透FIDIC合同没有一个月是不够的。

（三）在签订境外建设工程合同时，尽量增加兜底条款

境外工程的风险是非常复杂的：施工需要当地的劳务公司派遣劳工；材料远渡重洋，涉及海运、报关问题；工程款支付涉及外汇汇率、当地的税收政策等问题；还有可能面临国际关系问题和国际劳工问题。这就要求我们在签订境外工程合同时，一定要对不可抗力、紧急避险等条款审核清楚，尽量增加兜底条款。

FIDIC1999年版红皮书《施工合同条件》摘要

1.13 遵守法律：业主为获得本款所述的有关许可，造成误期及承包商费用损失，应承担责任。

4.12 不可预见的外界条件：承包商遇到了不可预见的外界条件造成误期及费用损失的，根据条件的归咎担责。

4.7 放线：业主提供基准点有错误，造成承包商误期及费用损失的，应承担责任。

8.3 竣工时间的延长：在有初始延误作用期间，其他并发的延误不承担此类的责任。

11.8 承包商的调查：如果缺陷是非承包商的原因造成的，承包商可索赔调查产生的费用。

13.7 因法律改变的调整：如果立法变更导致承包商工期延误或发生额外费用，承包商可得到工期及费用补偿。

第三节 标的

案情简介

2015年5月，某建筑施工企业与M国公共事业部污水局签订了承建M国扬水干管项目的合同。该项目由世界银行和M国政府联合出资，合同金额477万美元，工期两年，监理工程师是英国的公司。该项目采用FIDIC合同条款。

按照该项目的合同条款规定，用于项目施工的进口材料可以免除关税，某建筑施

工企业认为油料也是进口施工材料，据此向业主申请油料的免税证明，但M国财政部却以柴油等油料可以在当地采购为由拒绝签发免税证明。某建筑施工企业对合同条款进行了仔细研究，认为这与合同的规定不相一致，因此提出索赔，要求业主补偿油料进口的关税。

某建筑施工企业在2015年9月15日正式致函监理工程师，就油料关税提出索赔，索赔报告将在随后递交，并将该函抄送了业主。某建筑施工企业在每月月初向监理工程师递交上个月实际采购油料的种类和数量，并将其与供货商双方签字的交货单复印附后，以便作为计算油料关税金额的依据。监理工程师肯定了其做法，要求继续保持记录并按月上报。

某建筑施工企业提出的索赔理由是：首先，油料是该项目施工所必需的，而M国是一个岛国，既没有油田也没有炼油厂，所需的油料全部是进口的，因此油料应该和该项目其他进口材料如管道、结构钢材等一样，享受免税待遇，而M国财政部将油料作为当地材料是不符合合同条款的。其次，其建筑施工企业了解到，M国财政部曾为刚刚完工的中国政府贷款项目签发过柴油免税证明，说明有这样的先例。某建筑施工企业将M国财政部给这个项目签发的免税证明复印件作为证据附在索赔报告之后。对于索赔金额的计算，关键在于确定油料的数量和关税税率。如前所述，该企业将每个月项目施工实际使用的油料种类和数量清单都已上报监理工程师，对于这个数量监理工程师是认可的。关税税率则是按照M国政府颁布的关税税率计算，这样加上管理费，计算得出索赔金额。关税税率的复印件也作为索赔证据附在索赔报告之后。

监理工程师在审议了某建筑施工企业的索赔报告后，正式来函说明了意见，并将该函抄送业主。监理工程师认为免税进口材料必须满足两个要求：第一，材料必须用于该项目的施工；第二，材料不是当地生产的。监理工程师认为油料完全满足以上两个条件，因而承包商有权根据合同条款申请免税进口油料。

业主在审议了某建筑施工企业的索赔报告和工程师的批复意见后，仍然坚持他们的意见，认为油料是当地材料，拒绝支付索赔的油料关税金额。

某建筑施工企业在2016年2月提起国际商事仲裁，要求就油料免税事宜做出裁决。2016年5月，某建筑施工企业收到了裁决结果。国际仲裁庭得出了以下四点结论：第一，柴油、润滑油和其他石油制品不是当地生产的，因此，按照合同条款的规定，只要是用于该项目施工的油料，在进口时就应该免除关税。第二，免除关税只适用于在进口之前明确标明专为承包商进口的油料，承包商在当地采购的已经进口到M国的油料不能免除关税。第三，M国财政部的免税规定与合同有冲突，承包商应该得到关税补偿，补偿金额从承包商应该得到免税证明之日算起。第四，在同等条件下，M国财政部已经有过签发柴油免税证明的先例。国际商事仲裁庭做出了如下裁决：根据合同条款的规定，承包商有权安排免税进口用于该项目施工所需的柴油和润滑油。因此，承包商应该得到进口油料的关税补偿，补偿期限从2015年10月22日开始到该项目施工结束。

仲裁裁决

承包商有权获得油料的免税补偿。

案件背景及启示

（一）境外建设工程，应当充分调研周边国家或地区的材料市场、价格指数等相关信息

海外项目设计的材料采购主要分为当地采购和从我国国内或项目所在国的周边国家采购两种。各国家和地区之间的材料价格可能存在极大差异和较大浮动。建筑施工企业应当在投标阶段就着手策划材料采购方案，并对周边国家和地区的材料市场、价格指数等进行全面调研。只有做到胸有成竹，方能以不变应万变。

（二）跟踪市场变化，设计合理的合同条款

即使做好了调研，建筑施工企业也需要跟踪市场变化，特别是对于一些材料设备供应极为缺乏的国家。同时，建筑施工企业必须设计合理的、可操作的合同价款条款来反映材料风险。

FIDIC1999年版红皮书《施工合同条件》摘要

4.20　业主设备和免费供应的材料：由于业主提供的设备或材料不符合合同约定，导致承包商误期及费用损失的，由业主担责。

8.5　当局造成的延误：如因合法当局的原因给承包商造成了不可预见的误期，

承包商可索赔工期延长。

8.10　暂停时对永久设备和材料的支付：承包商有权获得未被运至现场的永久设备或材料的支付拒绝权。

第四节　风控指引：境外建设工程把控四项涉外因素

境外建设工程比较复杂，在前期进入市场时要做好充分的调研，包括所在国的市场、文化、法律政策、经济状况、政府体制与机构、材料市场、税收政策、税率、汇率等方面，不可盲目投资进入市场，否则可能面临较大的风险。下面笔者将从境外建设工程的四个核心涉外因素来谈谈境外建设工程面临的风险及规避建议。

一、保险理赔

境外建设工程，工期较长，不可控因素较多，如果工程所在国政局不稳定或存在战争风险，极有可能导致工程款无法回收。为了规避战争或者政治风险，笔者建议建筑施工企业为境外建设工程购买保险，以保障应收账款到位。以某建筑施工企业在科威特的重大项目为例，为了保障应收账款的回收，该企业与中国进出口信用保险公司签订了保险合同，如果应收账款超过四个月未按时支付，中国进出口信用保险公司将承担保险责任。保费方面，保险公司通常会根据保险标的额大小进行评估后确定。

中国进出口信用保险公司是为投资者及金融机构因投资所在国发生的征收、汇兑限制、战争及政治暴乱、违约等政治风险造成的经济损失提供风险保障，承保业务的保险期限不超过20年。

承保风险	征收	东道国采取国有化、没收、征用等方式，剥夺投资项目的所有权和经营权，或投资项目资金、资产的使用权和控制权。
	汇兑限制	东道国阻碍、限制投资者换汇自由，或抬高换汇成本，以及阻止货币汇出该国。
	战争及政治暴乱	东道国发生革命、骚乱、政变、内战、叛乱、恐怖活动以及其他类似战争的行为，导致投资企业资产损失或永久无法经营。
	违约	东道国政府或经保险人认可的其他主体违反或不履行与投资项目有关的协议，且拒绝赔偿。
损失赔偿比例	赔偿比例最高不超过95%。	

二、汇率

对于境外建设工程，在约定合同价款时，应当考虑兑换问题，如果兑换的条款设计得不够合理，则建筑施工企业在项目建设中获得的利润有可能损失在不利的汇率兑换上，最终效益与预期相比差额较大，甚至导致亏损。以某建筑施工企业为例，境外建设工程所在国涉及的币种有第纳尔、澳币、英镑等，汇率通常情况下是波动的，而在境外建设工程合同中，双方通常不会根据汇率的波动调整合同价款。因此，笔者认为建筑施工企业在投标过程中的报价应该考虑汇率的差额导致的价款风险，把汇率考虑在合同总价范围内，操作方法是根据汇率最低值进行投标报价。

三、管辖

境外管辖是境外建设工程合同的核心要点之一。业主方或者发包方通常主张在境外建设工程合同中约定由工程所在地法院或者仲裁机构管辖；建筑施工企业作为承包方通常主张由承包方所在地法院或者国际仲裁机构管辖。从公平的角度出发，约定由国际仲裁机构管辖对双方而言都更合理。

境外建设工程合同中涉及的国际仲裁机构包括瑞典斯德哥尔摩商会仲裁院（The Arbitration Institute of Stockholm Chamber of Commerce，SCC）、伦敦国际仲裁院（London Court of International Arbitration，LCIA）、瑞士苏黎世商会仲裁院（Court of the Zurich Chamber of Commerce,ZCC）、美国仲裁协会（American Arbitration Association，AAA）、日本商事仲裁协会（Japan Commercial Arbitration Association，JCAA）、中国国际经济贸易仲裁委员会（China International Economic and Trade Arbitration Commission，CIETAC）、香港国际仲裁中心（Hong Kong International Arbitration Centre，HKIAC）。

笔者认为，境外建设工程的争议解决机制，合同中有约定的按照约定，没有约定的，根据程序法的规定适用所在国的法律来确定管辖。

四、域外取证

域外证据，指形成于中华人民共和国领域外的证据。

《民事诉讼法》第271条规定："在中华人民共和国领域内没有住所的外国人、无国籍人、外国企业和组织委托中华人民共和国律师或者其他人代理诉讼，从中华人民共和国领域外寄交或者托交的授权委托书，应当经所在国公证机关证明，并经中华人民共和国驻该国使领馆认证，或者履行中华人民共和国与该所在国订立的有关条约中规定的证明手续后，才具有效力。"

《最高人民法院关于民事诉讼证据的若干规定》第16条规定第1款、第2款规定："当事人提供的公文书证系在中华人民共和国领域外形成的，该证据应当经所在国公证机关证明，或者履行中华人民共和国与该所在国订立的有关条约中规定的证明手续。中华人民共和国领域外形成的涉及身份关系的证据，应当经所在国公证机关证明并经中华人民共和国驻该国使领馆认证，或者履行中华人民共和国与该所在国订立的有关条约中规定的证明手续。"

因此，在境外建设工程的纠纷案件中，境外证据如果要得到国内法院或者仲裁机构认可，分以下几种情况：针对普通民事关系的证据，比如合同、转款凭证等，依照新《民事证据规定》是不需要进行公证认证的，只要求双方当事人在庭审中对证据的真实性、合法性、关联性进行质证，法院则依据证据审核标准予以审核；针对公证文书，比如工商机关的登记材料，股东以及董事会成员的变更信息，可以通过当地的公证机构，此处的公证机构不等同于中国的公证机关，因为有很多国家并未设立公证机关，而是通过公证律师进行公证；针对涉及身份关系的证据，比如护照信息、公司主体的存续等，应当进行公证认证并经中华人民共和国驻该国使领馆认证。

除此以外，还须对证据进行翻译，提交法院的证据须有经公证或双认证程序的中文翻译件。

第二十四章　建设工程伤亡事故

第一节　员工工亡事故

案情简介

2006年贺某入职某建筑施工企业。2020年11月15日9时左右，在工作时间、工作地点，贺某突发意外，后被送至医院，经抢救无效死亡。某市公安局某派出所于2020年11月16日出具《死亡证明》，确认贺某死因为心脏性猝死，初步排除刑事案件。

2020年12月12日，某建筑施工企业依照《工伤保险条例》规定向企业所在地社保局递交贺某《工伤认定申请》。2020年12月29日，某社保局下发《认定工伤决定书》，认定视同工伤。

贺某的妻子因无法与某建筑施工企业就赔偿金额达成一致，遂向企业所在地法院提起诉讼，请求某建筑施工企业支付一次性工亡补助金105万余元、丧葬补助金4万余元。

审理中，法院认为某社保局已将贺某之死认定为视同工伤，理应享受工亡待遇，根据法院认定的相关证据，贺某妻子的诉讼请求应当得到支持。

法院判决

某建筑施工企业于判决生效之日起10日之内立即支付贺某一次性工亡补助金84万余元、丧葬补助金4万余元。

案件背景及启示

（一）按照国家要求为员工缴纳社保或购买商业保险

建筑领域是工伤事故的多发领域，为员工缴纳社保或购买商业保险能有效规避建筑施工企业的突发性伤亡事故，减少给建筑施工企业造成的损失，增强建筑施工企业的风险抵抗力。

（二）处理工伤事宜应做好沟通协调工作

伤亡事故的发生给员工家庭造成了极大的伤害，在处理事故的过程中，要照顾死伤者家属的情绪，做好沟通协调工作，不可以逃避责任的姿态激化矛盾，否则可能造成不可估量的后果。同时，建筑施工企业要运用法律武器维护自身合法权益，避免对方漫天要价、滥用权利。

法条摘要

《中华人民共和国工伤保险条例》

第十四条 职工有下列情形之一的，应当认定为工伤：

（一）在工作时间和工作场所内，因工作原因受到事故伤害的；

（二）工作时间前后在工作场所内，从事与工作有关的预备性或者收尾性工作受到事故伤害的；

（三）在工作时间和工作场所内，因履行工作职责受到暴力等意外伤害的；

（四）患职业病的；

（五）因工外出期间，由于工作原因受到伤害或者发生事故下落不明的；

（六）在上下班途中，受到非本人主要责任的交通事故或者城市轨道交通、客运轮渡、火车事故伤害的；

（七）法律、行政法规规定应当认定为工伤的其他情形。

第十五条 职工有下列情形之一的，视同工伤：

（一）在工作时间和工作岗位，突发疾病死亡或者在48小时之内经抢救无效死亡的；

（二）在抢险救灾等维护国家利益、公共利益活动中受到伤害的；

（三）职工原在军队服役，因战、因公负伤致残，已取得革命伤残军人证，到用人单位后旧伤复发的。

职工有前款第（一）项、第（二）项情形的，按照本条例的有关规定享受工伤保险待遇；职工有前款第（三）项情形的，按照本条例的有关规定享受除一次性伤残补助金以外的工伤保险待遇。

第三十九条 职工因工死亡，其近亲属按照下列规定从工伤保险基金领取丧葬补助金、供养亲属抚恤金和一次性工亡补助金：

（一）丧葬补助金为6个月的统筹地区上年度职工月平均工资；

（二）供养亲属抚恤金按照职工本人工资的一定比例发给由因工死亡职工生前提供主要生活来源、无劳动能力的亲属。标准为：配偶每月40%，其他亲属每人每月30%，孤寡老人或者孤儿每人每月在上述标准的基础上增加10%。核定的各供养亲属的抚恤金之和不应高于因工死亡职工生前的工资。供养亲属的具体范围由国务院社会保险行政部门规定；

（三）一次性工亡补助金标准为上一年度全国城镇居民人均可支配收入的20倍。

伤残职工在停工留薪期内因工伤导致死亡的，其近亲属享受本条第一款规定的待遇。

一级至四级伤残职工在停工留薪期满后死亡的，其近亲属可以享受本条第一款第（一）项、第（二）项规定的待遇。

第二节　临时用工伤亡事故

案情简介

2014年11月12日14点左右，某建筑施工企业临时员工汪某与同事2人在四楼窗台维修打胶，因安全带没有系好，不慎掉落至三层。项目部人员随即将其送至甲医院进行全面检查，初步诊断为颅内出血，需要进行开颅手术。经过协调沟通，转院至乙医院进行了手术。2015年1月，汪某的病情已基本得到控制，接到医院出院通知后回家休养。2015年3月，汪某入住乙医院成功进行修颅手术。2015年4月办理出院手续，回老家休养。2015年7月9日做伤残鉴定，鉴定结果为人身损害标准六级，同时鉴定为一级精神残疾。

前期该建筑施工企业支付手术费、住院费、医疗费共40万余元，但因双方就后期赔偿事宜未达成一致，汪某向法院提起诉讼，请求某建筑施工企业支付一次性赔偿款70万余元。

建筑工程工地属于高度危险地带，按照《侵权责任法》的规定，在建筑工程工地出现伤亡情况的，施工单位只有举证证明对损害结果不存在任何过错行为，才予以免责，否则应承担责任。此外，本案涉事员工汪某为某建筑施工企业工地焊接工人，因此无论该员工是否有过错行为，某建筑施工企业都不能免责。

审理中，法院认为汪某系某建筑施工企业临时员工，与某建筑施工企业不存在劳动关系，不属于工伤。但汪某是在某建筑施工企业的工程管理范围内受伤的，按照《侵权责任法》的规定，某建筑施工企业应当承担无过错责任。

法院判决

某建筑施工企业于判决生效之日起3日内一次性支付汪某损害赔偿款70万余元。

案件背景及启示

（一）明确建筑施工企业作为用工单位的责任范围

无论人员是否有过错，建筑施工企业都不能免责。一般情况下，受伤工人未按要求操作，均不能减免建筑施工企业的赔偿责任。现场安全管理应当警钟长鸣。将劳务分包给具有资质的劳务公司，工人受伤后的赔偿一般由劳务公司承担。个体施工队的劳务工人受伤，法律上则由建筑施工企业承担赔偿。

（二）加强对项目工程区域内的人员出入管理

加强施工区域的出入管理。由于建筑施工企业对施工区域负有安保义务，任何人只要在建筑施工企业施工区域内受伤，都可以请求法院判令建筑施工企业赔偿。企业员工执行工作时在建筑施工企业施工区域受伤，可以对其提起工伤赔偿之诉，其他外来人员或临时员工可以向建筑施工企业提出侵权赔偿之诉。

法条摘要

《中华人民共和国民法典》

第一千一百九十一条 用人单位的工作人员因执行工作任务造成他人损害的，由用人单位承担侵权责任。用人单位承担侵权责任后，可以向有故意或者重大过失的工作人员追偿。

劳务派遣期间，被派遣的工作人员因执行工作任务造成他人损害的，由接受劳务派遣的用工单位承担侵权责任；劳务派遣单位有过错的，承担相应的责任。

第一千二百五十三条　建筑物、构筑物或者其他设施及其搁置物、悬挂物发生脱落、坠落造成他人损害，所有人、管理人或者使用人不能证明自己没有过错的，应当承担侵权责任。所有人、管理人或者使用人赔偿后，有其他责任人的，有权向其他责任人追偿。

《最高人民法院关于审理人身损害赔偿案件适用法律若干问题的解释》

第三条　依法应当参加工伤保险统筹的用人单位的劳动者，因工伤事故遭受人身损害，劳动者或者其近亲属向人民法院起诉请求用人单位承担民事赔偿责任的，告知其按《工伤保险条例》的规定处理。

因用人单位以外的第三人侵权造成劳动者人身损害，赔偿权利人请求第三人承担民事赔偿责任的，人民法院应予支持。

第三节　风控指引：伤亡事故走好三个处理步骤

建筑施工领域是工伤事故多发领域。那么，建筑施工企业应如何应对伤亡事故？

一、伤亡事故处理的三个步骤

第一步，伤亡事故发生后，依照《工伤保险条例》规定向建筑施工企业所在地人力资源和社会保障局提交员工工伤认定申请。

第二步，符合工伤认定情况或视同工伤情况的，建筑施工企业所在地人力资源和社会保障局下发《认定工伤决定书》，认定员工为工伤或者为视同工伤。

第三步，向建筑施工企业所在地人力资源和社会保障局申请员工伤亡待遇。

二、工亡待遇领取

（一）一次性工亡补助金、丧葬补助金发放

1. 按照《工伤保险条例》规定，建筑施工企业申请的一次性工亡补助金、丧葬补助金，扣除公司垫付的墓地费、丧葬费等其他费用后，是实际应发放费用。

2. 为避免费用支付后存在其他争议，建筑施工企业应当拟定《一次性工亡补助金、丧葬补助金发放协议书》，与工亡员工家属办理协议公证手续，经公证后签订协议，发放上述工亡待遇，公证费用建议由建筑施工企业承担。

（二）抚恤金

按照《工伤保险条例》规定，建筑施工企业可向工伤保险基金申请工亡人员供养亲属抚恤金，父母、配偶、未成年子女可享受抚恤金至18周岁。具体以社保局核算为准，抚恤金可由工伤保险基金直接划转受益人银行账户。

（三）养老保险账户余额申领

按照《社会保险法》规定，缴纳社会保险人员死亡的，个人账户养老金余额可以继承。建筑施工企业可以通知其家属，并告知相关联系方式和所需资料，后续由其法定继承人依照规定自行到社保局办理养老保险金个人账户余额的申领手续。

（四）公积金账户余额申领

查清工亡员工的公积金账户余额，按照《住房公积金管理条例》规定，职工死亡或者被宣告死亡的，职工的继承人、受遗赠人可以提取住房公积金账户内的存储余额。建筑施工企业随后向其家属开具《终止劳动合同的通知》和《公积金提取凭证》，后续由其法定继承人依照规定自行到相关公积金管理中心提取账户余额。

（五）补充医疗的身故赔偿金

建筑施工企业若已为工亡员工购买补充医疗保险和人寿保险，职工未自残身亡的，其遗产继承人可领取一次性补助金，由保险公司直接划转受益人银行账户。公司可以通知其家属，并告知相关联系方式和所需资料，后续由受益人自行办理相关申领手续。

上述事项都整理好后，与员工签订协议书（见贺某示范文本）后到公证部门进行公证。

三、工伤待遇

发生伤亡事故后，双方协商无法达成一致意见的，需要对伤残等级进行鉴定。《中华人民共和国工伤保险条例》和《湖北省工伤保险实施办法》对不同等级的赔付标准作出了指导性意见，现整理如下：

	工伤待遇项目/伤残等级	一级	二级	三级	四级	五级	六级	七级	八级	九级	十级
1	劳动关系	二选一：①解除劳动关系，支付一次性补偿。②保留劳动关系，退出工作岗位，缴纳基本社会保险。（个人缴纳部分在伤残津贴中扣除）。				三选一：①解除劳动关系，支付一次性补偿。②保留劳动关系，由用人单位按月发放伤残津贴，标准是五级伤残为本人工资的70%，六级伤残为本人工资的60%，并交纳基本社会保险。（个人缴纳部分在伤残津贴中扣除）。③不解除劳动关系，恢复期满后安排力所能及的工作。		二选一：①解除劳动关系，支付一次性补偿。②恢复期满后继续正常履行劳动合同。			
2	医疗费	符合工伤保险诊疗项目目录、工伤保险药品目录、工伤保险住院服务标准的，全额支付。									
3	伙食补助费/交通费	按照当地因公出差伙食补助标准的70%/按所在单位因公出差标准；交通费据实支付。									
4	辅助器具费	因日常生活或者就业需要的假肢、假体等辅助器具，全额支付。									
5	停工留薪期工资	停工留薪期不得超过24个月，由鉴定报告确定期限/住院期，原工资不变。									
6	生活护理费	50%（生活完全不能自理）				40%（生活大部分不能自理）		30%（生活部分不能自理）			
		基数为统筹地区上年度职工月平均工资，期限由伤残鉴定机构确定									
7	一次性伤残补助金	27	25	23	21	18	16	13	11	9	7
		基数为本人月工资									
8	伤残津贴	90%	85%	80%	75%	70%（保留劳动关系）	60%（保留劳动关系）	/	/	/	/
		基数为本人月工资，按月付至退休									
9	一次性工伤医疗补助金	/	/	/	/	18	16	14	12	10	8
		基数为统筹地区上年度职工月平均工资									
10	一次性伤残就业补助金	/	/	/	/	34	28	20	16	12	8
		基数为统筹地区上年度职工月平均工资									

要特别注意的是，以上所述伤残等级的鉴定标准为《职工工伤与职业病致残程度鉴定标准》，而非《人体损伤残疾程度鉴定标准》。“本人工资”是指工伤职工因工作遭受事故伤害或者患职业病前十二个月的平均工资。“统筹地区”是指企业为职工缴纳社会保险的区域，如A市B区某建筑施工企业上海浦东新区项目部的人员受伤，计算赔偿基数应以A市B区上年度职工月平均工资为标准，而不是以上海浦东新区上年度职工月平均工资为标准。

例：A市B区某建筑施工企业的某员工在2016年1月1日发生工伤，发生工伤前其工资每月为3000元，住院治疗100天，经劳动能力鉴定为五级伤残，医疗终结期至2016年5月31日，单位未为其购买工伤社会保险。根据A市统计局发布的《A市2015年国民经济和社会发展统计公报》，A市B区2015年在岗职工年平均工资为43454元（折合成月平均工资为3621元）。则单位应支付的款项至少包括：1. 全额医疗费。2. 伙食补助费：50×70%×100 = 3500元。3. 医疗期终结前按原工资待遇发放全部工资（停工留薪）：3000×5 = 15000元。4. 一次性伤残补助金：3000×18 = 54000元。5. 一次性工伤医疗补助金及一次性伤残就业补助金（同时解除劳动关系）：3621×18 = 65178元；3621×34 = 123114元。

笔者认为，建筑施工为高危行业，一旦出现人员伤亡，对社会、企业、家庭都是沉重的打击，一定要在做好安全管理的同时做好工伤协调处理。

附件：

协议书（贺某示范文本）

甲方：某公司

乙方：姓名：__________，身份证号：_________________________

姓名：__________，身份证号：_________________________

甲方单位员工__________，性别______，身份证号________________________，2020年11月15日在甲方承接的某项目部突发疾病送医，于2020年11月15日抢救无效死亡。经某人力资源和社会保障局下达《认定工伤决定书》认定为视同工伤。为妥善处理善后事宜，依据《工伤保险条例》《某省工伤保险条例实施办法》《某市工伤保险条例实施办法》等有关法律法规及政策的规定，本着平等、自愿、公平原则，经甲、乙双方友好协商，自愿达成如下协议：

一、甲、乙双方确认：经某市工伤基金核算中心核定其工亡待遇共计________元，其中：一次性工亡补助金__________元、丧葬费__________元。

二、甲、乙双方确认甲方前期垫付____________费用__________元整，应在贺某工亡待遇中扣除；扣除后应付费用为__________元。

三、根据乙方要求：甲方将上述应付费用__________元于本协议签订后三个工作日内汇入乙方指定的银行账户：

开户行：______________________________________；

户名为：______________________________________；

账号为：______________________________________；

款项汇入指定账户后视同甲方已向有权享有本协议所涉款项的权利人支付全部款项，同时该款由有权享有本协议所涉款项的权利人之间内部自行分配，如因此产生争议，与甲方无关；乙方中________系________（孩子姓名）的法定监护人，由__________全权代表________（孩子姓名）接收本协议款项。

四、________（贺某母亲或妻子姓名）自愿放弃接收工亡待遇，对上述处理方式无任何异议。

五、乙方承诺本协议中所列举的乙方当事人中包含全部有权享有本协议所涉款项的权利人，如本协议的乙方中有遗漏权利人的，全部责任由乙方承担，甲方不再承担任何给付或其他义务。

六、本协议签订后，甲、乙双方之间不再有任何权利、义务及争议，此后如因此事有任何争议，则乙方放弃向甲方主张权利，相关责任均由乙方自行承担，甲方对此不再承担任何责任。

七、本协议内容甲、乙双方已经全文阅读并理解无误，对相关法律法规及政策均予以了解，对本协议处理结果完全满意。

八、本协议一式二份，甲、乙双方各执一份，本协议自甲方盖章、乙方签字按手印后生效。

附结婚证、孩子出生证明及能证明死者与××母子关系的材料（材料复印件由乙方签字甲方留存），落款签字除8岁以下孩子可由母亲代签外，其余均由本人当面签字。

甲方（盖章）：　　　　　　　　　　乙方（签字按手印）：

年　　月　　日　　　　　　　　　　年　　月　　日

第二十五章　建筑施工企业劳动合同解除

第一节　“两不找”劳动合同解除

案情简介

彭某于1991年进入某集团公司工作，1995年与某集团公司签订了10年期的劳动合同，2001年转入某集团公司下属的全资子公司某建筑施工企业，2005年与某建筑施工企业续订劳动合同，2008年、2011年分别与某建筑施工企业续订劳动合同，劳动合同期限至2014年2月。

2006年，彭某开始待岗，某建筑施工企业向彭某支付生活费至2008年3月。2008年4月，某建筑施工企业与彭某达成“两不找”协议，即彭某不到岗上班，某建筑施工企业不支付其每月工资，按照当地最低工资标准为彭某缴纳社会保险。2014年2月，某建筑施工企业解除了与彭某的劳动合同。后彭某将某集团公司、某建筑施工企业诉至企业所在地的劳动仲裁委员会，请求支付经济补偿金9万余元。劳动仲裁委员会裁决驳回其仲裁申请。

彭某不服，向当地法院起诉请求撤销仲裁裁决，改判某集团公司、某建筑施工企业支付经济补偿金9万余元。

法院经过审理后认为，某建筑施工企业与劳动者协商一致，可以解除劳动合同，某建筑施工企业应向劳动者支付经济补偿金。自2006年彭某开始待岗至2014年劳动合同被解除之时，彭某近8年未到岗上班，不履行劳动合同，但不代表双方不存在劳动关系。是否建立了新的劳动关系，要考虑用工主体的变化因素，包括：劳动合同主体是否变更、缴纳保险账号是否变更、档案管理是否变更。在该案中，彭某名义上从某集团公司转入其全资子公司某建筑施工企业，因其缴纳保险账号和档案管理未发生变更，直到2014年2月某建筑施工企业停止为彭某缴纳社会保险费，双方的劳动关系一直以待岗或“两不找”的方式延续。某建筑施工企业为彭某办理解除劳动关系手续，彭某领取失业保险金的行为，应视为某建筑施工企业与彭某就解除双方的劳动关系达成一致。符合法律规定的用人单位向劳动者提出解除劳动合同并与劳动者协商一致解除劳动合同的情形，某建筑施工企业应向彭某支付经济补偿金，某集团公司承担连带责任。

法院判决

某建筑施工企业于判决生效之日起15日内一次性向彭某支付解除劳动关系经济补偿金4万余元，某集团公司承担连带责任。

案件背景及启示

（一）加强人员管理

由于历史原因，“两不找”人员、长期病休人员、内退人员及放长假人员的存在使得企业与劳动者解除劳动关系困难重重，经常成为激发劳动关系矛盾的导火索。对于人员庞杂、分支机构众多的大型企业，做好人员管理是一项重要工作。

（二）及时解除劳动关系

对于违反企业规章制度的员工，建筑施工企业应当按照法律规定程序，及时解除劳动关系，避免给企业造成损失。

法条摘要

《中华人民共和国劳动合同法》

第三十六条 用人单位与劳动者协商一致，可以解除劳动合同。

第三十九条 劳动者有下列情形之一的，用人单位可以解除劳动合同：

（一）在试用期间被证明不符合录用条件的；

（二）严重违反用人单位的规章制度的；

（三）严重失职，营私舞弊，给用人单位造成重大损害的；

（四）劳动者同时与其他用人单位建立劳动关系，对完成本单位的工作任务造成严重影响，或者经用人单位提出，拒不改正的；

（五）因本法第二十六条第一款第一项规定的情形致使劳动合同无效的；

（六）被依法追究刑事责任的。

第四十条 有下列情形之一的，用人单位提前三十日以书面形式通知劳动者本人或者额外支付劳动者一个月工资后，可以解除劳动合同：

（一）劳动者患病或者非因工负伤，在规定的医疗期满后不能从事原工作，也不能从事由用人单位另行安排的工作的；

（二）劳动者不能胜任工作，经过培训或者调整工作岗位，仍不能胜任工作的；

（三）劳动合同订立时所依据的客观情况发生重大变化，致使劳动合同无法履行，经用人单位与劳动者协商，未能就变更劳动合同内容达成协议的。

第四十四条　有下列情形之一的，劳动合同终止：

（一）劳动合同期满的；

（二）劳动者开始依法享受基本养老保险待遇的；

（三）劳动者死亡，或者被人民法院宣告死亡或者宣告失踪的；

（四）用人单位被依法宣告破产的；

（五）用人单位被吊销营业执照、责令关闭、撤销或者用人单位决定提前解散的；

（六）法律、行政法规规定的其他情形。

第四十六条　有下列情形之一的，用人单位应当向劳动者支付经济补偿：

（一）劳动者依照本法第三十八条规定解除劳动合同的；

（二）用人单位依照本法第三十六条规定向劳动者提出解除劳动合同并与劳动者协商一致解除劳动合同的；

（三）用人单位依照本法第四十条规定解除劳动合同的；

（四）用人单位依照本法第四十一条第一款规定解除劳动合同的；

（五）除用人单位维持或者提高劳动合同约定条件续订劳动合同，劳动者不同意续订的情形外，依照本法第四十四条第一项规定终止固定期限劳动合同的；

（六）依照本法第四十四条第四项、第五项规定终止劳动合同的；

（七）法律、行政法规规定的其他情形。

第二节　无固定期限劳动合同的解除

案情简介

2011年11月，罗某与某建筑施工企业签订劳动合同。2014年9月期满后双方续签劳动合同，合同期限至2017年9月。2017年9月劳动合同期满后，在双方未签订书面劳动合同的情况下，罗某继续在某建筑施工企业工作。

2018年10月，某建筑施工企业以罗某严重违反劳动纪律且不能胜任工作为由解除了劳动合同。2019年8月，罗某向当地劳动仲裁委员会提起劳动仲裁，请求某建筑施工企业撤销《解除劳动合同通知书》，与其签订无固定期限劳动合同，并支付2017年9月至2018年10月未签订劳动合同期间的双倍工资差额3万余元。

2019年10月，劳动仲裁委员会作出仲裁裁决：一、某建筑施工企业撤销《解除劳动合同通知书》；二、某建筑施工企业与罗某遵循合法、公平、平等自愿、协商一致、诚实信用的原则签订无固定期限劳动合同并继续履行；三、某建筑施工企业自本裁决生效之日起15日内向罗某支付2017年10月至2018年8月双倍工资差额3万余元。

某建筑施工企业不服，向法院提起诉讼，请求撤销仲裁裁决。

法院经过审理后，认为案件争议焦点为某建筑施工企业是否违法解除与罗某的劳动合同。某建筑施工企业解除劳动合同的原因为罗某不能胜任工作且长期旷工。某建筑施工企业提交的绩效考核表、月例会会议纪要无罗某的确认签字，提交的车辆进出小区记录、考勤记录、监控视频、证人证言证据因存在利害关系或缺乏客观性无法证明案件事实，法院认为某建筑施工企业以罗某长期旷工为由解除劳动合同依据不足。故某建筑施工企业应当撤销《解除劳动合同通知书》。鉴于某建筑施工企业已与罗某签订了两次固定期限劳动合同，故依据法律规定，某建筑施工企业应当与罗某签订无固定期限劳动合同并继续履行；同时支持罗某双倍工资的诉讼请求。

法院判决

1. 驳回某建筑施工企业的全部诉讼请求。

2. 某建筑施工企业撤销《解除劳动合同通知书》。

3. 某建筑施工企业于判决生效之日起10日内与罗某签订并继续履行无固定期限劳动合同。

4. 某建筑施工企业于判决生效之日起10日内支付罗某2017年10月至2018年8月期间未签订劳动合同的双倍工资差额3万余元。

案件背景及启示

（一）及时与劳动者签订劳动合同

建筑施工企业应当及时与劳动者签订劳动合同，确保劳动关系的存续与实际用工一致。

（二）保存劳动者违反企业规章制度的证据

建筑施工企业依据企业的规章制度对劳动者进行奖罚时，应有明确的书面证据证明该制度已向劳动者送达。同时，在保存好打卡记录、监控录像等证据的基础上，考勤记录需经过劳动者书面确认，违纪记录应有书面告知程序。

法条摘要

《中华人民共和国劳动合同法》

第十四条　无固定期限劳动合同，是指用人单位与劳动者约定无确定终止时间的劳动合同。

用人单位与劳动者协商一致，可以订立无固定期限劳动合同。有下列情形之一，劳动者提出或者同意续订、订立劳动合同的，除劳动者提出订立固定期限劳动合同外，应当订立无固定期限劳动合同：

（一）劳动者在该用人单位连续工作满十年的；

（二）用人单位初次实行劳动合同制度或者国有企业改制重新订立劳动合同时，劳动者在该用人单位连续工作满十年且距法定退休年龄不足十年的；

（三）连续订立二次固定期限劳动合同，且劳动者没有本法第三十九条和第四十条第一项、第二项规定的情形，续订劳动合同的。用人单位自用工之日起满一年不与劳动者订立书面劳动合同的，视为用人单位与劳动者已订立无固定期限劳动合同。

第三十九条　劳动者有下列情形之一的，用人单位可以解除劳动合同：

（一）在试用期间被证明不符合录用条件的；

（二）严重违反用人单位的规章制度的；

（三）严重失职，营私舞弊，给用人单位造成重大损害的；

（四）劳动者同时与其他用人单位建立劳动关系，对完成本单位的工作任务造成严重影响，或者经用人单位提出，拒不改正的；

（五）因本法第二十六条第一款第一项规定的情形致使劳动合同无效的；

（六）被依法追究刑事责任的。

第四十条　有下列情形之一的，用人单位提前三十日以书面形式通知劳动者本人或者额外支付劳动者一个月工资后，可以解除劳动合同：

（一）劳动者患病或者非因工负伤，在规定的医疗期满后不能从事原工作，也不能从事由用人单位另行安排的工作的；

（二）劳动者不能胜任工作，经过培训或者调整工作岗位，仍不能胜任工作的；

（三）劳动合同订立时所依据的客观情况发生重大变化，致使劳动合同无法履行，经用人单位与劳动者协商，未能就变更劳动合同内容达成协议的。

第四十八条 用人单位违反本法规定解除或者终止劳动合同，劳动者要求继续履行劳动合同的，用人单位应当继续履行；劳动者不要求继续履行劳动合同或者劳动合同已经不能继续履行的，用人单位应当依照本法第八十七条规定支付赔偿金。

第三节 风控指引：劳动合同解除遵循两项主要方案

在建筑领域，人员流动较其他领域频繁，大致存在三种情形：一是劳动者主动辞职；二是建筑施工企业解聘劳动者；三是劳动者和建筑施工企业协商解除劳动关系。这里存在的主要风险点在于建筑施工企业主动解除与劳动者的劳动关系的情形。建筑施工企业应按照法律规定解除劳动合同，避免给公司造成损失。

一、协商解除劳动合同

（一）注意事项

第一，协商解除劳动合同一定要签订书面协议且要在协议中明确劳动合同解除的类型即双方协商解除还是单方解除。

第二，协议中需要明确解除合同的提出方。根据《劳动合同法》的规定，协商解除劳动合同如果是建筑施工企业提出的，则应当支付员工经济补偿金，而如果是员工提出的，则不用支付员工经济补偿金。此外，员工如主动提出辞职，即员工单方面解除劳动合同的，建筑施工企业不用支付员工经济补偿金，但应当保留员工主动辞职的证据。如果协商解除仅仅是口头约定的话，员工一旦反悔，则建筑施工企业会因无法提供相应证据处于被动地位。

第三，如果协商不一致，建筑施工企业解除或者终止劳动合同，劳动者要求继续履行劳动合同的，建筑施工企业应当继续履行；劳动者不要求继续履行劳动合同或者劳动合同已经不能继续履行的，建筑施工企业应当依照《劳动合同法》第87条的规定支付赔偿金。

（二）法律依据

《劳动合同法》第36条："用人单位与劳动者协商一致，可以解除劳动合同。"

第46条："有下列情形之一的，用人单位应当向劳动者支付经济补偿：……（二）用人单位依照本法第三十六条规定向劳动者提出解除劳动合同并与劳动者协商一致解除劳动合同的；……"

第47条第1款："经济补偿按劳动者在本单位工作的年限，每满一年支付一个月工资的标准向劳动者支付。六个月以上不满一年的，按一年计算；不满六个月的，向劳动者支付半个月工资的经济补偿。"第3款："本条所称月工资是指劳动者在劳动合同解除或者终止前十二个月的平均工资。"

第48条："用人单位违反本法规定解除或者终止劳动合同，劳动者要求继续履行劳动合同的，用人单位应当继续履行；劳动者不要求继续履行劳动合同或者劳动合同已经不能继续履行的，用人单位应当依照本法第八十七条规定支付赔偿金。"

第87条："用人单位违反本法规定解除或者终止劳动合同的，应当依照本法第四十七条规定的经济补偿标准的二倍向劳动者支付赔偿金。"

《劳动合同法实施条例》第19条："有下列情形之一的，依照劳动合同法规定的条件、程序，用人单位可以与劳动者解除固定期限劳动合同、无固定期限劳动合同或者以完成一定工作任务为期限的劳动合同：（一）用人单位与劳动者协商一致的；……"

二、提前通知解除劳动合同

（一）注意事项

1. 因劳动者不能胜任工作，直接对劳动者调整工作岗位，然后进行岗位培训。

2. 明确各岗位职责，为能否胜任提供依据。

3. 建筑施工企业提前30日以书面形式通知劳动者本人或者额外支付劳动者一个月工资后可以解除劳动合同。

4. 建筑施工企业单方解除劳动合同，应当事先将理由通知工会。

5. 此种情形需支付经济补偿，经济补偿同《劳动合同法》第47条规定。

（二）法律依据

《劳动合同法》第35条第1款："用人单位与劳动者协商一致，可以变更劳动合同约定的内容，变更劳动合同，应当采用书面形式。"

第40条："有下列情形之一的，用人单位提前三十日以书面形式通知劳动者本人或者额外支付劳动者一个月工资后，可以解除劳动合同：……（二）劳动者不能胜任工作，经过培训或者调整工作岗位，仍不能胜任工作的；……"

第43条："用人单位单方解除劳动合同，应当事先将理由通知工会。用人单位违反法律、行政法规规定或者劳动合同约定的，工会有权要求用人单位纠正。用人单位应当研究工会的意见，并将处理结果书面通知工会。"

第46条："有下列情形之一的，用人单位应当向劳动者支付经济补偿：……（三）用人单位依照本法第四十条规定解除劳动合同的；……"

三、解除劳动合同具体办法

（一）建筑施工企业与劳动者协商一致，解除劳动合同

向劳动者下发《解除劳动合同通知书》（见附件4），与劳动者协商一致解除劳动合同，按劳动者在本单位工作的年限，每满一年支付一个月工资的标准向劳动者支付，签订《解除劳动合同协议书》（见附件5）。若劳动者不同意解除，支付双倍经济补偿，签订《解除劳动合同协议书》。

（二）劳动者不能胜任工作，经过培训或者调整工作岗位，仍不能胜任工作的，建筑施工企业通知劳动者解除劳动合同

填写该劳动者的《绩效考核表》，考核不合格，调整工作岗位，下发《催促到岗通知书》（见附件1），若员工不到岗，则属于严重违纪，参照下一条。若员工到岗，对其进行考核，考核仍不合格的，下发《解除劳动合同通知书》，通知劳动者解除合同，并发《解除劳动合同通知工会函》（见附件2）报建筑施工企业工会。建筑施工企业工会发《关于〈解除劳动合同通知工会函〉的复函》（见附件3）批准后，《解除劳动合同通知书》生效，建筑施工企业可以与劳动者解除劳动合同，按劳动者在本单位工作的年限，每满一年支付一个月工资的标准向劳动者支付经济补偿，补偿时签订

《解除劳动合同协议书》（见附件5）。

若劳动者考核不合格，建筑施工企业可劝退，并要求其本人写《辞职报告》，按照劳动者主动辞职执行，无经济补偿，无须向其下发《解除劳动合同通知书》，也无须向工会下发《解除劳动合同通知工会函》。

（三）劳动者严重违反建筑施工企业的规章制度的

例如，按照公司《考勤记录管理规定》，连续旷工超过5天，全年累计旷工超过10天的，属于严重违纪。做好劳动者的考勤记录，考勤表应符合规范，由劳动者签字确认。对于违反该项制度的劳动者，建筑施工企业下发《催促到岗通知书》，若劳动者不到岗，确定与其解除劳动合同的，需发《解除劳动合同通知工会函》报公司工会，公司工会发《关于〈解除劳动合同通知工会函〉的复函》批准后，下发《解除劳动合同通知书》，与劳动者解除劳动合同，无经济补偿。

附件1：

催促到岗通知书

__________同志：

经查，你于______年____月____日未履行规定审批手续离岗（或于______年____月____日休假期满未正常到岗上班），至今已离岗逾______日，严重违反了公司规章制度的相关规定。现通知你于______年______月____日前返回单位上班，工作岗位与待遇不变。逾期不报到者，将根据公司规章制度予以辞退。请将本通知回执以挂号信方式寄回单位。

特此通知。

某公司人力资源部

年　　月　　日

发件人：

联系电话：

地址（邮编）：

注：此通知一式二份，壹份送达本人，一份存档备查。

回执

本人已于______年____月____日收到《催促到岗通知书》，现将回执退回。

收件人（签字、按手印）：

年　　月　　日

附件2：

解除劳动合同通知工会函

某公司工会：

就职于______________________（单位、岗位）的员工___________，员工编号__________，因____________________，根据《劳动合同法》第______条第______款规定，经公司研究决定，解除与____________的劳动合同，解除时间为______年____月____日。

请工会在收到此函后五个工作日内提出意见，公司将对工会的意见进行研究，做出最终处理决定。如果工会在五个工作日内没有复函，则视为工会同意公司的处理意见，公司将依据有关法律法规和公司的规章制度解除劳动关系。

特此函告，盼复！

某公司人力资源部

年　　月　　日

送达人：　　　　被送达人：　　　　证明人：

年　　月　　日　　　　年　　月　　日　　　　年　　月　　日

注：此通知一式二份，一份送达本人，一份存档备查。

附件3：

关于《解除劳动合同通知工会函》的复函

某公司人力资源部：

根据《公司法》和公司章程有关规定，______年____月____日在公司__________

会议室召开了职工代表大会，应到代表________人，实到______人，到会人员符合开会标准，会议由工会主席________同志主持。

会议认真研究了公司于______年____月____日提交的《解除劳动合同通知工会函》，经工会讨论，依据《劳动法》《劳动合同法》，以及公司的管理规定，认为公司对______________的处理决定是合理且必要的，经表决，有______票同意，______票反对，______票弃权。故同意对________的处理决定。

某公司工会

年　　月　　日

会议签到表（具体人数详见说明）

主题：　　　　　　　　　　　　　　　　时间：

序号	姓　名	工作单位/职务	序号	姓　名	工作单位/职务
1			18		
2			19		
3			20		
4			21		
5			22		
6			23		
7			24		
8			25		
9			26		
10			27		
11			28		
12			29		
13			30		
14			31		
15			32		
16			33		
17			34		

说明：

1.职工代表大会的代表名额规定：

（1）职工不足一百人的企业召开职工代表大会的，代表名额不得少于三十人；

（2）职工一百人以上一千人以下的企业，代表名额以四十人为基数，职工每超过一百人，代表名额增加七人；

（3）职工一千人以上五千人以下的企业，代表名额以一百人为基数，职工每超过一千人，代表名额增加二十五人；

（4）职工超过五千人的企业，代表名额不得少于二百人。

2.职工代表大会代表中，企业董事会成员、执行董事、中高级管理人员不得超过代表总名额的百分之二十。女代表比例应当与女职工人数所占比例相适应。

3.参会代表人数不低于职工代表的三分之二。

附件4：

解除劳动合同通知书

______同志（员工编号__________，身份证号码______________________________）：

您就职于______________________________（单位、岗位），劳动合同签订日期为______年____月____日至______年____月____日，期限为________年。

现因______________________________，按照《劳动合同法》和______________（公司规章）规定，公司决定自______年____月____日起解除与您的劳动合同。请您即日到公司办理离职交接手续。

特此通知。

某公司人力资源部

年　　月　　日

发件人：

联系电话：

地址（邮编）：

注：此通知一式二份，壹份送达本人，一份存档备查。

回执

本人已于______年____月____日收到《解除劳动合同通知书》，现将回执退回。

收件人（签字、按手印）：

年　　月　　日

附件5：

解除劳动合同协议书

甲方：某公司

乙方：________（身份证号码：________________________）

按照《劳动合同法》第40条的规定，因您不能胜任工作，经培训或调整工作岗位，仍不能胜任工作，公司与您协商一致解除劳动关系，并达成如下协议：

1.解除劳动合同的日期为：______年____月____日。

2.甲方支付乙方__________（年/月）工资合计________元；因解除劳动合同给予的一次性经济补偿金________元。

3.乙方应进行所有工作及业务交接并保障甲方办公用品完好；甲方将上述工资及经济补偿金划入乙方的工资账户或现金支付。

4.乙方确认双方劳动关系解除并收到经济补偿金后不得要求甲方承担其他任何责任和义务，并放弃追究任何赔偿的权利。

5.乙方应对在甲方工作期间所了解到的商业秘密、信息（包括甲方客户的商业秘密、信息）予以保密。

6.本协议一式二份，甲、乙双方各执一份。自甲、乙双方签订后生效。

甲方：（签章）　　　　　　　　乙方：

年　　月　　日　　　　　　　　年　　月　　日

第二十六章　建筑施工企业平台用工

第一节　平台用工

案情简介

2005年5月，宋某作为临时操作工进入某建筑施工企业的加工厂工作，双方未签订劳动合同，某建筑施工企业按照底薪加计件计费的方式每月支付工资，由于工厂订单不稳定，宋某工作不定时，有的月份按单休工作，有的月份到岗天数较少，某建筑施工企业持续支付工资并管理宋某。

2020年5月起，某建筑施工企业与某劳务公司签订服务合同，将所有不定时工作的工人转入该劳务公司，用工方式变更为工人与该劳务公司签订自雇者承揽协议，该建筑施工企业在该劳务公司的网络用工平台发放工作任务，工人网络接单。宋某与该劳务公司签订了协议。

2021年4月，宋某向企业所在地仲裁委提起劳动仲裁，请求确认自2005年5月至2021年4月双方存在劳动关系并要求该建筑施工企业为其补缴15年的社会保险。

审理中，劳动仲裁委员会认为，虽然某劳务公司与宋某签订自雇者承揽协议，某劳务公司支付宋某劳务费用，但是某建筑施工企业对宋某进行了实质管理，应当认定为宋某与某建筑施工企业间存在劳动关系。

仲裁裁决

一、确认宋某与某建筑施工企业自2005年5月至2020年5月存在劳动关系，2020年5月转入用工平台后双方仍为劳动关系。

二、某建筑施工企业为宋某补缴2005年5月至2020年5月期间的社会保险。

案件背景及启示

（一）平台用工是否被认定为劳动关系在司法实践中存在争议

建筑施工企业通常存在几个较难认定是否存在劳动关系的情况，包括平台用工模式、施工现场的农民工用工模式等。通常建筑施工企业为避免被认定为与农民工存在劳动关系会采取一些规避措施，比如不交社保，通过现金发放工资等。平台用工目前是一种新型的用工模式，很多建筑施工企业为节约用工成本，避免被认定为存在劳动关系而采用用工平台模式进行规避，但最终是否会被认定为存在劳动关系，目前司法实践中尚存争议。

（二）应当按照法律规定签订劳动合同

严格按照国家有关劳动法、劳动合同法等规定，签订劳动合同、缴纳社保，加强管理，切勿投机取巧，因小失大。当前，国家大力保护劳动者的合法权益，在劳动关系的认定上更倾向于保护劳动者，通常有争议时，被认定为存在劳动关系的概率更大，宋某劳动关系转用工平台的案例虽存在争议，但仍然被认定为存在劳动关系，某建筑施工企业需要为宋某补缴未缴纳的社保，赔偿经济补偿金。

法条摘要

《中华人民共和国劳动合同法》

第四十六条 有下列情形之一的，用人单位应当向劳动者支付经济补偿：

（一）劳动者依照本法第三十八条规定解除劳动合同的；

（二）用人单位依照本法第三十六条规定向劳动者提出解除劳动合同并与劳动者协商一致解除劳动合同的；

（三）用人单位依照本法第四十条规定解除劳动合同的；

（四）用人单位依照本法第四十一条第一款规定解除劳动合同的；

（五）除用人单位维持或者提高劳动合同约定条件续订劳动合同，劳动者不同意续订的情形外，依照本法第四十四条第一项规定终止固定期限劳动合同的；

（六）依照本法第四十四条第四项、第五项规定终止劳动合同的；

（七）法律、行政法规规定的其他情形。

第四十七条 经济补偿按劳动者在本单位工作的年限，每满一年支付一个月工资的标准向劳动者支付。六个月以上不满一年的，按一年计算；不满六个月的，向劳动者支付半个月工资的经济补偿。

劳动者月工资高于用人单位所在直辖市、设区的市级人民政府公布的本地区上年度职工月平均工资三倍的，向其支付经济补偿的标准按职工月平均工资三倍的数额支付，向其支付经济补偿的年限最高不超过十二年。

本条所称月工资是指劳动者在劳动合同解除或者终止前十二个月的平均工资。

第八十二条 用人单位自用工之日起超过一个月不满一年未与劳动者订立书面劳动合同的，应当向劳动者每月支付二倍的工资。

用人单位违反本法规定不与劳动者订立无固定期限劳动合同的，自应当订立无固定期限劳动合同之日起向劳动者每月支付二倍的工资。

《中华人民共和国劳动法》

第七十二条 社会保险基金按照保险类型确定资金来源，逐步实行社会统筹。用人单位和劳动者必须依法参加社会保险，缴纳社会保险费。

第二节 风控指引：平台用工规避五项法律风险

一、建筑施工企业用工现状及风险

从用工管理来看，通常建筑施工企业对正式员工管理相对规范，缴纳社会保险。但对于分公司或项目部自聘临时用工，目前一般采用自行管理，主要签订非全日制和以完成一定工作任务为期限的合同，实质上是全日制无限定期限用工，未缴纳社会保险，虽在用工成本上相对正式员工节省了一定费用，但合同签订不规范以及未缴纳社会保险所带来的养老、医疗、工伤、失业、劳动关系解除等风险成为临时用工中的极大隐患。

从用工形式来看，按照劳动合同法的规定，通常建筑施工企业的用工形式可分为全日制用工、非全日制用工、以完成一定任务为期限的用工、劳务派遣和劳务外包（具体规范见下表）。但严格按照法律规定来看，建筑施工企业对临时用工的管理在一定程度上不符合法律规定，若因临时用工发生纠纷按照司法实践均将由建筑施工企业承担不利后果。

用工形式	岗位要求	工作时间	是否交社保	管理单位	用工成本
全日制用工	任何岗位	全日制	是	用工单位	工资、社保
非全日制用工	任何岗位	4小时/天 24小时/周	否	用工单位	工资

续表

用工形式	岗位要求	工作时间	是否交社保	管理单位	用工成本
以完成一定任务为期限的用工	完成有期限的工作	全日制	是	用工单位	工资、社保
劳务派遣	临时性、辅助性或者替代性岗位	全日制	是	派遣单位	工资、社保、管理费
劳务外包	将部分工作或全部工作内容外包	全日制	否	外包单位	工资、管理费

目前建筑施工企业分公司或项目部临时用工审核的灰色地带导致实际用工与规范用工出现了失衡。建筑施工企业分公司或项目部临时聘用人员未签订合同、未缴纳社会保险、意外伤害险无法覆盖工伤赔付等问题已相继出现，具体风险如下。

（一）不订立书面劳动合同的法律风险

若未与临时聘用人员签订非全日制劳动合同，依据《劳动合同法》第82条第1款规定，用人单位自用工之日起超过一个月不满一年未与劳动者订立书面劳动合同的，应当向劳动者每月支付二倍的工资。

（二）劳动合同解除的法律风险

若建筑施工企业与临时工未签订劳动合同，用工一年以后，视为签订无固定期限劳动合同。若建筑施工企业单方面解除与员工的劳动合同或双方协商一致解除劳动合同，依据《劳动合同法》第46条、第47条的规定，应当向劳动者支付经济补偿，经济补偿按劳动者在本单位工作的年限，每满一年支付一个月工资。6个月以上不满一年的，按一年计算；不满6个月的，向劳动者支付半个月工资的经济补偿。

（三）未按规定缴纳社保的法律风险

依据《劳动法》第72条的规定，用人单位和劳动者必须依法参加社会保险，缴纳社会保险费。司法实践中，会要求建筑施工企业承担缴纳社保的责任。

（四）发生工伤的法律风险

《工伤保险条例》第62条第2款规定："依照本条例规定应当参加工伤保险而未参加工伤保险的用人单位职工发生工伤的，由该用人单位按照本条例规定的工伤保险待遇项目和标准支付费用。"同时，按照第35条、第36条的规定，员工因工致残被鉴定为一级至六级伤残的，建筑施工企业不能解除与劳动者的劳动合同关系，从工伤保险基金按伤残等级支付一次性伤残补助金，按月发放伤残津贴定额度的工资。

（五）未缴纳医疗、生育、失业保险的法律风险

通常情况下建筑施工企业对于临时用工未按要求进行入职体检，也未按要求在其居住地缴纳居民医疗保险，在用工期间临时工一旦发生疾病，将无法享受医疗报销，若发生较大的费用，临时工会认为是因公司未缴纳社会保险导致自己的费用无法报销的，从而带来纠纷。

二、平台用工操作

"互联网+"时代下劳动关系模式由原来的"以公司为中心"变成了"以人为中心"，在很大程度上摆脱了对公司的从属性，而在传统劳动关系认定中，特别强调劳动者对用人单位的依附性。随着大量互联网平台的出现，使得互联网平台用工这种非标准劳动关系的存在越发常见，引发了对传统劳动关系认定的挑战，因此厘清互联网平台用工关系，对于非标准劳动关系的认定以及保障劳动者合法权益具有重要意义。

按照目前建筑施工企业通常情况下的临时聘用人员工种情况进行区分管理，对临时用工在保障其"薪资、岗位、福利"不变的前提下进行用工转聘，采取灵活用工平台自主经营用工方式来规避上述风险。

针对工勤岗位，如司机、保洁员、保安、厨师，排故，加工安装类可替代性的辅助岗位，以及无法避免的管理、技术类辅助岗位用工，建筑施工企业在第三方劳务公司的灵活用工平台上发包工作，用工者在平台上注册，上传身份证件，签订"自雇者承揽协议"，享受意外伤害保险后接单工作，建筑施工企业按照发单任务的完成情况在平台上支付劳务报酬。

三、笔者对平台用工的看法

建筑施工企业用工具有自身独特的特点：建筑施工企业为劳动密集型企业，用工成本较高，如果用工成本增加可能会造成建筑施工企业亏损，这才有了"临时用工、平台用工"。

关于平台用工的法律关系究竟该如何定位，目前还有很大争议，也正是因为存在空白，才给了企业灵活运用的空间。"平台+从业者"用工方式越来越活跃，尤其在

劳动密集型的消费服务领域发展尤为迅速，并逐渐形成了全新的互联网平台用工新业态。平台企业和从业者之间是相互成就、相辅相成的关系，平台企业要想走得更长远，一方面要制定一套严格的规章制度，对一些不规范的用工行为严格管理；另一方面要提升自身的社会责任意识，“小河无水大河干”，只有真正保障从业者的权益，企业才能实现健康可持续发展。因此，笔者认为立法者应对平台用工进行规范，相信平台用工规范化指日可待。

第二十七章　建筑施工企业知识产权

第一节 商标侵权（一）

案情简介

2015年2月，某建筑施工企业与红某房地产开发公司、工某集团股份有限公司签订了《某金融街地块附楼幕墙施工合同》。

2015年5月，卡某公司与科某公司约定：就某金融街项目，卡某公司授权委托科某公司向某建筑施工企业提供品牌为洛某的产品。

2015年7月，某建筑施工企业与科某公司就某金融街项目岩棉供货事项签订了买卖合同，约定由该公司向某建筑施工企业的某金融街项目部供货，供货内容包括保温岩棉、防火岩棉等，材料品牌均为洛某，同时约定实际到货的材料品牌以封样为准。

2015年12月，洛某克公司起诉某建筑施工企业、卡某公司、科某公司侵犯其商标权，请求：一、某建筑施工企业、卡某公司、科某公司停止侵犯洛某克公司注册商标专用权的侵权行为；二、在《中国工商报》显著位置上刊登声明，以消除影响；三、某建筑施工企业、卡某公司、科某公司连带赔偿其损失及制止侵权所产生的合理开支200万元；四、某建筑施工企业、卡某公司、科某公司承担诉讼费用。

审理中，法院认为某建筑施工企业与科某公司为材料买卖合同关系，科某公司作为出卖人，对所售产品的质量与商标权利负责任。某建筑施工企业对科某公司的商标侵权行为不知情，不应对此承担责任。

关系图：

卡某公司 —授权委托关系→ 科某公司 —买卖合同关系→ 某建筑施工企业

法院判决

1. 卡某公司、科某公司自判决生效之日起，立即停止销售侵害洛某克公司享有的注册商标专用权的商品。

2. 卡某公司、科某公司自本判决生效之日起10日内，共同赔偿洛某克公司因商标权遭受损害所致经济损失200万元。

3. 驳回洛某克公司的其他诉讼请求。

4. 诉讼费用由卡某公司、科某公司承担。

案件背景及启示

（一）做好对材料供应商的尽职调查

在签订采购合同时，建筑施工企业应审查材料供应商的销售资质、信誉状况，并对产品的质量和商标权利做相应调查，避免出现产品侵权问题。

（二）做好证据资料保存

在工程管理过程中，建筑施工企业应当注意保存采购合同、材料说明书、商标授权使用书等证据材料，确保证据链条完整、清晰、充分，有助于维护自身合法权益。

法条摘要

《中华人民共和国商标法》

第六十四条 注册商标专用权人请求赔偿，被控侵权人以注册商标专用权人未使用注册商标提出抗辩的，人民法院可以要求注册商标专用权人提供此前三年内实际使用该注册商标的证据。注册商标专用权人不能证明此前三年内实际使用过该注册商标，也不能证明因侵权行为受到其他损失的，被控侵权人不承担赔偿责任。

销售不知道是侵犯注册商标专用权的商品，能证明该商品是自己合法取得并说明提供者的，不承担赔偿责任。

《中华人民共和国民法典》

第六百一十二条 出卖人就交付的标的物，负有保证第三人对该标的物不享有任何权利的义务，但法律另有规定的除外。

第六百一十三条 买受人订立合同时知道或者应当知道第三人对买卖的标的物享有权利的，出卖人不承担前条规定的义务。

第二节 商标侵权（二）

案情简介

某学校拟翻新改建网球场，对外公开招标。某建设施工企业参与投标并中标后，与业主单位某学校签订施工合同，承建该网球场，进场施工。承建方式为包工包料。施工期间，当地市场监督管理局接到某商标注册人（美国）的举报，并在该球场的施工工地发现涉嫌假冒该品牌的网球场弹性地面涂料产品（学名：丙烯酸涂料），有开封使用完毕的，也有开封使用一半的，还有未开封的，合计44桶。该市场监督管理局工作人员当场对物品采取强制措施后，立案进行调查。某建筑施工企业在现场虽提供了该品牌授权经销商的资质材料，但无法提供合法有效的购进来源凭据。接受调查后，某建筑施工企业最终承认相关涂料系侵权商品，但称涂料的提供和施工者系外地的转包人，因其逃避调查，拒绝配合前来进一步说明情况，因此无法说清产品的真实来源。

对比注册商标与侵权产品上所使用的商标，两者在字体、结构、排列方式上完全相同，仅个别字母存在大小写差异，视觉上无差别，且与商标注册人日常使用方式完全相同，属相同商标。由于商品相同，因此本案中的侵权行为属于假冒侵权，非近似侵权。某商标注册人根据行政处罚决定，向某建筑施工企业发起了诉讼。

法院判决

某建筑施工企业明知是侵权商品，仍购进且进行销售，违反《商标法》第57条第3项，构成“销售侵犯注册商标专用权的商品”的侵犯注册商标专用权行为，判决其根据销售金额22万元赔偿原告某商标注册人。

案件背景及启示

商标侵权主体通常包括两种类型：一是生产制造产品的工厂；二是销售商品的公司、商店或者个人，即生产者和销售者。本案当事人是建筑施工单位，被举报使用假冒商标的材料施工，其行为是消费使用还是销售？违法经营额如何计算？

（一）当事人使用侵权材料施工是销售行为

包工包料承包方式，包含销售涂料和提供涂料施工作业服务。包工包料，指承包人除负责先垫付劳务和器械设备等施工费用外，还需以自己的名义购入建筑材料，待工程完工后，再通过与发包人之间的结算，将所购入的建筑材料所有权有偿转让给发包人，由发包人按照约定支付包含施工费用和建筑材料价款在内的所有工程款项。可见，在包工包料的建设工程合同中，同时包含了包工施工合同与包料销售合同。

《民法典》第595条规定："买卖合同是出卖人转移标的物的所有权于买受人，买受人支付价款的合同。"由此可见，包料合同实质上是买卖合同，承包人是出卖方，发包人是买受方，具有销售行为的典型法律特征。所以当事人在其承建的工程中购买并使用案涉侵权涂料进行施工的行为，是一种销售行为。

本案中，某建筑施工企业与某学校达成一致，有明确的涂料品牌交付约定。某学校招标文件明确要求球场的弹性地面层，指定三个进口涂料品牌，某品牌是其中之一，也是当事人投标文件报价时选择的涂料品牌。同时，双方签订的施工合同中，也包含了该品牌涂料的使用和交付约定，并非任意品牌的涂料。所以，当事人在施工中使用侵权涂料的行为，是向某学校销售侵权涂料的行为。

（二）侵权违法经营额的计算

本案中，某建筑施工企业与业主单位及转包人结算的都是工程总价，而且是按面积计算、包含了提供产品和施工劳务费用的价格，没有单独的涂料购销合同。所以，每桶涂料既无标价，又无实际销售价，而且尚未结算，没有实际销售平均价。根据《商标法实施条例》第78条第4项的规定，本案的违法经营额采用被侵权商品的市场中间价格。

法条摘要

《中华人民共和国民法典》

第五百九十五条　买卖合同是出卖人转移标的物的所有权于买受人，买受人支付价款的合同。

《中华人民共和国商标法》

第五十七条　有下列行为之一的，均属侵犯注册商标专用权：

（一）未经商标注册人的许可，在同一种商品上使用与其注册商标相同的商标的；

（二）未经商标注册人的许可，在同一种商品上使用与其注册商标近似的商标，或者在类似商品上使用与其注册商标相同或者近似的商标，容易导致混淆的；

（三）销售侵犯注册商标专用权的商品的；

（四）伪造、擅自制造他人注册商标标识或者销售伪造、擅自制造的注册商标标识的；

（五）未经商标注册人同意，更换其注册商标并将该更换商标的商品又投入市场的；

（六）故意为侵犯他人商标专用权行为提供便利条件，帮助他人实施侵犯商标专用权行为的；

（七）给他人的注册商标专用权造成其他损害的。

《中华人民共和国商标法实施条例》

第七十八条 计算商标法第六十条规定的违法经营额，可以考虑下列因素：

（一）侵权商品的销售价格；

（二）未销售侵权商品的标价；

（三）已查清侵权商品实际销售的平均价格；

（四）被侵权商品的市场中间价格；

（五）侵权人因侵权所产生的营业收入；

（六）其他能够合理计算侵权商品价值的因素。

第三节 专利侵权

案情简介

2018年12月，某建筑施工企业承接了某幕墙工程，根据业主方的要求沿用原设计单位的设计方案，使用了一种石材挂件装置。该装置由铝型材挂钩和锚栓两部分构成。铝型材挂钩由某建筑施工企业依据原设计单位的设计方案出具开模图后，由某铝型材供应商加工制作，锚栓由某建筑装饰工程有限公司直接向宏某装饰材料公司采购。该石材挂件装置与徐某在2018年取得的“一种幕墙用抗震悬挂装置”实用新型专利相似。徐某已将该专利权独家许可泰某科技公司使用。徐某起诉某建筑施工企业大量使用和销售侵权专利产品，并把某铝型材供应商、宏某装饰材料公司、该工程业主单位列为共同被告，要求某建筑施工企业连同其他被告共同赔偿经济损失100万元，并停止侵权，赔礼道歉，承担诉讼费用。

审理中，法院认为，某建筑施工企业提供了型材开模图，其与某铝型材供应商系委托制造关系。某建筑施工企业在承建的幕墙工程中安装了被控侵权产品，经比对该产品已落入涉案专利的保护范围，所以认定某建筑施工企业为被控侵权产品的制造商。关于赔偿数额的问题，由于徐某和泰某科技公司没有提供有效证据证明其所遭受的具体损失或侵权人所获得的具体利益，法院综合考虑侵权范围、数额、性质、赔偿数额、制止侵权所支出的合理费用等，酌情确定赔偿数额。

虽然业主方使用了被控的侵权产品，但该产品系某建筑施工企业自行委托制造并出售的，业主方并不知道使用的产品未经专利权人许可。所以，业主方应停止侵权行为，但不承担赔偿责任。本案中，由于使用了侵权产品的项目已经建设完成，要求停止使用并拆除侵权产品难以执行。因此，法院判决由业主方支付一定的经济补偿作为替代措施。

法院判决

1. 某建筑施工企业立即停止生产、销售落入ZL20032××××109. X“一种幕墙用抗震悬挂装置”实用新型专利保护范围产品的行为。

2. 某建筑施工企业于本判决生效之日起10日内赔偿徐某、泰某科技公司15万余元（包括为制止侵权所支付的合理费用）。

3. 业主方于判决生效之日起支付徐某、泰某科技公司经济补偿5万元。

4. 驳回徐某的其他诉讼请求。

5. 诉讼费用由某建筑施工企业承担。

案件背景及启示

本案中，由于某建筑施工企业应业主要求沿用了原设计单位的设计方案，并在施工过程中以某建筑施工企业的名义出具了相关设计、施工图纸，导致其被起诉侵犯专利权。为防范可能的专利侵权风险，建筑施工企业应做到以下两点。

（一）增强自我防范意识，在合同中做明确约定

首先，在业主要求沿用原设计单位的设计方案时，应以书面形式约定有权使用，并保留原设计单位出具的挂件装置的图纸材料和业主对该图纸材料确认的书面凭证，以规避法律风险，保护建筑施工企业的正当权利。

其次，在材料采购过程中，甄选合格供货方以保证产品的合法来源，尽量避免使用未经专利权人许可制造、销售的产品。

再次，在采购合同中明确约定所采购的产品及其配套设施若涉及知识产权的纠纷，应由供货方承担全部责任，以此规避不必要的法律风险。

最后，根据《专利法》的规定，未经许可擅自使用专利产品也构成专利侵权。所以，在与业主签订承包合同时应对专利问题进行约定。履约中，如果业主要求使用专利产品应及时办理签证手续，明确说明是业主要求使用，由此产生的责任和费用由业主承担。

（二）增强自我维权意识，及时签证并收集证据

工程图纸是具有独创性的，其本身就是知识产权的保护对象。建筑施工企业在施工中应加强对工程图纸特别是关键节点或结构图纸的管理和存放工作，实行专人专管，避免被同行抄袭。一旦发现图纸被他人抄袭，应及时取证并通过公证的方式予以证据保全，以保证他日可以进行有效的诉讼。

为维护企业声誉和形象，建筑施工企业应当保护好自己的商标和企业名称，如果有他人使用类似的商标和名称并足以达到让一般人混淆的程度，可以通过法律手段维权。

法条摘要

《中华人民共和国专利法》

第二十二条 授予专利权的发明和实用新型，应当具备新颖性、创造性和实用性。

新颖性，是指该发明或者实用新型不属于现有技术；也没有任何单位或者个人就同样的发明或者实用新型在申请日以前向国务院专利行政部门提出过申请，并记载在申请日以后公布的专利申请文件或者公告的专利文件中。

创造性，是指与现有技术相比，该发明具有突出的实质性特点和显著的进步，该实用新型具有实质性特点和进步。

实用性，是指该发明或者实用新型能够制造或者使用，并且能够产生积极效果。

本法所称现有技术，是指申请日以前在国内外为公众所知的技术。

第七十一条　侵犯专利权的赔偿数额按照权利人因被侵权所受到的实际损失或者侵权人因侵权所获得的利益确定；权利人的损失或者侵权人获得的利益难以确定的，参照该专利许可使用费的倍数合理确定。对故意侵犯专利权，情节严重的，可以在按照上述方法确定数额的一倍以上五倍以下确定赔偿数额。

权利人的损失、侵权人获得的利益和专利许可使用费均难以确定的，人民法院可以根据专利权的类型、侵权行为的性质和情节等因素，确定给予三万元以上五百万元以下的赔偿。

赔偿数额还应当包括权利人为制止侵权行为所支付的合理开支。

人民法院为确定赔偿数额，在权利人已经尽力举证，而与侵权行为相关的账簿、资料主要由侵权人掌握的情况下，可以责令侵权人提供与侵权行为相关的账簿、资料；侵权人不提供或者提供虚假的账簿、资料的，人民法院可以参考权利人的主张和提供的证据判定赔偿数额。

第七十七条　为生产经营目的使用、许诺销售或者销售不知道是未经专利权人许可而制造并售出的专利侵权产品，能证明该产品合法来源的，不承担赔偿责任。

第四节　风控指引：知识产权健全三项根本制度

一、知识产权基础理论

知识产权是指民事主体依据《民法典》等法律规定就相关客体享有的专有的权力。知识产权的客体主要有:（1）作品;（2）发明、实用新型、外观设计;（3）商标;（4）地理标志;（5）商业秘密;（6）集成电路布图设计;（7）植物新品种;（8）法律规定的其他客体。知识产权的主要类型包括：商标权、专利权、著作权。商标权指商标所有权人对经过申请并由国家商标管理机关确认的商标享有的专有权利。专利权指专利权人在一定时期内对特定发明创造依法享有的独占实施权，主要包括外观设计专利、实用新型专利和发明专利。著作权指著作权人对其创作的文学、艺术和科学技术作品所享有的专有权利。

二、当前我国知识产权发展面临的挑战

在知识经济飞速发展的时代，我国已提前部署知识产权发展战略，在知识产权专利数量、人才建设及知识产权服务业等方面都取得了一定的成绩，但离建设知识产权强国的发展目标尚有一定的差距。知识产权保护主要是“给知识产权之火浇上利益之油”，也就是说知识产权是有偿的，鼓励知识创造者勇于创新。目前，公众和企事业单位知识产权意识还比较淡薄，对于专利保护、运用的意识和能力普遍缺乏。

三、建筑施工企业应当积极采取措施加强知识产权管理

建筑施工行业属于传统行业，不同于高新技术产业，其拥有的专利权相对较少。比如，截止到2021年6月，某国有建筑企业所拥有的还在保护期内的专利权只有40多项，而在当下新型技术企业一年的专利申请就可达上百项。该建筑施工企业大部分专利为实用新型专利权，创造发明只有零星几项，而且涉及的领域均为建筑施工技术。建筑施工企业获得外观设计方面的专利权目前比较少见。虽然建筑施工企业的专利权少，但不代表其可以对保护专利权掉以轻心。

为有效鼓励自主创新，保护知识产权，提高企业核心竞争力，推动企业持续发展，建筑施工企业应当积极采取措施，建立健全知识产权管理的三项根本制度。

（一）建立健全专利管理制度

建立健全专利管理制度主要内容包括以下四个方面。

第一，进行新产品开发与新技术研究时，首先要进行专利检索，了解本技术领域国内外最新科技成果和研究动向，以避免重复研究，浪费投资。

第二，做出发明创造时，要及时考虑是否申请专利，申报专利应尽早。申报专利包括三种，第一种是适用新型专利，第二种是外观设计专利，第三种是发明专利。根据《专利法》第42条的规定，发明专利权的期限为20年，实用新型专利权的期限为10年，外观设计专利权的期限为15年，均自申请日起计算。建筑施工企业经常使用的是实用新型专利，比较容易获得批准，一般申请的当年就可以出结果，可以自主申请，也可以委托专利代理机构申请。外观设计专利和发明专利申请相对而言较为困难，对建筑施工企业而言使用得也相对较少。

第三，当取得专利权后，要考虑开展许可证贸易或转让专利技术，这样有利于收

回科研投资，使公司有更多研究经费开展新的课题研究。

第四，公司的专利部门要根据专利法等法律法规，维护本公司专利权不受侵犯。当发现侵权行为时，应及时请示专利管理机关处理，或向人民法院起诉。同时，应自觉遵守专利法及有关规定，在生产和出售新产品时，要进行专利检索，避免侵犯他人的专利权。

（二）建立健全商标管理制度

第一，及时注册商标，维护商标专用权。建筑施工企业应尽快进行商标注册并及时续展，在商标专用权遭到侵权时，应及时诉诸法律，积极保护公司的商标权益。

第二，加强对商标使用的管理。一是严格依照《商标法》有关规定，无论是已注册的商标还是未注册的商标，都应依法合理使用，避免侵犯他人合法商标专用权和因其他违法使用行为而承担法律责任。二是在许可他人使用商标时，应对许可使用的对象、合同的签订、对被许可方的监督等方面进行明确约定，加强对使用许可合同的监督。

第三，建立健全高层档案制度。高层档案资料主要包括:《商标注册证》、商标的注册申请材料、公告材料等。由于注册商标的保护期是有限的，因此，商标档案管理制度应包括商标注册、续展及注册事项变更等事项的管理，以确保商标注册的长期有效。

（三）建立健全商业秘密的管理制度

虽然大多数建筑企业并没有很多专利，但每家建筑企业都有自己的商业秘密，如投标价、材料采购价、重要的图纸等。为保护商业秘密，建筑施工企业至少要做到以下两点。

第一，建立对外的商业秘密管理制度。对外签订的合同中涉及商业秘密的，应在合同中订立专门的保密条款，明确合同相对方的保密责任。对合同相对方违约泄密或与本公司无合同关系的第三人通过不正当手段获取、使用、披露本公司商业秘密的行为，依法追究其法律责任（见附件）。

第二，建立内部的商业秘密管理制度。实践中出现的许多涉及商业秘密的纠纷，大多与公司内部商业秘密管理不严有关。因此首先应成立内部保密领导机构，制定内部保密规章制度。如订立有关资料、图纸的管理办法和职工守则。其次，在员工的聘用合同中应设立保密条款，规定员工尤其是公司涉密部门，如技术开发部门、计划部门、经营部门、销售部门等的员工对公司所负的保密义务与责任。必要时可对某些关键员工的工作流动进行合理限制。最后，应加强对内某些特定区域的保卫管理工作。对一些涉及本公司商业秘密的关键部门、车间，应严格限定非有关人员的进入。

对于建筑施工企业来说，最常见的商业秘密泄露事件为投标报价泄露。出卖人以一定的价格将所知的投标价格透露给竞标人，帮助竞标人中标。笔者以为，要防范此种泄露商业秘密的行为，光靠法律的规定是远远不够的，建筑施工企业自身也应当建立完善的报价保护机制，及对泄露商业秘密的行为进行惩罚的制度。

附件：

保密协议

甲方：____________公司

乙方：____________，身份证号：______________________

鉴于甲方对其拥有的商业秘密投入了相当的时间、资金和人力，乙方具有获取甲方商业秘密的渠道，且已经或者将要获得这些商业秘密。为保证甲方的利益，乙方在甲方任职期间以及离职以后，应保守甲方的商业秘密。经充分的磋商，双方达成如下协议，共同遵守。

一、保密条款

（一）商业秘密的定义。

本协议所称的商业秘密系甲方专有并已采取保密措施的或虽未采取保密措施但事实上仅在较小范围内被少量相关人员知晓的，或对甲方业务具有较大影响的任何有形或无形的材料和信息。

1.本协议所称的商业秘密的范围包括但不限于以下方面。

1.1　经营信息：甲方的经营方法、经营状况和经营实力，经营管理决策、营销计划、投资计划、发展战略，企业内部信息网上的信息、程序文件、公告通知、情报文件、工作流程，公司内部往来邮件内容，公司内部合同、协议、意向书及可行性报告、通知、文件及相关记录。

1.2　管理信息：内部管理战略决策、政策、规章制度、工作流程，签署的各项协议、合同，管理资料及分析报告，合作方资料，人事调动、人事任免，机构的设置、编制、人员名册和统计表、考核奖惩材料，各类法律事务案件信息、卷宗信息，以及技术管理、市场营销、施工履约、财务管理、商务及采购、人力资源、质量安全管理、风险管控等生产经营管理方面的信息资讯、决策部署、文件、协议、合同、资料、通知、记录、函件、方案、标书、图片、软件、制度、程序、流程等。

1.3　技术信息：投标过程资料及文件、施工设计及研发文件。包括技术方案、商务报价、工程投标资料、设计合同信息、设计及研发过程文件（包含但不限于工程设计、技术方案、技术指标，设计软件、设计图纸、三维效果图、BIM模型，试验方案和结果、样墙、样机模型、模具，标准图集、制图工具包，程序文件、作业指导书），施工组织设计、加工和施工工艺文件、制作工艺及方法、研发项目合同、立项报告、成果鉴定证书及报告，各项研发信息和科技成果、技术专利、软件著作权、论文，完工工程总结，内外部设计业务往来函件，技术资料，员工在工作实践中收集、总结的其他技术信息。公司与技术人员签订的技术协议作为本协议的附件，其法律效力应与本协议相同。

1.4　市场营销资料：市场营销过程中的管理信息及资料，包括目标市场分析及营销策略，客户资源获取渠道，客户信息及财产信息，工程投标信息、标书内容、定价策略及营销策略，材料供货渠道、价格，合同成交价格，履约重大承诺，内外部往来函件，竞争对手信息，重点客户维护，公司营销管理的规章制度、管理决策、管理流程、部署方案、资料文件等。

1.5　财务资料：财务管理活动中的信息及资料，包括财政预算、决策报告、统计资料、财务分析报告、审计资料、税务资料，财务计划及成本信息，内外部资金往来信息、各类财务报表（包括对外财务报表、内部管理报表，财务预决算报表及报告），以及公司财务管理的规章制度、管理决策、管理流程、部署方案、资料文件等。

1.6　工程管理信息：施工管理过程中的信息，包括工程招投标的各类文件及施工合同文件，项目开工证照资料，施工组织设计方案资料、施工管理资料及进度资料，进度造价资料，施工物资资料，施工过程记录资料，工程竣工、结算验收资料，在建工程的产值、收款及相关工程数据信息，围绕工程管理、工程履约签订的各类协议、合同、约定等资料，内外部相关往来函件，公司工程管理的规章制度、管理决策、管理流程、部署方案、资料文件等。

1.7 商务及采购资料：商务及采购过程中的管理信息及资料，包括工程合约（谈判底价、投标中的底价）及商务预算，工程履约过程中的商务管控措施、方案、资料，竣工结算及办理过程中的资料、谈判、价格、文件，招标过程中的管理文件（内容、合同、协议）、方案及流程，采购合约和计划、定价政策、预结算及过程谈判信息，公司商务管控及采购管理的规章制度、管理决策、管理流程、部署方案、资料文件等。

1.8 质量安全信息：质量安全管理活动中的质量安全管理信息，包含各类质量安全分析、报告、考核、报表，质量安全管理的部署、方法、程序，质量安全事项决策、整改通知，事故情况报告、处理方案，质量安全管理的规章制度、管理决策、管理流程、部署方案、资料文件等。

1.9 人力资源管理信息：人力资源管理活动中所涉及的人力资源管理信息，包括人力资源分析及规划，人力资源工作决策、计划、方案，人力资源各类统计、分析数据、资料，人力资源类的各项合同、协议、员工手册，公司薪酬管理方案，各级员工的个人薪金收入及考核情况，员工档案信息，人力资源内部发布的招聘、调配、岗位需求信息，内部培训计划及安排、培训内容、资料及课件，公司人力资源管理的规章制度、管理决策、管理流程、部署方案、资料文件等。

1.10 甲方依照法律规定或有关协议的约定，对外承担保密义务的事项，虽属于第三方但甲方承诺有保密义务的，包括但不限于研究成果和技术秘密。

1.11 乙方在与甲方签订的劳动合同期内，研究发明的研究成果及技术秘密，准备申报专利或为申报专利而准备或正在进行的相关实施技术资料、专有技术信息。

2.在甲方经营过程中，某一信息的泄露会造成下列后果之一的，无论甲方是否采取保密措施，都属于甲方的商业秘密范围：

2.1 影响企业经营和发展的事项。

2.2 影响企业营销活动的事项。

2.3 影响企业技术进步的事项。

2.4　使企业在商业竞争中处于被动或不利地位的事项。

2.5　使企业经济利益受到损害的事项。

2.6　影响企业对外交流和商业谈判顺利进行的事项。

2.7　影响企业的稳定和安全的事项。

2.8　影响企业对外承担保密义务的事项。

（二）保密义务。

1. 双方确认：甲方有权制定各种保密规章制度。乙方在任职期间，必须遵守甲方的保密规定和保密协议要求，并应采取合理必要的措施，维护其知悉或持有的任何属于甲方或虽属于第三方但甲方承诺有保密义务的商业秘密信息，以保证其机密性。乙方无论出于何种原因离职后，也应本着谨慎、诚实的态度，尽保密之责，采取任何必要及合理的措施，承担同任职期间同样的保密义务和不擅自使用有关秘密信息的义务。

2. 对乙方在任职期间及在双方解除或终止劳动关系一年内，因履行职务或主要是利用甲方的工作环境或物质技术条件或业务信息或接受甲方委托/委派等产生的发明、实用新型、外观设计专利及专有技术及其他非专利技术等知识产权，均归甲方享有，甲方可自由利用进行生产、经营或向第三方转让，乙方不得未经甲方书面同意利用前述知识产权或商业秘密自行申报、生产、经营，不得自行向第三方转让，亦不得对甲方隐瞒前述知识产权或商业秘密。

3. 乙方同意在甲方任职期间非利用甲方工作环境或物质技术条件产生的但与甲方生产、销售的产品相同、类似或有关联的发明、实用新型、外观设计专利技术或专有技术或其他非专利技术的知识产权归甲方享有；与甲方生产、销售的产品不相同、不类似或不相关联的知识产权归乙方所有，但甲方具有优先使用权及受让权。

4. 乙方在任职期间以及在劳动关系解除或终止后，保证不以盗窃、利诱、胁迫或者其他不正当手段获取甲方的商业秘密。

5. 乙方在甲方任职期间，所接触和了解的商业秘密，除履行职务的需要外，未经甲方书面同意，不得自行或交由第三人对甲方秘密资料以任何形式的载体进行复制或记录，不得直接或间接地泄露、告知、公布、发表、出版、传授、转让或以其他任何方式使任何第三方（包括但不限于自然人、合伙企业、其他企业、实体或组织等，以及按甲方的管理规定不得知悉该项秘密内容的甲方其他职员）知悉属于甲方或虽属第三方但甲方承诺有保密义务的商业秘密信息。乙方也不得在履行职务以外使用这些秘密信息。

6. 乙方因职务上的需要所持有或保管的一切记录着甲方秘密信息的文件、资料、笔记、报告、信件、传真、磁盘、光盘、U盘、仪器以及其他任何形式的载体，均归甲方所有。

7. 乙方无论出于何种原因与甲方解除或终止劳动关系或用工关系时，必须将其掌握或保管的全部与甲方相关的资料、信息及其载体移交甲方。

8. 甲、乙双方确认，乙方的保密义务自甲方盖章、乙方签字之日起开始，至上述商业秘密公开或被公众知悉时止。乙方的保密义务不因劳动合同的解除而免除，也不因劳动关系事项发生争议而进行的仲裁或诉讼结束而免除。

9. 双方同意：保密为乙方应尽义务，甲方无须向乙方另行支付保密费用。

（三）保密违约责任。

乙方过失泄密、违反上述各项义务而损害甲方利益的，如发生在劳动关系存续期间，甲方有权扣罚乙方当月报酬作为违约金；如发生在劳动关系解除后，乙方应按解除劳动关系前1个月工资的2倍标准支付违约金。如有证据证明甲方的损失大于违约金的，乙方还应赔偿差额部分。乙方违反上述各项义务、故意泄密或过失泄密对甲方造成严重后果或较大经济损失（10000元及以上的）或影响较坏的，如发生在劳动关系存续期间，甲方有权单方解除与乙方的劳动合同，依法不承担解除劳动合同的赔偿责任，并要求乙方按其前12个月月均工资的12倍支付违约金；如发生在劳动关系解除后，乙方应按解除劳动关系前12个月月均工资的24倍支付违约金。如有证据证明甲方的损失大于违约金的，乙方还应赔偿差额部分。如情节严重，触犯《刑法》及其他法律规定的，移交公安机关处理。如本协议中某一条款对某种违反保密义务的违约行为有专门性约定的，从其约定。

二、其他违约责任

在劳动关系存续期间，若乙方使用第三人商业秘密或擅自实施侵犯他人知识产权的行为（非甲方原因），遭受第三方的侵权指控，除由乙方承担本协议中的保密违约责任外，甲方还有权单方解除劳动合同，依法不承担解除劳动合同的赔偿责任，并由乙方承担甲方为应诉而支付的一切费用；甲方因此而承担侵权赔偿责任的，有权向乙方追偿。

三、特别约定

1. 甲方任何没有严格执行本协议的行为，并不代表甲方对协议条款的放弃。任何一方没有行使其权利或没有就对方的违约行为采取任何行动，不应被视为对权利的放弃或放弃追究违约责任。任何一方放弃针对对方的任何权利，或放弃追究对方的任何过失，不应被视为对任何其他权利或追究其他过失的放弃。所有放弃都应书面做出。

2. 双方同意：如签订本协议前双方已另行签订过《保密协议》或签订了其他有保密内容的文件/文书等（包括但不限于《劳动合同》《员工手册》等约定有保密条款的文件/文书），如与本协议内容不一致的，均以本协议内容为准；约定的违约金多于本协议约定违约金的，从重执行。

3. 本协议中有关违约责任的“12个月月均工资”是指乙方在提供正常劳动前提下的月平均工资；且双方均认可在甲方无证据证明损失大于违约金的前提下，违约金包括补偿损失和惩罚性性质，双方对违约金的约定并无异议，愿意遵照执行。

四、协议效力

1. 本协议作为甲、乙双方签订的劳动合同的附件或补充文件，劳动合同的解除并不影响本协议的效力。

2. 本协议自甲方盖章、乙方签字之日起生效。本协议可仅签一次，在双方劳动关系存续期间（含劳动合同的续签或劳动关系的延续）及解除劳动关系后，在本协议约定的时间内继续有效。

3. 因本协议引起的纠纷，由甲、乙双方协商解决，协商不成的，可以向甲方注册地劳动人事争议仲裁机构申请仲裁。

4. 本协议一式二份，具有同等法律效力。本协议未尽事宜，按国家法律、法规的规定执行。

甲方（盖章）：　　　　　　　　　　乙方（签字）：

签订日期：　　　年　　月　　日　　签订日期：　　　年　　月　　日

后记

本书的编印出版得到了武汉凌云建筑装饰工程有限公司的大力支持，尤其感谢武汉凌云建筑装饰工程有限公司董事长许琳、党委书记付文平、总经理丁斌对本书编写的专业指导与勉励。

武汉凌云建筑装饰工程有限公司系中国大型知名幕墙企业，在北京、上海、广州、南京及海外地区设有分公司。该公司在中国50多个大中城市及美国、英国、澳大利亚、冰岛、科威特等国家和地区承建工程1000多项，共有80余项参建工程荣获了包括中国建设工程鲁班奖在内的国家级奖项。该公司秉承“以人为本、以诚取信、以质取胜、以新争天下”的经营宗旨，承建了上海东方明珠电视塔、中央电视塔、上海世博会中国国家馆、中国共产党党史展览馆、中国工艺美术馆、国家会议中心二期、金砖国家新开发银行、北京丽泽/银河/望京SOHO等国家重点工程和各地标志性建筑，以及中国驻英使馆、美国匹兹堡会展中心、冰岛歌剧院、科威特哈马拉大厦、科威特国际机场、英国Portal West等规模大、影响大的境外装修工程；是住建部幕墙设计、制造、安装定点企业，具有建筑装修装饰工程专业承包一级证书、建筑幕墙工程专业承包一级证书、建筑幕墙甲级专项工程设计证书、建筑装饰甲级专项工程设计证书。

本书自2020年中期开始酝酿构思，2021年年初形形成文字，经过多次修订，历时大半年，最终形成目前共计27章20余万字的书稿。

建筑施工行业属传统性行业，行业市场竞争激烈，劳动密集、科技含量低、利润率低，在这样的行业背景下，建筑施工企业都面临生存发展的巨大压力。未来，作者将结合社会变革、行业发展、法治进步等因素就建筑施工企业的风控指引作进一步交流探讨。